Das Magazin

Zu einem tollen Urlaub gehört mehr als genüssliches Faulenzen oder Shoppen bis zum Umfallen – damit die Reise sich wirklich lohnt, muss man das Besondere seines Ziels kennen und schätzen. Das Magazin gibt einen unterhaltsamen Überblick über die gesellschaftlichen, kulturellen und geografischen Zusammenhänge, die dieser Stadt ihren besonderen Zauber verleihen.

AN DER WATERKANT

Wasser, Wasser und nochmals Wasser ist das bestimmende Element in Hamburg. Hamburg ohne Elbe, ohne Alster – unvorstellbar. Kein Hamburger, der im Angesicht der Waterkant nicht ins Schwärmen kommt. Gibt es einen schöneren Ort als den Elbstrand bei Övelgönne? Oder das Alsterufer in Harvestehude? Selbstverständlich nicht.

Wind und Wasser, Sonne und blauer Himmel – so liebt es der Hanseat. Wenn dann noch ein paar Schiffe dazukommen, mit Segel oder mit Motor, dann ist alles in bester Ordnung. Kein Gast, der nicht zur Alster oder zum Elbufer geführt wird. Wo sonst fahren Containerschiffe bis vor die Haustür? Wo sonst kann man seinen Segelschein in der Mittagspause machen? Der Hamburger Lokalpatriotismus, der sowieso schon ziemlich ausgeprägt ist, erreicht angesichts von Wasser und Schiffen ungeahnte Höhen.

METROPOLE HAMBURG – WACHSENDE STADT

Ob nun Größenwahn oder nicht, eines steht fest: Hamburg ist das Zentrum einer der großen europäischen Metropolregionen. Mit dem offiziellen Leitbild »Wachsen mit Weitsicht« hat der Senat die Vorzeichen festgeschrieben: Größer, grüner und bedeutender soll Hamburg in den nächsten Jahren im internationalen Vergleich werden. Die Einwohnerzahl steigt stetig: 1,77 Mio. waren es Ende 2009. Mit dem größten städtebaulichen Entwicklungsprojekt Europas, der Hafencity, geht es weiter nach oben. Passend zum Leitbild soll die Stadt auch zur Öko-Metropole ausgebaut werden. Sie ist Europas Um-

NATIONAL GEOGRAPHIC

HAMBURG

Inhalt

Autorin: Dorothea Heintze
Autorin »Wohin zum ...?«: Manu Schmickler
Redaktion: Wigel, München
Bildredaktion: Gabriele Forst
Gestaltung: Cyclus – Visuelle Kommunikation
Aktualisierung: Dorothea Heintze und Manu Schmickler

„National Geographic" ist eine eingetragene Marke der National Geographic Society. Deutsche Ausgabe lizensiert durch National Geographic Deutschland (G+J/RBA GmbH & Co KG), Hamburg 2008
www.nationalgeographic.de

Unsere Autoren haben nach bestem Wissen recherchiert. Trotzdem schleichen sich manchmal Fehler ein, für die der Verlag keine Haftung übernehmen kann. Hinweise, Verbesserungsvorschläge und Korrekturen sind jederzeit willkommen. Einsendungen an:
E-Mail: spirallo@nationalgeographic.de oder
National Geographic Spirallo-Reiseführer,
MAIRDUMONT GmbH & Co KG,
Postfach 3151,D-73751 Ostfildern

Covergestaltung und Art der Bindung mit freundlicher Genehmigung von AA Publishing

Dieser Titel der National Geographic Spirallo-Reiseführerserie wird mit freundlicher Genehmigung der AA Media Limited, Eigentümerin der AA Spiral Guide Reiseführerserie, herausgegeben.

Printed in Poland

A04529

SKIPPER AUFGEPASST!

Wie erreicht man Hamburg am originellsten? Natürlich mit dem eigenen Boot! Und mit dem legen Sie dann am City-Sporthafen an, direkt am Baumwall, mit Duschen, WirelessLAN-Anlage und allen anderen wichtigen Schikanen, die man als Bootseigner gerne hat. Besser geht es nicht! (City-Sporthafen Hamburg e.V., Vorsetzen, Tel. 36 42 97, U-Bahn: Baumwall, www.city-sporthafen-hamburg.de)

welthauptstadt, »Green Capital« 2011. Jahrzehntelang vernachlässigte Stadtviertel wie Veddel und Wilhelmsburg werden aufgepeppt, 2013 wird hier die Internationale Gartenschau (IGA) stattfinden, für die schon jetzt fleißig Bäume gepflanzt werden. International war die Stadt übrigens schon immer: 1570 eröffnete Österreich das erste Konsulat in der Hansestadt, mit über 90 Konsulaten ist Hamburg heute der größte Konsulatsstandort Europas und der drittgrößte der Welt.

Ohne den Hafen wäre Hamburg nicht Hamburg – doch der Hafen hat in der letzten Wirtschaftskrise bitter gelitten. 2009 musste ein Umsatzrückgang von fast 20 Prozent verkraftet werden, ob und wann es wieder nach oben geht, wird die Zukunft zeigen. Die Krise hat die kritischen Stimmen bestärkt. Soll man wirklich weiter versuchen, in Konkurrenz mit den großen Überseehäfen wie Wilhelmshaven oder Rotterdam zu gehen? Oder sich bescheiden als Binnenhafen geben? Ein Kernpunkt der Diskussion ist die anstehende Elbvertiefung. Umweltschützer argumentieren erbittert dagegen, Befürworter halten mit dem Argument dagegen, dass der Hafen schon immer Hamburgs wichtigster Wirtschaftsfaktor war.

HIGHTECH AUF DEN TERMINALS

Tatsächlich bietet der Hafen immer noch tausenden von Hamburgern einen Arbeitsplatz. Sicher, der Schauermann, der früher Säcke schleppte und Schiffe belud, gehört der Vergangenheit an. Und moderne Containerschiffe

Der Blick von der Terrasse des Alsterpavillons ist einfach traumhaft

werden heute nur noch mit einer Hand voll Männern befahren. Auf dem modernsten Containerterminal der Welt in Altenwerder gleiten die mit Containern bestückten Transportplattformen, die *Automated Guided Vehicles*, wie von Zauberhand geleitet hin und her. Die Navigation der Fahrzeuge erfolgt über Bodenradar und im Asphalt eingelassene Transponder. Menschen sieht man hier kaum noch. Aber rund um die Containeranlagen wachsen die so genannten Dienstleistungsrucksäcke. Es siedeln sich Firmen an, die direkt oder indirekt mit dem Hafengeschäft zu tun haben. Ein neuer Arbeitsplatz am Kai schafft heute, so rechnen die Fachleute, fünf bis sechs zusätzliche Arbeitsplätze in nachgelagerten Bereichen wie Logistik oder Dienstleistung.

TOURISTENMETROPOLE HAMBURG

Schneller als in jeder anderen deutschen Stadt wächst in Hamburg die Zahl der Übernachtungsgäste. Im Ranking der deutschen Städte liegt Hamburg hinter Berlin und ganz dicht hinter der Dauerrivalin München an dritter Stelle und holt ständig auf. Eine 2009 in Auftrag gegebene Umfrage unter Touristen und Unternehmen im In- und Ausland ergab: Die Elbmetropole gilt als attraktiver als Barcelona, Wien oder Kopenhagen.

VON GIGANTEN UND CONTAINERN

Sie wissen nicht, was ein TEU ist? Dann sollten Sie die Giganten-Tour auf die Containerterminals buchen. Dort lernen Sie, dass TEU die Abkürzung für *Twenty-Foot-Equivalent-Unit* ist und die alles bestimmende Maßeinheit der Containerwelt: Ein Containerschiff der Größe 2400 TEU ist demnach in der Lage, 2400 Container von 6,06 m Länge (= 20 englische Fuß) und 2,44 m Breite zu tragen. Die Giganten-Tour ist einmalig: Mit Warnlicht und Sondereskorte geht es 3 Stunden lang im Bus über die streng abgesperrten Terminals (Ausweiskontrolle) nach **Waltershof** und **Altenwerder**. Dort entdecken Sie unter sachkundiger Führung eine Welt für sich. Wie wird eine Rennyacht verschickt? Woran erkennt man die Herkunft eines Containers? Wie funktionieren die Kühlsysteme? Am Ende sind Sie ein Fachmann und staunen trotzdem. Unglaublich, was alles in Gang gesetzt wird, nur damit wir morgens unsere frische Melone verspeisen können. (Jasper Rundreisen, Tel. 227 10 60, Mi, Sa, So mit Voranmeldung, für Kinder erst ab 10 Jahren geeignet, Eintritt: teuer, www.jasper.de)

ALLES GANZ FRISCH

– UND VIEL FISCH

Essen kann in Hamburg ein Vergnügen sein, z. B. in einem der vielen Spitzenrestaurants und vor allem, wenn Sie Fisch wählen. Oder Sie bummeln über die Wochenmärkte und testen heimische Obstsorten. Frischer als dort bekommen Sie das Obst sonst nirgendwo.

Hamburg ist Sternehochburg in Deutschland: In keiner anderen deutschen Stadt kochen mehr Spitzenköche. Wenn Sie es sich leisten können, in einem dieser wunderbaren Restaurants zu speisen, z. B. im *Louis C. Jacob* (➤ 40/138), im *Tafelhaus* (➤ 140), im Restaurant *Haerlin* des Hotels *Vier Jahreszeiten* (➤ 38) oder im *Seven Seas* in Blankenese (➤ 42/173), dann haben Sie, kulinarisch gesehen, das große Los gezogen. Aber wie gesagt – das Vergnügen kostet auch sein Geld.

Oben: Klassisch: Matjes, Bratkartoffeln und Labskaus

Mitte: Spitzengastronomie in Spitzenhotels: das Sternerestaurant *Haerlin* im *Fairmont Hotel Vier Jahreszeiten*

Unten: Frischen Fisch und Krabben bekommen Sie auf den vielen Wochenmärkten und natürlich auch auf dem sonntäglichen Fischmarkt

DAS BRÖTCHEN DER FRANZOSEN

Kein Kleinkind, dessen Tränen nicht irgendwann einmal mit einem **Franzbrötchen** gestillt wurden. Das köstliche, zimtige Plundergebäck soll ein Altonaer Bäcker nach der Franzosenzeit erfunden haben. Ob es stimmt? Egal. Auf der Website www.franzbroetchen.de können Sie weiterlesen. Aber zunächst sollten Sie mal ein Franzbrötchen testen. Besonders leckere Exemplare (darüber gibt es Glaubenskriege in Hamburg!) führt die Stadtbäckerei am Gänsemarkt.

DIE BESTE WAHL: FRISCHER FISCH

Die beste Wahl in Hamburg heißt Fisch. Klassisch ist die Scholle Finkenwerder Art mit Speckstippe ebenso wie der Hamburger Pfannen- (oder Pann-)fisch mit Kartoffeln und Senfsauce. Wenn Sie den Fisch frisch probieren wollen, dann können Sie dies beispielweise bei Daniel Wischer in der Spitalerstraße (➤ 63): »Ihr werdet es nicht gereu'n – der billige Preis wird Euch erfreu'n!«, lautet der Wahlspruch des hier seit 1932 (!) ansässigen Traditionsbetriebes. Frisch und günstig sind auch die Fischimbisse auf den Wochenmärkten, zum Beispiel bei Fisch Schloh (jeden Fr, Isemarkt, Ecke Innocentiastraße) oder bei Fisch-Hagenah (➤ 42)

HANSEATISCHE SPEZIALITÄTEN?

Was in vielen Restaurants als vermeintlich hanseatische Spezialität auf den Tisch kommt, ist in Wirklichkeit oft in ganz Norddeutschland zu

DER BLICK, DER BLICK, DER BLICK

Für viele Hamburger ist gar nicht so wichtig, was sie essen, sondern was sie beim Essen sehen. Die vielen alten und neuen Restaurants an der Großen Elbstraße, in Övelgönne und Blankenese bieten oft einen phantastischen Blick auf Containerschiffe und den Hafen. Auch rund um die Alster können Sie während der Vorspeise Segler, Schwäne und Alsterdampfer beobachten (➤ 42).

ALSTERWASSER

... heißt in Süddeutschland Radler und ist hier wie dort ein Gemisch aus Bier und Zitronenlimonade.

haben, das traditionelle Herbstgericht **Bohnen, Birnen, Speck** beispielsweise. Gut gemacht, ist das ein köstlicher, leichter, süß-deftiger Eintopf. Aber er ist eben nicht wirklich typisch für Hamburg, eher für Schleswig-Holstein.

Hamburger Aalsuppe gibt es als Spezialität, aber dann natürlich mit anderem Präfix, auch in Bremen, Mecklenburg und Schleswig-Holstein. Auch hier kommt es vor allem auf die Mischung von Süßem (Backpflaumen) und Deftig-saurem (Gemüse, Fleisch, Fisch, ein Schuss Essig) an. Dass die Suppe heute in den Restaurants tatsächlich mit einigen Stücken Aal serviert wird, ist ein Zugeständnis an die Südländer – ursprünglich meint das »Aal«, dass *aallens rinkümmt*, was die Küche gerade zu bieten hat.

Auch **Labskaus** ist traditionell ein Resteessen. Das englische *lob-scouse* meint soviel wie »Speise für derbe Männer«. Das müssen damals wohl vor allem vom Skorbut gezeichnete, zahnlose Matrosen gewesen sein; denn beim Labskaus gibt es nicht viel zu beißen. Pökelfleisch, Rote Beete, Matjes und Zwiebeln werden durch den Fleischwolf gedreht, mit gestampften Kartoffeln vermischt und mit Rollmops, Spiegelei und Gewürzgurke garniert. Schmeckt meist besser, als es aussieht.

MARKTFRISCH

Himbeeren, Kirschen, Birnen und Äpfel kommen 1a-frisch aus den Vier- und Marschlanden und dem Alten Land auf die Wochenmärkte (➤ 43). Fragen Sie nach heimischen Apfelsorten. Superknackig und lecker sind die Äpfel am Stand des Hofes *Zum Felde* (Isemarkt, Ecke Klosterallee).

Apfelblüten im Alten Land: Deutschlands größtes Obstanbaugebiet liegt vor den Toren der Stadt

Highlights auf einen Blick

Was Hamburg so attraktiv macht, ist die gute Mischung zwischen großen Kulturhighlights und kleinen Geheimtipps. Sie haben die Qual der Wahl, aber auch bei nur einigen Stunden Aufenthalt sollten Sie einige dieser Tipps nicht verpassen.

HAFENCITY

Einfach gigantisch, dieses Bauprojekt. Vielleicht reicht die Zeit für einen Besuch auf der Baustelle der **Elbphilharmonie** (➤ 106) oder zumindest für einen Kaffee am **Unileverhaus** (➤ 106). Toller Blick!

WO SICH DIE WEIDEN NEIGEN …

Mieten Sie sich ein **Paddelboot** und entdecken Sie die romantische Seite Hamburgs. Die schönste Tour übers Wasser führt vom Stadtparksee über den Osterbekkanal und Feenteich bis zur Alster; zurück geht es über den Rondeelteich und den Goldbekkanal (ca. 2–3 Std., Anbieter ➤ 36).

THEATER IN DER SPEICHERSTADT

Wenn der *Hamburger Jedermann* vom Tod geholt wird, dann gruselt es jeden. Das Freilufttheater spielt vor der historischen Kulisse in der Speicherstadt. Da es nur an einigen Wochenenden im Sommer stattfindet, ist es meist früh ausgebucht. Besorgen Sie sich rechtzeitig Karten (➤ 108).

STRANDLEBEN

Ja, richtig gelesen. Hamburg hat viele Strände. Dort können Sie sich sonnen, auf Leuchttürme kraxeln und Ihre Kinder im Sand buddeln lassen, z. B. in **Övelgönne** (➤ 122), in **Blankenese** und **Wittenbergen** (➤ 172). Wenn Sie lieber im Pool baden und einen kühlen Drink genießen wollen, dann ist die Außenbar des *Indochine* genau das Richtige für Sie (➤ 126).

LEBENDIGE KULTUR

Theater, Oper, Musical – Hamburg ist eine Kulturstadt. Besuchen Sie auf jeden Fall die Kunsthalle (➤ 74) oder das Hamburgmuseum (➤ 92). Spannend sind auch die neuen Festivals rund um Wasser und Hafen, so das Harbour Front Literaturfestival (➤ 187) oder Elbjazz (➤ 188) .

DER HAFEN, DER HAFEN, DER HAFEN

Ganz klar, der Hafen gehört zu jedem Besuchsprogramm dazu. Sie können ihn mit einer **klassischen Hafenrundfahrt** entdecken, oder Sie schippern mit einem der **HVV-Schiffe** über die Elbe (➤ 97/99). Egal. Hauptsache, Sie haben mal ein Containerschiff aus der Nähe gesehen. Etwas ganz Besonderes ist die **Giganten-Tour** auf die Containerterminals nach Waltershof und Altenwerder (➤ 8).

DAS BESTE FÜR KINDER

Der Hafen, die Elbe, die Alster: Hamburg ist die ideale Stadt für einen Familienausflug mit vielen Kindern. Doch Schiffe und Wasser sind nicht die einzigen Attraktionen. Hinzu kommt ein extra **Kinderhotel** (➤ 37), ein wunderschönes **Theater für Kinder** (➤ 23) und die **größte Modelleisenbahnanlage der Welt** (➤ 102).

Von oben nach unten: Am Elbufer beim Kulttreff *Strandperle*; Eine Rundfahrt durch den Hafen gehört dazu; Nicht nur was für Kinder: Das Miniaturwunderland

Ganz links: Herrlich – so eine Paddeltour; Links: Die Speicherstadt wird hoffentlich bald Weltkulturerbe

FREIE UND ABRISS-STADT HAMBURG

Zimperlich waren die Hanseaten nie, wenn es um Neubaupläne ging. Oft fielen der Spitzhacke oder der Abrissbirne auch erhaltenswerte Bauten zum Opfer. Trotz allem haben sie es geschafft, durch Brände und Krieg hindurch ein Stadtbild zu erhalten, das zu den schönsten Deutschlands gehört.

»Freie und Abrissstadt Hamburg«, beschimpfte der damalige Kunsthallendirektor Alfred Lichtwark seine Heimatstadt 1912. Lichtwark, selbst Kunsterzieher, war wütend über die gnadenlosen Abbruchprogramme, mit denen der Hamburger Senat sein Programm der »Citybildung« durchsetzte. Speicherstadt, Freihafen, neue Kontorhäuser – all dies forderte seinen Tribut. Und der bestand darin, dass Zehntausende von Hamburgern Ende des 19. und Anfang des 20. Jhs. ihre Wohnungen aufgeben und in neue Wohnsiedlungen außerhalb der Innenstadt ziehen mussten. Lichtwark weiter: »Hamburg hätte die Stadt der Renaissance sein können, des Barock und des Rokoko – doch all diese Schätze wurden stets begeistert dem Kommerz geopfert«.

DAS ENDE DES DOMS

Über Jahrhunderte gehörte der katholische Dom zum Stadtbild, auch als das Erzbistum nach Bremen verlegt und der Dom damit zu einem exterritorialen Gelände (und einem ständigen Ärgernis) mitten in der Stadt wurde. Mit dem Reichsdeputationshauptschluss 1803 kam das säkularisierte Gelände dann endlich in den Besitz der Stadt – und die ließ den Dom so schnell wie möglich abreißen, ohne Rücksicht auf die kostbaren Kunstschätze im Innern. Der Historiker Eckart Klessmann schreibt in seinem (großartigen) Buch über die Geschichte Hamburgs dazu: »Wenn etwas zum Ruf Hamburgs als einer Stadt banausischer Pfeffersäcke beigetragen hat, so war es die Zerstörung des Doms«.

Links: 1842 wütete der Große Brand in Hamburg; Oben: Die Finanzbehörde am Gänsemarkt (links) und der Blick auf den Stadtparksee – beides Werke Fritz Schumachers

BRAND UND CHOLERA

Bei seiner Kritik unterschlug Lichtwark allerdings, dass den Stadtsanierungsprogrammen zwei schreckliche Tragödien vorangegangen waren. 1842 vernichtete der Große Brand in wenigen Stunden den größten Teil der Innenstadt. Eine »technische Kommission« kümmerte sich um die »Nachbrandarchitektur« mit dem Ergebnis, dass Hamburg einen neuen Rathausmarkt, die Alsterarkarden und dank der genialen Ingenieursleistung des Engländers William Lindley ein Kanalisationssystem erhielt, das in Teilen noch heute Bestand hat.

Die zweite Katastrophe begann in der Sommerhitze des 17. August 1892 mit einem ersten Choleratoten im Eppendorfer Krankenhaus. Zehn Tage später waren es bereits über 1000, am Ende waren fast 9000 Hamburger an der heimtückischen Krankheit gestorben. Ursache war zum einen das schlechte Trinkwassersystem, zum anderen die katastrophalen Wohnverhältnisse: Im Gängeviertel beispielsweise wurde ein Haus registriert, in dem 42 Familien mit 224 Angehörigen mehr vegetierten denn lebten.

KLEIN, ABER OHO

Hamburgs kleinstes Denkmal erinnert an den Architekten **Fritz Höger** (1877–1949). Sie finden die nur wenige Zentimeter große Statue in einer Backsteinsäule auf Augenhöhe rechts vom Eingang des *Renaissance Hamburg Hotel* an den Großen Bleichen, dessen wunderschöne Fassade Höger einst schuf.

NEUES BAUEN

Eine neue Epoche begann 1909 mit der Berufung von Fritz Schumacher (1869–1947) an die Spitze der Baudeputation. Bis er 1933 von den Nazis entlassen wurde, gab Schumacher der Stadt als Oberbaudirektor ein neues Stadtbild, geprägt von den charakteristischen rötlichen Backsteinbauten.

Die halbe Stadt war zerstört – Hamburg nach dem Zweiten Weltkrieg

Er baute die modernen hellen Wohnsiedlungen für Arbeiter in Dulsberg, in der Jarrestadt und in Barmbek. Er plante den Stadtpark und arbeitete Hand in Hand mit dem Architekten des Chilehauses, Fritz Höger (➤ 57).

KRIEG UND NACHKRIEG

Zum Glück für Hamburg hatte Fritz Schumacher nicht nur besonders schöne, sondern auch besonders stabile Bauten geschaffen. Viele seiner Werke überlebten die Bombenteppiche des Zweiten Weltkriegs, anders als das übrige Stadtgebiet: Über 50 % der Stadt lagen in Schutt und Asche, die Hafenanlagen waren zu 80 % zerstört. Von 33 Kirchen waren nur 18 heil geblieben. Der Wiederaufbau war schnell und radikal und zerstörte noch mehr historische Bausubstanz als die Bomben. Mit der Ost-West-Straße (heute Willy-Brandt-Straße) trennte man das Elbufer von der Innenstadt. Erst mit der Hafencity wird sich diese Wunde wieder schließen. Am Ballindamm wurde noch vor wenigen Jahren ohne viel Federlesens ein historisches Gebäude für die neue riesige Europa-Passage abgerissen. Was hätte Alfred Lichtwark dazu gesagt?

CHRONIST DES UNTERGANGS

791 alliierte Bomber starteten am Abend des 24. Juli 1943 mit dem Ziel Hamburg. Drei Tage dauerte die »Operation Gomorrha«, das Inferno war unbeschreiblich. Die Flammenmeere fraßen Stadtteile wie Rothenburgsort, Barmbek oder Hammerbrook, über 30 000 Menschen starben unter entsetzlichen Qualen. Der Hamburger Schriftsteller **Hans-Erich Nossack** (1901–77) erlebte die Bombennächte als Augenzeuge und beschrieb sie in seinem wichtigsten Werk *Der Untergang*.

DIE FITMACHER

SPORTEVENTS AUF EINEN BLICK

Hamburg ist eine Sportmetropole, im Sommer gibt es fast kein Wochenende ohne Sportevent. Auch die Hanseaten trainieren fleißig.

Die Stadt, in der der berühmte Turnvater Jahn einst vaterländisch motiviert über Balken balancierte und elegantes Fechten lehrte, diese Stadt ist auch heute noch sportlich hoch motiviert. Turn- und Sportvereine gibt es überall. Schwimmbäder und private Wellnessclubs ebenfalls.
Im Sommer reiht sich ein sportliches Großereignis an das andere: Marathon, Tennismeisterschaften, Springderby, Radrennen, Rennderby, Fünf-Kampf. Etwas verwirrend (auch für viele Hamburger): Die Namen der großen Sportarenen der Stadt wechseln ständig. Der traditionsreiche Fußballclub HSV spielt jetzt in der Imtech-Arena, immer noch am Volkspark. Die kernigen Handballer mit Nationalspieler Pascal Hens und die Hamburg-Freezers nebenan in der O_2 World. Die Stimmung bei den Freezers (nur im Winter) ist übrigens auch trotz derzeit schlechter Spielergebnisse ziemlich klasse, vor allem wenn Gegner hämisch mit dem Heidi-Kabel-Song »In Hamburg sagt man tschüüüß« auf die Strafbank verabschiedet werden. Dann jubeln die Fans!

Oben: Tausende säumen die Straße beim alljährlichen Radrennen Cyclassics
Mitte: Tennis am Rothenbaum
Unten: Marathon quer durch die Stadt – Hamburg ist sportlich

DER HANSEAT

Was ist eigentlich ein Hanseat? Gibt es ihn überhaupt? In diesem Buch wird immer wieder die Rede sein von dem Hamburger und dem Hanseaten. Natürlich ist das pauschalisiert. Hamburg ist über Jahrhunderte ein Schmelztiegel für Millionen von Zuwanderern gewesen. Aber vielleicht eint sie eben doch ein gemeinsamer Geist, zumindest ein wenig.

Freie und Hansestadt Hamburg – auf diesen Titel (wie auch auf das Kennzeichen H für Hansestadt und H für Hamburg) ist man besonders stolz. Schon seit dem späten Mittelalter fühlte sich Hamburg dank verschiedener kaiserlicher Erlasse frei von Landeshoheit. Endgültig besiegelt wurde dies mit dem Gottorper Vergleich von 1768, in welchem der Dauerrivale Dänemark Hamburg endgültig als »Kaiserlich Freye Reichsstadt« anerkannte. Als »Freie Hansestadt« firmierte Hamburg in der kurzen Zeit zwischen dem Ende des Deutschen Reiches im August 1806 und dem Einmarsch der napoleonischen Truppen im November des gleichen Jahres. Die folgenden Jahre beutelten das Hamburger Selbstbewusstsein auf das Schwerste. Der seit dem 11. Jh. regierende Rat musste sich auflösen, Hamburg wurde als Departement ein Teil von Napoleons Kaiserreich. Die Kontinentalsperre, also ein komplettes Handelsverbot mit Hamburgs wichtigstem Wirtschaftspartner England, schwächte die Stadt auf Jahre hinaus. Besonders erniedrigend war, dass die Franzosen ihre Pferde in den großen Hamburger Kirchen unterbrachten. Gäule in St. Petri? Das war definitiv zu viel.

ASSOZIATIONEN

»hanseatisch«: Weltoffenheit, Urbanität, vornehmes Understatement, nüchterne Zuverlässigkeit, merkantile Prosperität, aber auch steife Zurückhaltung, Standesdünkel, kleinkarierter Krämergeist (aus: Hamburg Lexikon, hrsg. von F. Kopitzsch und D. Tilgner, Zeise Verlag 2000)

ERINNERUNG AN DIE HANSE

Ab 1819 nannte sich Hamburg dann »Freie und Hansestadt«. Man wollte sich von Bremen und Lübeck, den beiden reinen Hansestädten, absetzen. Hamburg war eben nicht nur eine Hansestadt, sondern vor allem auch frei. Nicht frei war die Stadt jedoch unter den Nazis. Es verschwand nicht nur das Wort aus dem Titel (nur »Hansestadt Hamburg«), sondern es verschwand auch viel vom Hamburger

Links: *Strand-Pauli* heißt der Beach-Club in St. Pauli, abends sogar mit Tanzfläche; Rechts: Lustig ist das Matrosenleben: Auf dem Hafengeburtstag feiern alle

Widerstandsgeist. Zwar wurde Hamburg nie eine Nazi-Hochburg, doch die Antipathie der Hamburger Kaufleute gegenüber Hitlers Wirtschaftsplänen hielt sich in Grenzen. Man wartete ab und schaute erst mal. Ganz anders die Arbeiter im Hafen. Sie blieben frei im Geist. Hamburgs prominentester Arbeiterführer Ernst Thälmann wurde im August 1944 nach elf Jahren Einzelhaft in Buchenwald ermordet.

FALSCHE URKUNDE

Jedes Jahr im Mai feiert Hamburg mit Pomp seinen Hafengeburtstag – in Erinnerung an den 7. Mai 1189. An diesem Tag soll Kaiser Friedrich I. Barbarossa der Stadt einen Freibrief für den Handel auf der Elbe ausgestellt haben. Feine Betonung auf »soll«: 1907 entdeckte der Historiker Heinrich Reincke, dass es sich bei dem im Staatsarchiv aufbewahrten Dokument um eine Fälschung handelt, 1265 vom damaligen Rat veranlasst. Aber egal – der Hafengeburtstag ist immer einen Riesenschau.

UND HEUTE?

Wer heute nach dem typischen Hanseaten fragt, der erntet zumeist eher ein Schulterzucken. Gibt's den noch? Doch dann denkt der Befragte nach. Und schon kommen Antworten. Ja, Helmut Schmidt ist einer. Nie hat ihm die Stadt sein mutiges Eintreten als Innensenator bei der schrecklichen Sturmflut 1962 vergessen. Trotz seines hohen Alters ist er immer noch aktiv als Herausgeber der Wochenzeitung *Die Zeit*, selbstverständlich trägt er längst den Titel »Ehrenbürger«, seit 2009 seine Ehefrau Loki ebenfalls. Auch Exbürgermeister Ole von Beust war bis zu seinem Rücktritt 2010 auf dem besten Wege, sich den Ehrentitel »Hanseat« zu verdienen. Trotz des öffentlichen Bekenntnisses zu seiner Homosexualität. Das kratzt hier keinen, schließlich ist man liberal und anders als sein Berliner Kollege ist Ole von Beust damit nie hausieren gegangen. Uwe Seeler, einst toreschießender HSV-Spieler, verkörpert die bodenständige Seite des Hamburgers, ebenso wie die 2010 verstorbene Volksschauspielerin Heidi Kabel. Als Star des Ohnsorg-Theaters (► 68) spielte sie sich, natürlich immer fleißig *platt snackend*, in die Herzen ihrer Mitbürger.

KULTURMETROPOLE HAMBURG

Das Wort »Kultur« ist für viele Hamburger immer noch ein Reizwort. Zu lange mussten sich die Hanseaten vorwerfen lassen, dass Kultur im hohen Norden keine Rolle spielt. Die Stadt der Pfeffersäcke hatte ihren Ruf weg. Doch das hat sich geändert: Kultur gilt jetzt als Markenzeichen.

Wenn es irgendetwas gibt, das den Wandel Hamburgs hin zu einer internationalen Metropole markiert, dann ist es der Umgang mit der Kultur. Als Michael Batz 1993 zum ersten Mal seinen heute bejubelten *Jedermann* in der Speicherstadt aufführte, da hagelte es Kritik von den hanseatischen Kaufleuten. Theater im Hafen, so ein Quatsch, brummelten sie in ihre blauen Blazer hinein. Heute ist das alles anders. Da jazzen die Musiker mitten zwischen den Schiffsdocks von Blohm und Voss, Reeder öffnen ihre Privathäuser für Literaturlesungen und der US-stämmige (!) Ballettmeister John Neumeier wurde zum Ehrenbürger der Hansestadt ernannt.

DAS ERSTE OPERNHAUS DEUTSCHLANDS

Was nur wenige wissen: Mit dem Schwerpunkt Kultur knüpft Hamburg an eine lange Tradition an. Im 18. Jh. war Hamburg eine Hochburg der Musik. Die deutsche Uraufführung von Shakespeares *Hamlet* fand 1623 hier statt. 1678 erbaute man am Gänsemarkt das erste Opernhaus Deutschlands.

DRAUSSEN VOR DER TÜR

Im Frühjahr 1945 kam er todkrank nach Deutschland zurück, der Hamburger Dichter Wolfgang Borchert. Innerhalb weniger Tage schrieb er das Antikriegsdrama *Draußen vor der Tür.* Am 21.11.1947 wurde es unter der Leitung von Ida Ehre in den Hamburger Kammerspielen uraufgeführt. Einen Tag später starb Borchert. Das Stück wurde zu einem der großen Erfolge der später hoch verehrten Prinzipalin Ida Ehre, die auch heute noch als die große alte Dame Hamburgs gilt. Bis zu ihrem Tod 1989 führte sie das Privattheater am Grindel.

Wie einst mit dem Opernhaus will Hamburg nun mit der Elbphilharmonie einen Markstein setzen. Das futuristische Konzerthaus oben auf dem alten Kaispeicher A an der Spitze der Hafencity soll zum Symbol der Hansestadt werden. Doch mittlerweile ist das Projekt, begonnen 2007 mit der Grundsteinlegung, ins Stocken geraten. Die Kosten explodieren, die Eröffnung wird immer weiter nach hinten geschoben und Hamburgs einst so beliebte Kultursenatorin Karin von Welck musste zurücktreten. Bei allen Problemen – eines ist sicher: Die »Elphie« ist nicht mehr zu stoppen. Und wenn sie mal da ist, dann werden auch die Hanseaten in den Konzertsaal pilgern, der dann weltweit die beste Akustik für alle Arten der Musik bieten soll.

LEBENDIGE SZENE

Hochkultur hin oder her, die Basis grummelt. Lautstark machte sich die alternative Szene 2010 bei der Besetzung des *Gängeviertels* (► 60) bemerkbar. Neue Galerien entstehen jedoch nicht nur hier, sondern auch auf der Veddel, am Hafenrand und rund um den Hauptbahnhof. Es gibt zahllose Privattheater und vor allem die vielbeachteten Literaturlesungen und Poetry-Slams. Ein Blick in den Kulturkalender lohnt immer!

Links: Das Ensemble des Ballettmeisters John Neumeier gehört zu den besten der Welt
Unten: Die Galerie der Gegenwart ist ein Teil der Kunsthalle

UND JETZT …
DAS WETTER

Was haben sich die Hamburger schon alles ausgedacht. Regen gibt es hier nämlich nicht, sondern höchstens mal einen »Graupelschauer«, oder vielleicht »nieselt« es draußen ein wenig. Alles kein Grund, um nicht im Straßencafé zu sitzen. Wozu gibt es Gummistiefel und große Schirme? Wenn es eine Fähigkeit der Hanseaten gibt, dann die: Schmuddelwetter wird einfach ignoriert.

Ach was, das Wetter! Was soll man sich darüber ärgern, es ist ja sowieso nicht zu ändern. Die Statistik besagt, dass sich an 53 Tagen pro Jahr eine Nebeldecke über die Stadt senkt und es an 133 Tagen im Jahr regnet. Doch das will in Hamburg niemand so genau wissen. Schließlich, so entgegnet man den ewigen Meckerpötten gerne, müssten auch die Münchener mit 133 Regentagen im Jahr leben. Und von der herabstürzenden Wasser-

Schlechtes Wetter? Gibt es nicht – nur die falsche Kleidung!

menge her gesehen, liegt der Süden sogar vorn: 966,7 l/m² pro Jahr in München gegenüber 770,3 l/m² in Hamburg. Und dann entgegnen die Süddeutschen: »Aber die Sonne scheint in München eben doch öfter.« Und damit haben sie – leider – auch Recht. 1709 Stunden scheint die Sonne pro Jahr in der bayerischen Metropole, 1557 sind es in Hamburg.

FÜR JEDES WETTER DAS RICHTIGE OUTFIT

Gute Öljacken und Gummistiefel bekommen Sie vor allem am Hafen – aber was tun, wenn die Temperaturen in Hamburg doch mal in ungeahnte Höhen klettern? Dann ist **Ernst Brendler** (Große Johannisstr. 15, Tel. 37 34 25, U-Bahn: Rathaus, www.ernst-brendler.de) die richtige Adresse. Seit 1879 gibt es hier Tropenkleidung der feinsten Art. Und für die Dinnerparty auf der *Rickmer Rickmers* bekommen Sie hier eine originale Kapitänsuniform mit allem Drum und Dran. Selbst wenn Sie nichts kaufen wollen – reinschauen können Sie ja auf jeden Fall mal.

GUMMISTIEFEL AN UND RAUS!

Doch wie gesagt, über mieses Wetter redet man nicht, man ignoriert es. Also packen Sie die Gummistiefel ein und vergessen Sie die Regenjacke nicht. Machen Sie es wie die Hamburger und trinken Sie Ihren Kaffee auch bei Minusgraden auf der Restaurantterrasse. Und wenn es gar zu arg wird, dann bummeln Sie einfach durch die Passagen. Da kann man prima Geld ausgeben.

WOHIN MIT KINDERN IM REGEN?

- **Theater für Kinder:** herrliches Kindertheater, auch Opern und Musicals (Max-Brauer-Allee 76, Tel. 38 25 38, www.theater-fuer-kinder.de)
- **Zoologisches Museum:** ausgestopfte Tiere in Augenhöhe, faszinierend nicht nur für die Kinder (Martin-Luther-King-Platz 3, Tel. 428 38 38 80, Di–So 10–17 Uhr, Eintritt: frei, www.biologie.uni-hamburg.de)
- **Stilwerk:** Die Kinder spielen in der kostenlosen Kinderbetreuung, die Eltern bummeln über acht Etagen und kaufen schöne Möbel. (➤ 141, Kinderbetreuung Sa 10–18 Uhr)

HEISSE ECKEN

Ob die Hamburger das nun mögen oder nicht – für viele Touristen ist die wichtigste Sehenswürdigkeit der Stadt immer noch die Reeperbahn. Die »sündige Meile« prägt Hamburgs Image seit Jahrzehnten. Doch gerade in den letzten Jahren hat sich viel geändert. Mit aller Macht will der Kiez weg vom Schmuddelimage. An einigen Stellen gelingt dies – an anderen nicht.

Zuallererst ist St. Pauli Stadtteil von Hamburg, wie jeder andere auch. Auf den 2,5 km^2 leben etwas über 27 000 Menschen, fast ein Drittel von ihnen hat keinen deutschen Pass, für Hamburger Innenstadtverhältnisse eine normale Relation. Es gibt Kindergärten, Schulen – auch einige mit einem sehr guten Ruf – und immer noch viele traditionelle Handwerksbetriebe.

Vielleicht gibt es hier ein paar Straftaten mehr als anderswo in Hamburg, und vielleicht ist der Umgangston manchmal auch etwas rüder. Wer hier wohnt, der mag so was allerdings gar nicht gerne hören. Er möchte vor allem Normalität.

CLUBS, KULTUR UND ROTLICHT

Auch Hamburger Jugendliche sehen in einem Kiezbesuch nichts Besonderes mehr. Sie kommen am Wochenende nicht wegen des Rotlichtmilieus

Auf der Großen Freiheit: Tabledance, Nacktshows und vieles mehr

Treffpunkt der alternativen Szene: Die Hafenstraße

und der Nacktshows. Sie kommen wegen der Clubs und Kneipen. Rund um die Reeperbahn haben sich schon vor Jahren die mit Abstand besten und hippsten Musikclubs angesiedelt. Wenn Sie ein Fan von House oder Hip-Hop, Elektro oder R&B sind, hier auf dem Kiez gibt es alles in Fußmarschnähe. Dazu auch viel Kultur. Sie finden hier Hamburgs beste Musicals und Comedyshows und das älteste Privattheater Hamburgs. Es gibt Literaturlesungen, Kleinkunst, Musikfestivals und wer weiß was alles noch. In vielen Geschäften können Sie rund um die Uhr shoppen, vom Plüschkondom über den Westernstiefel gibt es so ziemlich alles, was das Herz begehrt.

Aber: Es gibt natürlich auch die Rotlichtkneipen. Es gibt legale und (zu viel) illegale Prostitution, und es gibt gerade in den letzten Jahren wieder vermehrt Fälle brutaler Kriminalität im Luden- (also Zuhälter-)milieu. Wenn Sie abends auf der Reeperbahn unterwegs sind, dann ist das eben doch nicht ganz so wie in einem anderen Vorort. Und deshalb sollten Sie auch ein kleines bisschen vorsichtiger sein. Lassen Sie sich auf keinen Streit ein. Einfach gelassen bleiben, dann kann nichts schief gehen.

BUNT WIE DAS VIERTEL: DIE MACHER VON ST. PAULI

Er gilt als Urgestein von St. Pauli: Der Fotograf und Zeitungsmacher **Günter Zint**, geboren 1941. Seine Bilder von den ersten Beatles-Auftritten gingen um die Welt. 1968, mitten in den Studentenunruhen, gründete er die St. Pauli-Nachrichten, eine bunte Boulevard-Postille mit viel Sex, aber auch einem linkem Anspruch. Viele seiner Bilder sind heute im Beatles-Museum (► 135) zu sehen. Ein bunter Vogel ist auch **Corny Littmann**, Jahrgang 1951, bekennender Schwuler, Künstler und furioser Impressario und Besitzer vom Schmidt Theater und Schmidts Tivoli sowie einige Jahre lang erfolgreicher Präsident des Kult-Fußballclubs FC St. Pauli. Beide eint das Ziel, St. Pauli zu erhalten und zu beleben.

HAFENCITY

Sie ist Europas größtes Stadtbauprojekt und Hamburgs zurzeit aktuellste Sehenswürdigkeit: Die Hafencity. Wohnungen für tausende, Büros für Zehntausende entstanden in kürzester Zeit. Egal, wie wenig Zeit sie haben – hier müssen Sie einmal her!

Es ist noch gar nicht so lange her, da rümpften die Hamburger die Nase: Hafencity? Das ist doch nur was für Reiche! Da gehen wir nicht hin. Tempi passati – heute zählt die Hafencity zu den beliebtesten Zielen für den kleinen Wochenendausflug. Und die Touristen kommen sowieso. Wo gibt es das schließlich nochmal: Büros und Wohnungen für zehntausende, dem Wasser und den Kais in wenigen Jahren abgetrotzt. Und das Beste: Das ganze entsteht nicht weit draußen, in der Peripherie, sondern mitten im Herzen der Stadt. Gerade mal 800 m sind es vom Rathaus bis zur Hafencity.

SCHULHOF AUF DEM DACH

Noch um die Jahrtausendwende standen am Lohseplatz, am Strandkai oder auf der Ericusspitze olle Schuppen und Fabrikhallen, verrostete Gleise wiesen auf die einstige Hafenbahn hin. Jetzt gibt es hier das Maritime Museum, an den Kaiufern öffnet ein Café nach dem anderen und unter der Erde entsteht die neue U-Bahn Linie vom Jungfernstieg. Einige tausend Bewohner hat das neue Stadtviertel bereits. Sie alle fühlen sich als Pioniere, und halten zusammen. Es gibt eine eigene kleine Zeitung (www.hafencitynews.de),

Der *Chilli-Club* – hipp und schick (rechts); Skater auf den Magellanterrassen (ganz rechts)

Links: Hotspot in der Hafencity: Das *Carls*, direkt neben der Elbphilharmonie

man veranstaltet Flohmärkte und Nachbarschaftstreffen. Auch eine Grundschule und ein Hort wurden bereits eröffnet, den Schulhof verpflanzte man jedoch oben aufs Dach. Für spielende Kinder war der teure Baugrund eben doch zu wenig lukrativ. Und genau hier setzt die Kritik an.

DOCH EIN LUXUSPROJEKT?

Es gibt zu viele teure Eigentumswohnungen, zu wenige Grünflächen, zu wenig Platz für spielende Kinder. Angesichts von gigantischen Glaspalästen im Überseequartier und am Magdeburger Hafen stellt sich die Frage nach dem wirtschaftlichen Gesamterfolg für die Stadt. Schon jetzt stehen in Hamburg tausende von Quadratmetern an Gewerbefläche leer. Wer tatsächlich in die teure Hafencity zieht, gibt meist seinen alten Standort auf. Das beste Beispiel hierfür ist Unilever, mit seinem wirklich großartigen Neubau am Strandkai (► 106).

Andererseits: Große Projekte mit großen Visionen hatten es schon immer schwer. Doch ist der Erfolg da, haben es alle immer schon gewusst. Also lieber das Positive sehen und den Sunddowner entspannt in der *Kaiserperle* (Am Kaiserkai 47, Tel. 30 06 88 95, Di–So ab 11 Uhr am Abend genießen. Wunderbar!

EIN NEUES SYMBOL FÜR DIE HANSESTADT

Die Idee ist so verrückt wie die Architektur: Eine ganze Konzerthalle inklusive Luxushotel, Wohnungen, Restaurants und wer weiß was noch auf dem Dach eines alten Kakaospeichers. 110 m wird die Elbphilharmonie eines Tages hoch sein, die futuristische Glasfassade der Schweizer Architekten Herzog & de Meuron wird die Silhouette Hamburgs grundlegend verändern. Und der Konzertsaal (aufgehängt an Federn!) wird Musiker aus aller Welt anziehen. Recht anschaulich dazu ist der kleine Infopavillon an den Magellanterrassen (tgl. 10–18 Uhr, Hafencity, Magellanterrassen). Solange die Innenausbauten nicht begonnen haben, gibt es sogar kostenlose Führungen über die Riesenbaustelle (Nur So, ca. 11–16 Uhr im Stundentakt, für max. 20 Personen, ab 14 Jahre. Wartezeit einkalkulieren, Infos: www.elbphilharmonie.de). Spektakulär!

»UND WO WOHNEN SIE?«

Hamburg, eine Stadt? Von wegen! Hamburg besteht aus vielen verschiedenen Stadtvierteln und Vororten. Und es ist überhaupt nicht egal, in welchem dieser Stadtviertel man lebt. Einmal Blankenese, immer Blankenese – einmal Eimsbüttel, immer Eimsbüttel.

Verschiedene Welten: Prachtvilla in Harvestehude (links) und Flohmarkt im Schanzenviertel (rechts)

Früher war es einfacher, da reichte die Postleitzahl »Hamburg 13« und es war klar: diese Dame stammt aus dem feinen Harvestehude. Auch die Telefonnummern sagten alles: Begann eine Nummer mit »86«, so verwies dies auf Blankenese. Heute jedoch, in Zeiten von ISDN, lebenslangen Telefonnummern und neuen Postleitzahlen, funktioniert das System nicht mehr.

Doch zum Glück gibt es nicht nur die Visitenkarten, die auf den Wohnort verweisen. Manchmal sind auch die Accessoires entscheidend: Ist das nun ein Schanzenbewohner? Oder doch ein West-Eimsbütteler (drei Straßen weiter …)? In bestimmten Vierteln trägt man bestimmte Taschen, hier sind die Jeans weniger zerrissen als anderswo, das Top im Sommer noch etwas knapper. Es gibt Hamburger, die können Sie blind in eine ihnen unbekannte Kneipe bringen und sie sagen Ihnen blitzschnell, in welchem Stadtviertel sie sich befinden.

Hamburgs schönster Vorort: der Süllberg in Blankenese an der Elbe (Rechts); Wer morgens um die Außenalster joggen kann, gehört zu Auserwählten: rund ums Ufer finden sich die schönsten Villen der Stadt (ganz rechts)

WELTEN LIEGEN ZWISCHEN ZWEI ELBVORORTEN

Machen Sie nie den Fehler, diese Unterschiede zu ignorieren. Selbstverständlich ist es nicht egal, ob man in Blankenese oder im direkt benachbarten Flottbek wohnt. Das eine ist snobby (Blankenese), das andere jünger (weil ein paar Kilometer dichter an Ottensen). Ein Sakrileg begeht auch, wer die wichtigste Grenze der Stadt, die Alster, ignoriert. Es gibt den Westen, und es gibt den Osten. Die Alster überquert man mit dem Boot, oder man joggt drum herum. Aber man zieht nicht von der einen Seite auf die andere.

JEDEM VIERTEL SEIN FEST

Klar, dass bei so viel Eigenprofil jedes Stadtviertel sein eigenes Straßenfest hat. Und jedes pocht auf seine Eigenständigkeit. In Eimsbüttel feiert man das Osterstraßenfest mit Karussell, vielen Musikgruppen und natürlich Bratwurstständen; in Eppendorf das Eppendorfer Landstraßenfest mit Kultur, Gourmetständen, und für Kinder ist auch etwas dabei. In Blankenese trifft man sich alljährlich zum Klönschnack-Fest auf dem Marktplatz mit Bier, Kultur usw. Eine Bratwurst ist eine Bratwurst ist eine Bratwurst? Aber keineswegs!

NEUE AKZENTE DURCH DIE HAFENCITY

Jahrzehntelang konnten sich die traditionsbewussten Hamburger (Zugereiste nennen so etwas auch gerne borniert) nach diesen ungeschriebenen Regeln richten. Doch in jüngster Zeit droht der Wandel. Mit der Hafencity kommt eine neue Dimension ins Spiel: der Süden. Plötzlich rücken Stadtviertel ins Blickfeld, die jahrzehntelang ignoriert wurden. Harburg beispielsweise oder Wilhelmsburg. Dass man da auch ganz gut leben kann, darf eigentlich nicht sein. Trotzdem ziehen ziemlich viele Menschen dorthin. Eine besondere Attraktion auf der Elbinsel Wilhelmsburg ist die Internationale Bauausstellung, die hier und in Rothenburg und auf der Veddel schon angefangen hat. Auf der Veddel, gegenüber des Auswanderermuseums Ballinstadt (➤ 106) liegt das IBA-Dock, Deutschlands größtes schwimmendes Bürogebäude mit einer tollen interaktiven Ausstellung. Der Ausflug dorthin (nur sechs Minuten Fahrzeit vom Hauptbahnhof mit der S-Bahn) lohnt unbedingt. 2013 kommt dann als Höhepunkt die IGA, die Internationale Gartenschau, auf die Elbinsel.

DIE MEINUNGSMACHER

Ist sie es nun, oder ist sie es nicht – die deutsche Pressehauptstadt? So richtig beweisen kann es keiner, denn wer zählt schon genau die vielen wichtigen Menschen, die hier in den Medien arbeiten.

Sicher ist, dass keine andere Stadt in Deutschland eine so lange Tradition im Zeitungswesen hat wie Hamburg: 1664 gründete der Notar Georg Greflinger den *Nordischen Mercurius* und wurde damit zu Deutschlands erstem Zeitungsredakteur. Sensationell war dieses Blatt mit seinen Anzeigen und Meldungen aus Wirtschaft und Handel. Sogar Leserbriefe und eine Fortsetzungsgeschichte gab es. Hier fühlte sich das Publikum angesprochen, die Zeitung war ein großer Erfolg.

DICHTER, SCHREIBER, NACHRICHTEN

Berühmt im Hamburger Zeitungswesen wird dann der Dichter Matthias Claudius. 1740 im damals noch dänischen Reinfeld/Holstein als Sohn eines Pfarrers geboren, zieht Claudius im Sommer 1768 nach Hamburg und gründet in dem kleinen, eine Stunde Fußmarsch vor Hamburg gelegenen Dörfchen Wandsbek den *Wandsbecker Bothen.* Alles, was Rang und Namen in der deutschen Literaturszene hat, veröffentlicht in seiner Zeitung: Goethe, Herder, Lessing und natürlich auch Matthias Claudius selbst, Verfasser eines der schönsten deutschen Lieder *(Der Mond ist aufgegangen).*

Ob Gruner+Jahr am Hafen (unten) oder Spiegel Hochhaus (rechts), Medien spielen eine wichtige Rolle in der Hansestadt

PRESSEHAUPTSTADT

So hochbegabte Dichter und Denker muss man im Hamburger Pressewesen heute wie eine Stecknadel suchen. Aber immerhin entstehen die beiden wichtigsten intellektuellen Printmedien, *Die Zeit* und der *Spiegel*, in Hamburg. Gruner+Jahr hat seinen Firmensitz an der Elbe: *Stern*, *Brigitte*, *Schöner Wohnen*, *Capital* und andere Hochglanzblätter erscheinen hier. Und dann ist da natürlich die Springer Presse mit dem Lokalmatador *Hamburger Abendblatt*. Es gibt den Jahreszeiten und den Bauer Verlag, dazu ungezählte PR- und Werbeagenturen.

KINO UND NEWS

Auch als Filmkulisse macht Hamburg von sich reden. James Bond war schon da und spätestens seit Fatih Akins *Soul Kitchen* wissen auch die Süddeutschen wie cool die Stadt sein kann. Die NDR-Fernsehstudios haben ihren Sitz in Lokstedt. Dort entstehen die *Tagesschau* und die *Tagesthemen*. Der NDR-Rundfunk residiert an der Rothenbaumchaussee. Das Studio Hamburg, der traditionsreiche und größte deutsche Produzent so langlebiger Serien wie *Großstadtrevier* oder *Notruf Hafenkante*, befindet sich in Rahlstedt. Das Busunternehmen Jasper (Tel. 22 71 06 10, www.jasper.de) bietet eine spezielle Tour zu den Drehorten in der Stadt an. Über 20 Filmsets werden besucht.

EIN ECHTER HAMBURGER JUNG

Polizeihauptwachtmeister Dirk Matthies liebt den Kiez, ist immer gut gelaunt und ein echter Kumpel. Seit 1985 spielt der Schauspieler **Jan Fedder** den liebenswerten Polizisten. *Großstadtrevier* ist die erfolgreichste deutsche Vorabendserie. Ein Ende ist nicht absehbar. Und Jan Fedder? Der liebt seine Rolle und geht voll in ihr auf. Kein Wunder, denn der Sohn eines Gastwirts und einer Tänzerin lebt auf dem Kiez, fährt einen alten Benz und hat immer einen Spruch auf Lager – kurz ein echter Hamburger Jung!

HELFEN UND KAUFEN!

Wenn Sie etwas über Hamburg erfahren und gleichzeitig ein (kleines) gutes Werk tun wollen, kaufen Sie die Obdachlosenzeitung *Hinz & Kunzt*. Die Monatszeitung ist professionell gemacht, gibt viele Infos und jedes verkaufte Exemplar hilft dem (meist obdachlosen) Verkäufer.

WUSSTEN SIE …

- … dass es eine alte Hamburger Tradition ist, eine Stiftung zu gründen? In Hamburg gibt es vermutlich mehr Millionäre als in jeder anderen deutschen Stadt, aber es gibt auch die meisten privaten Stiftungen: an die 1000. Von wegen geizige Pfeffersäcke!
- … dass Hamburger nicht *»Moin, Moin«* sagen, sondern nur einmal »Moin«?
- … dass es in Hamburg mehr Brücken gibt als in Venedig? An die 2500 sind es schon heute. Mit der Hafencity werden es sicher noch mehr.
- … dass der Hamburger Stadtteil Wilhelmsburg auf Europas größter Flussinsel liegt? Einzigartig ist hier auch das Naturschutzgebiet Heuckenlock mit seinem Tidenauenwald und dem Süßwasserwatt.

Über hochwassergeschützte Brücken geht es durch die Speicherstadt direkt in die Hafencity

- … dass die Figur des Hamburger *Hummel* auf den Wasserträger Johann Wilhelm Bentz zurückzuführen ist? Bentz lebte und arbeitete 1787–1854 in der Hamburger Neustadt. Die Legende besagt, dass ihn freche Kinder auf seinen schweren Gängen, rechts und links beladen mit Wasserkübeln, mit den Worten *»Hummel, Hummel«* neckten, die angeblich von der damals üblichen Beschimpfung *Hummer* für Gerichtsdiener abgeleitet sind. Ob es stimmt? Wer will das bei einer so schönen Legende schon genau wissen. Zudem sich Bentz wortmächtig wehrte und den Kindern ein deftiges *»Mors, Mors«* (plattdeusch für Hintern) zurückrief. Was also ruft der eine Hanseat, wenn er einen anderen Hanseaten im Urlaub an der Adria trifft? *»Hummel, Hummel«*, und zurück schallt es prompt *»Mors, Mors«*.
- … dass Hamburg die beliebteste Großstadt Deutschlands ist? Wie eine Umfrage des Allensbach-Instituts vor einigen Jahren ergab, würde gerne jeder dritte Deutsche an der Elbe leben. In Hamburg selbst sind 79 % der Befragten glücklich in ihrer Stadt. Was die restlichen 21 % gerne hätten, wurde leider nicht abgefragt.

Erster Überblick

Ankunft

Hamburg liegt zwar ganz im Norden Deutschlands, ist aber sehr gut erreichbar. Vor allem die Bahnverbindungen wurden in den letzten Jahren hervorragend ausgebaut: Von Berlin aus reisen Sie in 1,5 Stunden an, von Frankfurt in knapp 3,5 Stunden. Von Wien fährt ein direkter Nachtzug.

Flughafen Hamburg

Der Flughafen Hamburg befindet sich im Norden der Stadt, ca. 12 km vom Zentrum entfernt. Seine beiden Terminals werden von vielen internationalen Linien angeflogen, zu allen deutschen Großstädten besteht ein Linienflugdienst.

Flughafentransfer

Zwischen den beiden Terminals befindet sich ein Taxistand. Ein **Taxi** in die Innenstadt kostet um die 20 Euro, die Fahrzeit beträgt ca. 30 Minuten, in verkehrsreichen Zeiten auch mehr. Günstiger ist die Fahrt mit der **S-Bahn**. Die S1 hält direkt am Flughafen und bringt Reisende im Zehn-Minuten-Takt binnen 25 Minuten zum Hauptbahnhof. Dort sind alle S- und U-Bahnen sowie etliche Buslinien bequem zu erreichen (Kosten ➤ 35).

Telefonische Information

Flugauskunft: Tel. 507 50, www.airport.de; Airport-Office T1: Tel. 50 75 22 20, Airport-Office und Fundbüro T2: Tel. 50 75 10 10; Parkauskunft: Tel. 50 75 33 03

Bahnhöfe

Nationale und internationale Züge halten auf den Bahnhöfen Hamburg Hauptbahnhof, Hamburg-Dammtor (Congress Centrum Hamburg) und Hamburg-Altona. Der schönste und ruhigste Bahnhof um anzukommen, ist der Dammtorbahnhof. Hier kann man sich auch gut verabreden, es ist noch so trubelig wie am Hauptbahnhof und nicht so unübersichtlich wie in Altona. Die Autoreisezüge enden alle am Bahnhof Altona.

- Fahrplan- und Tarifauskunft Tel. 118 61, www.bahn.de
- Auch Busunternehmen fahren günstig nach Hamburg – so z.B. von Berlin der Berlinlinienbus, Tel 030/3519520, www.berlinlinienbus.de.

Anfahrt mit dem Auto

Nach Hamburg führen vier Autobahnen: die A 1 (Bremen–Lübeck), die A 7 (Nord-Süd-Tangente), die A 24 (Berlin–Hamburg) und die A 23 (aus Richtung Heide). Die verschiedenen Stadtteile erreicht man über die entsprechenden Ausfahrten.

Touristeninformationen

- Umfassendes Informationsmaterial erhält man von der Hamburg Tourismus GmbH, Postfach 10 22 49, 20015 Hamburg, Tel. 30 05 13 00, www.hamburg-tourismus.de, Mo–Sa 9–19 Uhr.
- Touristeninformationen gibt es an zwei zentralen Punkten der Stadt: im Hauptbahnhof, Ausgang Kirchenallee: Mo–Sa 8–21, So 10–18 Uhr; am Hafen, St. Pauli Landungsbrücken, zwischen Brücke 4 und 5: Nov. bis März tägl. 10–18, Di, Do–Sa bis 19 Uhr, April–Okt. tägl. 8–18, Di, Do–Sa bis 19 Uhr.
- Die Tourist-Information hält viele gute Sonderangebote bereit – zu bestimmten Zeiten ist beispielsweise die Anreise mit der Bahn inklusive. Anfragen lohnt immer!

Unterwegs in Hamburg

Hamburg hat ein ausgezeichnetes U- und S-Bahn-System sowie zahlreiche Bus- und Fährlinien. Mit diesen öffentlichen Verkehrsmitteln kommen Sie bis weit ins Umland hinein. Innerhalb der City können Sie auch prima radeln.

Öffentlicher Nahverkehr

- Drei **U-Bahn-Linien** befahren zwischen ca. 4 Uhr morgens und 0.30 Uhr nachts ein Streckennetz von 100 km und halten an 90 Bahnhöfen. In den Wochenendnächten gibt es einen 24-Stunden-Betrieb: Die U-Bahnen verkehren dann im 20-Minuten-Takt.
- Ergänzt wird das U-Bahn-Netz durch sechs **S-Bahn-Linien**. Sie versorgen auch die Hamburger Randgebiete und halten an 59 Bahnhöfen. In Wochenendnächten fahren auch sie nachts.
- Über hundert **Buslinien**, von denen einige auch nachts fahren, und diverse **Regionalverkehrslinien** machen das Verkehrsnetz im Großbereich Hamburg komplett.

Fahrscheine

- An allen Haltestellen sind **Automaten** aufgestellt, sie akzeptieren Münzen, Scheine und Geldkarten. Dort finden Sie auch Tafeln mit allen Zielbahnhöfen, auf denen Sie erkennen können, welche Tarifgruppe für Sie die richtige ist.
- Für **Einzelfahrkarten** gibt es verschiedene Zonen. Wollen Sie eine längere Strecke befahren oder umsteigen, kostet die Fahrt für Erwachsene 2,75 Euro. Auch **Tageskarten** (ab 9 Uhr zum verbilligten Preis von 5,40 Euro) und **Gruppentageskarten** (5 Personen 9,20 Euro) bekommen Sie aus den Automaten.
- **Kinder** fahren bis zum Alter von 6 Jahren kostenlos, in Begleitung Erwachsener bis zum 14. Lebensjahr.
- Die Fahrkarten müssen **nicht extra abgestempelt** werden.
- Mit der **Hamburg Card** haben Sie freie Fahrt in allen öffentlichen Verkehrsmitteln im Großbereich Hamburg. Zudem bekommen Sie Prozente bei Stadt- und Hafenrundfahrten und vielen anderen Hamburger Attraktionen. Einzelkarte 8,50 Euro, Dreitageskarte 19,90 Euro, Gruppenkarte 13,50 bzw. 32,90 Euro für die Dreitagesgruppenkarte. Auch sie ist am Automaten erhältlich.
- Wenn Sie innerhalb kurzer Zeit viele Sehenswürdigkeiten auch außerhalb der Stadtgrenzen besuchen möchten, empfiehlt sich der Kauf einer **Metropol Card**. Sie kostet 18,50 Euro als Einzelticket für Erwachsene und 8,50 für Kinder, für Familien (zwei Erwachsene, zwei Kinder) 38,50 Euro. Sie ist in allen HVV-Service-Stellen erhältlich. Innerhalb eines Jahres kann sie an einem beliebigen Tag eingesetzt werden und sorgt dann für freien Eintritt in rund 140 Freizeit- und Kultureinrichtungen in der Stadt und im Umland.
- **Fahrräder** können Sie auf die Hafenfähren ganztägig kostenlos mitnehmen, in U- und S-Bahnen allerdings nur außerhalb der Stoßzeiten (Mo–Fr 6–9, 16–18 Uhr ist die Mitnahme nicht gestattet).
- **Schwarzfahren** kostet 40 Euro.

Taxi

Taxis bekommen Sie an den zahlreichen im Stadtgebiet verteilten Standplätzen und über Taxizentralen (z. B. 66 66 66, 22 11 22 oder 44 10 11. Beim Hansafunk, Tel. 21 12 11, können Sie ihr Taxi beim Verlassen des Flugzeuges reservieren (SMS mit Standplatz und Funknummer zurück) und auf der Fahrt ein Hotelzimmer buchen. Allgemeine Infos (www. hamburger-taxi.info)

Fahrräder leihen

- Besonders günstig ist die Fahrradstation **Dammtor/Rotherbaum** (Schlüterstr. 11, Tel. 41 46 82 77, Mo–Fr 9–18 Uhr). Pro Tag zahlen Sie für ein Rad nur 3 Euro, für ein ganzes Wochenende 6 Euro.
- Wer spontan einen Drahtesel leihen möchte, greift zu den etwa 1000 signalroten Fahrrädern, die an den vielen Stationen in der City stehen. Radler, die sich einmal auf der Internetseite von **Stadtrad** (www.stadtradhamburg.de) registriert haben (gilt auch für Kunden von DB-Call-a-Bike), können sich am Bedienterminal der jeweiligen Leihstation mit EC- oder Kreditkarte ausweisen, bekommen einen Code und können losfahren. Die Anmeldung und Codevergabe ist auch telefonisch möglich. Keine Angst, das klingt komplizierter als es ist. Jeder Schritt ist auf dem Bedienterminal gut beschrieben. Und beim zweiten Mal geht die Ausleihe dann schon ganz fix vonstatten. Die ersten 30 Minuten sind kostenfrei. Danach werden 3–8 Cent je nach Tarif fällig. Maximal kostet die Ausleihe für einen Tag 12 Euro. Bahncard-Besitzer erhalten Rabatt. Zurückgegeben werden kann das Leihrad an jedem beliebigen Stadtrad-Abstellplatz.

Velotaxi

Die Velotaxis fahren auch dort, wo Autos passen müssen: auf Fahrradwegen und in Parks. Wenn sie leer sind, winkt man. Vorbestellungen sind möglich (Tel. 0162 / 108 90 20, www.trimotion.de)

Mit dem eigenen Auto

Nutzen Sie die kostenlosen Park-and-Ride-Plätze an vielen U- und S-Bahn-Stationen. Die Parkplätze in der Innenstadt sind rar und die Parkhäuser teuer (4–6 Euro für 2 Stunden).

Stadtbesichtigung

- **Rundfahrten: Roter Doppeldecker** und **Hummelbahn** bieten täglich Rundfahrten, bei denen Sie an den 28 Haltestellen die Fahrt nach Belieben unterbrechen können. Das Ticket gilt für den ganzen Tag (15 Euro pro Person, Kombiticket mit Hafenrundfahrt 23 Euro). Start- und Zielpunkt sind die St. Pauli-Landungsbrücken bzw. der Hauptbahnhof (Ausgang Kirchenallee). Die Abfahrtszeiten variieren (Tel. 792 89 79, www.hummelbahn.de).
- Der letzte Schrei: Stehend durch die Stadt auf den **Segway-Hightech-Rollern** (2,5 Stunden, mit Audioguide. 58 Euro pro Person, ab 4 Personen Gruppenrabatt, Anmeldung: Tel. 47 11 33 00, www.segway-citytour.de).
- **Stadtrundgänge:** Schöne Stadtspaziergänge werden von der **Tourismuszentrale** (in den Landungsbrücken oder im Hauptbahnhof, Tel. 30 05 16 66, www.hamburg-tourismus.de) angeboten.
- **Geführte Fahrradtouren:** Stefan Petersen begeistert ständig mit neuen Ideen. Ob Kriminalrallye oder eine Kombination aus Rad- und Paddeltour, **»Hamburg anders erfahren«** heißt die Devise. Infos und Buchung unter Tel. 0178 / 640 18 00 oder www.hamburg-anders-erfahren.de (Räder dazu werden geliefert).

Bootsverleiher

Sie können Kanus, Tret- und Ruderboote leihen, dafür brauchen Sie keinen Führerschein, sondern nur eine gute Kondition (auch ➤ 155). Die Kosten liegen bei ca. 8 Euro pro Stunde.

- **Bootsverleih Goldfisch:** Isekai 1, Tel. 41 35 75 75, tägl. 10–20 Uhr, Juni–Okt. 10–22 Uhr
- **Bootshaus Silwar:** Eppendorfer Landstr. 148b, Tel. 47 62 07, tägl. 9 bis 20 Uhr, Juni–Okt. 9–22 Uhr
- **Bobby Reich:** Fernsicht 2, Tel. 48 78 24, tägl. 9–20 Uhr
- **Bodos Bootssteg:** Harvestehuder Weg 1b, Tel. 44 06 54, Mo–Sa 11–21 Uhr

Eintrittspreise

Die Eintrittspreise für die im Text beschriebenen Sehenswürdigkeiten sind in drei Kategorien eingeteilt:
Preiswert: unter 3 Euro
Mittel: 3–6 Euro
Teuer: über 6 Euro

Übernachten

Hamburg ist Deutschlands am stärksten boomende Touristenmetropole. Im Jahr 2009 kamen nach offiziellen Zählungen 4 367 721 Gäste in die Hansestadt und sorgten für 8 190 145 gebuchte Übernachtungen. Kein Wunder, dass in den nächsten Jahren neue Hotels eröffnen werden, viele im Luxusbereich. Doch das Hochpreisimage wird Hamburg zu Unrecht angehängt. Egal, ob viel oder wenig Geld ausgegeben werden soll, in einem der insgesamt 250 Hotels und Pensionen findet sicher jeder eine passende Unterkunft.

Reservierungen

Die Partnerhotels der Hamburg Tourismus GmbH können Sie jederzeit telefonisch unter 30 05 13 51 oder online buchen: www.hamburg-tourismus.de. Hier bekommen Sie auch ein Hotelverzeichnis (Steinstr. 7, 20095 Hamburg). Günstig sind oft die Pauschalangebote (z. B. inklusive eines Musical-Besuchs), die unter dem Namen »Happy Hamburg« laufen. An vielen Wochenenden bieten auch Luxushotels Sonderangebote. Sie können mittlerweile fast jedes Hotel übers Internet buchen.

Jugendherberge, Kinderhotel und Gästehaus

- Die Jugendherberge **Auf dem Stintfang** (Alfred-Wegener-Weg 5, Tel. 31 34 88, www.djh.de) liegt direkt oberhalb der Landungsbrücken und bietet einen phantastischen Blick über den Hafen, wie Sie ihn sonst nur von teuren Hotels aus haben.
- Ideal für Rucksacktouristen ist das **Instant Sleep** (Max-Brauer-Allee 277, Tel. 43 18 23 10, www.instantsleep.de). Es gibt einen 25-Bettensaal, aber auch Einzel- und Doppelzimmer.
- Im **Engel & Bengel Kinderhotel** (Stellinger Weg 49a, Tel. 43 17 94 90, www.bengel-engel.de) übernachten Kinder von 1 bis 12 Jahren allein, ohne ihre Eltern, die derweil die Stadt bei Nacht erkunden dürfen. (55 Euro pro Nacht, Geschwisterkinder 40 Euro).

Privatunterkünfte

- Gästen, die einen Monat oder länger in der Hansestadt bleiben wollen, vermietet die **KG Springer Hausverwaltung** (Grindelhof 45, Tel. 413 24 70, www.moebliertes-wohnen-hamburg.de) möblierte 1–2-Zimmerwohnungen und auch komfortable Penthouses im beliebten Grindelviertel.
- **Ad Hamburg Rooms** (Eppendorfer Landstr. 100, Tel. 46 85 64 50, www.ad-hamburg-rooms.de) bietet Touristen Einzel- und Doppelzimmer sowie Apartments für 30–90 Euro pro Nacht. Die Privatzimmer liegen in nahezu allen Stadtteilen und befinden sich in der Nähe von U-/S-Bahn-Stationen.
- **»Zimmer frei Hamburg«** – hier gibt es günstige Privatzimmer und -wohnungen, entweder zur Untermiete oder auch allein als Wohnungsinhaber auf Zeit. Tel. 27 87 77 77, www.zimmerfreihamburg.de

Hotels

Hotelpreise
Preise für ein Doppelzimmer mit Frühstück:
€ unter 70 Euro
€€ 70–120 Euro
€€€ 120–180 Euro
€€€€ über 180 Euro

25 Hours €€
Ein günstiges Designhotel. Gäste unter 25 Jahren zahlen für ein Doppelzimmer 79 bis 94 Euro. Innen leuchtet alles in knalligen Farben, die Lobby erinnert an ein Raumschiff. Alle 97 Zimmer sind mit Dusche oder Bad, WC und einem ISDN-Anschluss ausgestattet.
194 A3 **Paul-Dessau-Str. 2**
85 50 70; Fax 85 50 71 00
2, 3 Bornkampsweg
www.25hours-hotel.com

Annenhof €
Nur ein paar Gehminuten vom Hauptbahnhof entfernt, mitten auf St. Georgs gemütlich-trubeliger Lebensader Lange Reihe, liegt der *Annenhof*. Die 13 stuckverzierten, bunt angestrichenen Zimmer des Altbaus verfügen nicht alle über Dusche und WC – aber sie haben Charme. Und der ist mit 40 Euro für eine Übernachtung im Einzelzimmer bezahlbar.
197 E3 **Lange Reihe 23**
24 34 26; Fax 24 55 69 **Hauptbahnhof**
www.hotel-annenhof.de

Clipper Elb-Lodge €€–€€€
Ein Heimathafen für Geschäftsleute. So schön, dass sich einige von ihnen hier sogar fürs ganze Jahr einquartieren. Die *Clipper Elb Lodge* ist kein klassisches Hotel, sondern vermietet 35–71 m² große Apartments, die meisten mit Elbblick.
195 E1 **Carsten-Rehder-Str. 71**
80 90 10; Fax 80 90 19 99 **383 Sandberg**
www.clipper-hotels.de

East €€€
Architekt Jordan Mozer hat sich wahrhaft verausgabt, als er aus einer ehemaligen Eisengießerei ein modernes Designhotel gemacht hat. Das *East* erinnert nämlich an eine pompöse Theaterkulisse. Wer nicht über das nötige Budget verfügt, um in den eigenwillig gestalteten Lofts und Suiten zu übernachten, nimmt in der eindrucksvollen Bar den ersten Drink des Abends.
195 F2 **Simon-von-Utrecht-Str. 31**
30 99 30; Fax 30 99 32 00 **St. Pauli**
www.east-hotel.de

Empire Riverside €€€
Es ist das letzte große Werk des verstorbenen Kiezkönigs Willi Bartels – und das am höchsten hinausragende Hotel der Stadt.Hamburg Die 20-stöckige Architektur mit Atrium von David Chipperfield ist so beeindruckend, dass es auch Fachführungen gibt. Sensationell ist der Blick aus einem der Eckzimmer mit bodentiefen Fenstern – allerdings erhalten Sie bei Ihrer Reservierung keine Zusicherung auf der Elbseite zu nächtigen.
195 F1 **Bernhard-Nocht-Str. 97**
31 11 90; Fax 311 19-706 01 **Reeperbahn**
www.empire-riverside.de

Fairmont Hotel Vier Jahreszeiten €€€–€€€€
Stil, Stil und nochmals Stil. Das wunderbare Haus an der Alster gehört zu den besten Hotels der Welt. Perfekt eingespielter Service und Luxus der Oberklasse, wohin Sie schauen. Selbst unerzogene Kinder bedanken sich artig beim Kellner für die eisgekühlte Cola. Etwas Besonderes ist der Amrita-Spa-Bereich im Dachgeschoss: klein, sehr fein und mit diskretem Service. Auch Tom Hanks wurde hier schon massiert.

191 D4 Neuer Jungfernstieg 9–14
349 40; Fax 34 94 26 00
Jungfernstieg www.hvj.de

Fritzhotel €–€€

Wer sich ein Zimmer im schräg gegenüber liegenden Mövenpick-Hotel nicht leisten mag, findet im *Fritzhotel* eine günstigere Übernachtungsmöglichkeit. Stilvoll schlicht sind die Zimmer, angenehm ruhig die zum Hinterhof gelegenen, während vor der Tür im angesagten Schanzenviertel das Leben schön schrill-bunt brummt.

195 F3 Schanzenstr. 101–103
82 22 28 30 Sternschanze
www.fritzhotel.com

Gastwerk €€€

Ursprünglich Gaswerk, heute das durchgestylte *Gastwerk*. Wo früher Kohle gelagert wurde, schlafen und tagen heute vor allem Geschäftsleute. Das *Gastwerk* gehört mit seiner asiatisch anmutenden Einrichtung und der wunderschönen Relaxing-Zone mit Saunen und Medical Spa zu den schönsten Hotels der Stadt.

194 A3 Beim alten Gaswerk 3
89 06 20; Fax 890 62-20 2, 3 Bornkampsweg www.gastwerk-hotel.de

Grand Elysee €€€

Hamburgs Steak-House König Eugen Block baute das große Haus in Nähe von Messe und Dammtor. Die Lobby ist als Treffpunkt legendär, kürzlich wurde das Haus als bestes Tagungshotel Deutschlands ausgezeichnet.

190 C5 Rothenbaumchaussee 10
41 41 20; 41 41 21 22
Dammtor www.grand-elysee.com

Hotel am Dammtor €€

Die 32 wunderbar ausgestatteten Zimmer verteilen sich über acht Stockwerke in einer Jugendstilvilla in Fußwegnähe zum Dammtor. Nett sind die familienfreundliche Inklusivangebote und superlecker ist das Frühstücksbuffet.

190 C5 Schlüter straße 3
450 05 70; Fax 410 63 00 Dammtor
www.hotel-am-dammtor.de

Hotel Europäischer Hof €€€

Rund um den Hauptbahnhof gibt es viele schöne Hotel, der Europäische Hof gehört schon seit 1925 dazu. Riesig ist die Euro-Therme und nett ist, dass ein 3-Tages-HVV-Ticke im Hotelpreis mit inbegriffen ist.

197 E3 Kirchenallee 45
24 82 48; Fax 24 82 47 99
Hauptbahnhof
www.europaeischer-hof.de

Holiday Inn €€–€€€

Richtig schön ist das nicht hier, weder die Umgebung noch das Hotel, eben ein klassisches Kettenhotel. Aber der Blick aus den oberen Zimmerfenstern ist einmalig in Hamburg. Von dieser Seite aus können Sie (bis jetzt) von nirgendwo anders auf den Hafen blicken.

197, östl. F1 Billwerder Neuer Deich 14
788 40; Fax 78 84 10 00
120, 124 Billhorner Mühlenweg
www.holiday-inn.com

Hotel Bellmoor €€

Einst beherbergte das riesige Dammtorpalais riesige Wohnungen – teilweise über 250 m². Heute findet sich auf jedem Stockwerk ein kleines Hotel, darunter auch das Bellmoor unter der sympathischen Führung von Jochen Rolcke. Der Hundefreund begrüßt gerne auch vierbeinige Gäste. Mittlerweile wieder ein echter Service: Das Frühstück wird am Tisch serviert

196 C4 Moorweidenstr. 34
413 31 10; Fax 41 33 11 41
4, 5 Staatsbibliothek
www.hotel-bellmoor.de

Kempinski Hotel Atlantic €€€–€€€€

Früher übernachteten in diesem schwanenweißen Grandhotel an der Außenalster reiche Passagiere luxuriöser Überseedampfer. Das Luxushotel ist fest in der Hamburger Geschichte verwurzelt und weltweit bekannt. Nicht selten fahren schwarze Stretchlimousinen vor und Stars wie Pierce Brosnan steigen aus. Kultrocker Udo Lindenberg lebt in dem Hotel und sorgt immer wieder für fröhliche

Haus-PR. Zum Hotel gehören die beiden hervorragenden Restaurants *Tsao Yang* und *Atlantic Restaurant*.
197 D3 An der Alster 72
288 80; Fax 24 71 29 Hauptbahnhof
www.atlantic.de

Kogge €
Ein ziemlich unkonventionelles Hotel ist das: Die Rezeption ist gleichzeitig Bar, an deren Tresen abends die lokale DJ-Prominenz auflegt. Die originell eingerichteten Zimmer tragen seltsame Namen wie Tiki oder Burgfräulein, und deren Bewohner zur Nachtruhe die bereitliegenden Ohrstöpsel.
195 F1 Bernhard-Nocht-Str. 59
31 28 72; Fax 33 44 21 85 Reeperbahn
www.kogge-hamburg.com

Le Royal Meridien €€€–€€€€
Fünf Sterne haben ihren Preis, aber eben auch den ganz speziellen Luxus: Getränke in der Minibar sind ebenso inklusive wie eine Alsterrundfahrt, der Blick von der Fensterfront des Restaurants *Le Ciel* auf die Außenalster ist phänomenal, und der luxuriöse Spa-Bereich zu jeder Tages- und Nachtzeit mit dem Zimmerschlüssel zugänglich.
197 E3 An der Alster 52–56
210 00; Fax 21 00 11 11 6 Gurlittstraße
www.hamburg.lemeridien.com

Lindner Hotel Am Michel €€€
Dieser Hotelneubau macht vielen alteingesessenen Häusern in der City Konkurrenz: Die geschickte Architektur mitten in der sogenannten Neustadt (eigentlich aber ein altes Hamburger Wohnviertel) lässt vergessen, dass sich hinter der Fassade 259 Zimmer verstecken. Alles ist klar, sachlich und ohne Schnickschnack. Zu Fuß sind es fünf Minuten zum Michel, die Peterstraße mit dem Brahmsmuseum liegt direkt gegenüber.
190 A3 Neanderstr. 20 307 06 70; Fax 307 06 77 77 Schnellbus 37 Michaeliskirche www.lindner.de

Louis C. Jacob €€€–€€€€
Schon der Maler Max Liebermann war 1902 so entzückt von dem Ambiente, dass er es in einem weltberühmten Bild verewigte (hängt heute in der Kunsthalle). Hotelmanager Jost Deitmar führt es mit Schwung und Esprit, Restaurantchef Thomas Martin ergänzt kongenial durch seine Kochkünste. Lassen Sie sich den historischen Eiskeller zeigen, und schauen Sie hinter sich, wenn Sie auf dem Sofa in der Bar einen Drink nehmen: Dort hängt nämlich ein echter Max Liebermann, im ganzen Haus verteilt finden Sie weitere Kunstwerke.
194, westl. A1 Elbchaussee 401–403
82 25 50 Schnellbus 36 Sieberlingstraße
www.hotel-jacob.de

Miramar €€
Unweit der Außenalster betreibt das Ehepaar Andie und Ann Broadhurst sein kleines Hotel im Erdgeschoss einer Jugendstilvilla. Ein Hauch von Kolonialzeit weht durch die elf Zimmer, jedes ist einer anderen ehemaligen britischen Kolonie gewidmet. Und zum original British Breakfast Tea gibt es nicht nur Ham 'n' Eggs, sondern auch das, was einen Besuch des im feinen Uhlenhorst gelegenen Hotels so unwiderstehlich macht: britischen Humor, Warmherzigkeit und Stil.
197 F4 Armgartstr. 20
220 93 95; Fax 227 34 18 Uhlandstraße
www.hotelmiramar.de

Meininger Hotel City Center €–€€
Warum dieses super ruhig-gelegene und neu erbaute Hotel den Zusatz »City Center« trägt, weiß der Himmel. Tatsächlich liegt es eher ab vom Zentrum in Altona, in Spazierwegnähe zur Elbe und mit Blick auf eine Grünanlage. Das ganze ist hostelmäßig aufgemacht, also superjung und fetzig, sprich Strandkörbe in der Lobby, Getränkeautomaten und W-LAN-Arbeitsplätzen. Nicht nur für Teens, sondern vor allem auch für Familien (Mehrbettzimmer).
194 C2 Goetheallee 11
34 91 80 Altona
www.meininger-hotels.de

Renaissance Hamburg Hotel €€€

Ein toller Bau, diese einstige riesige Druckerei, errichtet von dem Architekten, der auch das Chilehaus erbaute: Fritz Höger. Frisch renoviert zeigt sich das *Renaissance Hotel* modern und klassisch nüchtern. Stars wie Steffi Graf schätzen die 220 m² große Renaissancesuite mit ihren weißen Ledersofas und verschiedenen Ausfahrten aus der Tiefgarage – schlecht für alle Paparazzi. Wirklich nett ist das neu gestaltete Restaurant. Es trägt den Namen der Druckerei: *Broschek*.

190 C3 Große Bleichen
34 91 80; Fax 34 91 89 19
Jungfernstieg
www.renaissancehotels.com

Schlafschön €–€€

In Anke Barenschers Bed & Breakfast fühlen sich die Gäste wie zu Besuch bei einer guten Freundin. Die sechs liebevoll hergerichteten Zimmer befinden sich im ehemaligen Schwesternheim des Rot-Kreuz-Krankenhauses, sie alle sind mit Kabel-TV und Internetzugang ausgestattet. Gefrühstückt wird im Sommer auf der großen Terrasse mit Blick auf den alten Krankenhausgarten. Wer einen warmherzigen, familiären Umgang der Anonymität eines großen Hotels vorzieht, ist hier genau richtig.

196 A5 Monetastr. 4
41 35 49 49 Schlump
www.schlafschoen.com

Side €€€

Verantwortlich für die beeindruckende modern-puristische Gemütlichkeit sind der Architekt Jan Störmer, der Mailänder Stardesigner Matteo Thun und der Theaterkünstler Robert Wilson. Wen es nicht in den bequemen Betten hält, flaniert durch die 30 m hohe Eingangshalle zum Spa-Bereich, in die Lounge mit Panoramablick, ins euro-asiatische Restaurant *Fusion* oder zur Dachterrasse mit Barservice im 8. Stock.

190 C4 Drehbahn 49
30 99 90; Fax 30 99 93 99 Gänsemarkt
www.side-hamburg.de

Strandhotel Blankenese €€€

Ein kleines weißes Schlösschen direkt am Strand von Blankenese mit dem Rücken zum Treppenviertel. Vor kurzem wurde das Haus von den Eigentümern übernommen und komplett überholt. Das macht den Aufenthalt nun noch viel angenehmer.

194, westl. A1 Strandweg 13
86 13 44; Fax 86 49 36 Blankenese
www.strandhotel-blankenese.de

Wedina €€

Wer im *Wedina* nächtigt, weiß oft nicht, was er zuerst machen soll. Lieber ein paar Schritte die Straße hinunter zur Außenalster gehen? Oder die Straße hinauf in die Lange Reihe, das Herz St. Georgs? Oder doch einfach in den liebevoll eingerichteten Zimmern bleiben? Das Hotel ist in vier Häusern untergebracht, aber alles andere als unüberschaubar und anonym. Im roten Haus (26 Zimmer) wohnt der Gast im Endsiebzigerambiente, im gelben Haus (8 Zimmer) mediterran in Terracotta und Nussbaum, im blauen Haus (14 Zimmer) unter Literaten und im grünen Haus (8 Studios) teilweise über zwei Ebenen in avantgardistisch eingerichteten Maisonetteapartments.

197 E3 Gurlittstr. 23
280 89 00; Fax 280 38 94 6 Gurlittstraße
www.wedina.de

YoHo – The Young Hotel €€

Von außen hochherrschaftlich und gediegen, von innen stylish. Die Jugendstilvilla liegt in Eimsbüttel in einer ruhigen Wohnstraße. Ihre 30 Zimmer sind recht klein, aber wunderbar hell und stilsicher eingerichtet. Unkonventionell geht es zu: Das studentische Rezeptionspersonal ist weltoffen und versiert, Gäste unter 26 Jahre bekommen einen Sondertarif. Und zum Frühstück sitzen die Gäste an der langen Tafel, umgeben von Blumen und Leckereien, und kommen fast automatisch ins Gespräch.

196 A5 Moorkamp 5 284 19 10; Fax 28 41 91 41 Christuskirche
www.yoho-hamburg.de

Essen und Trinken

Als Hafenstadt war Hamburg schon immer Anlaufpunkt für Menschen aller Nationen. So wundert es nicht, dass die hanseatischen Restaurants so vielfältig sind wie die Steine am Elbstrand. Jeder wird hier nach seiner Façon und seinem Geschmack glücklich.

Essenszeiten

Wer frühstücken will, kann dies in vielen Lokalen bis in den frühen Abend hinein tun. Besonders in den vor allem von Kreativen und Studenten bewohnten Vierteln wie Eimsbüttel und St. Pauli öffnen viele Cafés erst um 11 Uhr. Hamburg hat keine Sperrstunde, deswegen können Cafés, Restaurants und Bars so lange geöffnet haben, wie es ihnen beliebt. Einige Restaurants bieten nur mittags warme Küche und dann wieder abends. Die meisten allerdings, vor allem die nicht so teuren, haben durchgehend geöffnet. Ein Tipp zum Testen sind die oft preiswerten Mittagsmenüs. Da kann sich auch der Normalbürger den Besuch im Sternerestaurant leisten. Eine Besonderheit in Hamburg sind die Spitzenrestaurants in fast allen Spitzenhotels.

Imbiss und Brötchen

Lecker sind die vielen Falafel-Imbissbuden in der Stadt (eine Art vegetarischer Döner). Die besten finden Sie direkt gegenüber vom Sternschanzen-Bahnhof oder in Ottensen, Ecke Barner Straße/Bahrenfelder Straße. Immer noch skurril ist die Kneipe *Erikas Eck* (Sternstr. 98, Tel. 43 35 45, tägl. 17–14, Sa/So bis 9 Uhr, Mo ab 24 Uhr), in der Sie morgens um 4 Uhr beim Brötchenkauen Fleischzerteiler und Schlachter vom direkt benachbarten Fleischgroßmarkt als Tischnachbarn haben.

Und immer wieder: Fisch

Die Hafenpromenade zwischen Rödingsmarkt und Landungsbrücken könnte man auch die »Fischbrötchenmeile« nennen. Hier gibt es sie, Nordseekrabben, Matjes und Bismarckheringe, zwischen Salat und Rundstück, so nennen die Hamburger ihr Weizenbrötchen, gepackt. Eine Alternative zur Hafenmeile bieten Fischimbisse, die Sie in der Stadt verteilt oder auf Wochenmärkten finden. Viele Imbissstände finden Sie an der Großen Elbstraße zwischen den Fischmarkthallen und dem Stilwerk (➤ 141). Die besten Adressen für frischen Fisch (auch zum Mitnehmen nach Hause):

- **Karsten Hagenah:** Schnackenburgsallee 8, Mo–Fr 7–16, Sa bis 11.30 Uhr
- **Fisch-Schloh:** Isemarkt, Di und Fr (8.30–14 Uhr) Stand Ecke Isestraße/Jungfrauenthal
- **Schlüter Fischhandel:** Stellinger Weg 26, Mo–Fr 7–18 Uhr

Hier isst das Auge mit

Hamburg ist nah am Wasser gebaut, und deswegen sollten Sie es nicht versäumen, mit Blick auf Elbe, Alster oder Kanäle zu speisen.

Alster:

- **Café Hansa-Steg:** Schöne Aussicht 20a, Tel. 220 00 30, tägl. ab 11 Uhr
- **Goldfisch:** Isekai 1, Tel. 41 35 75 75, Mo–Sa 12–23, So ab 10 Uhr
- **Anleger 1870:** Hartwicusstr. 7, Tel. 41 34 69 91, tägl. 10–23 Uhr

Elbe:

- **Au Quai:** Große Elbstr. 145b, Tel. 38 03 77 30, tägl. 18–23 Uhr
- **Fischereihafen Restaurant:** Große Elbstr. 143, Tel. 381816, So–Do 11.30–22, Fr/Sa 11.30–22.30 Uhr
- **Seven Seas:** (➤ 173)

Preise
Die Preisangaben gelten pro Person für ein Essen ohne Getränke.
€ unter 12 Euro
€€ 12–25 Euro
€€€ über 25 Euro

Einkaufen

Einkaufen gehört zu den beliebtesten Vergnügungen der meisten Hamburg-Besucher. Neben den klassischen Geschäftsstraßen rund um den Jungfernstieg hat auch jedes Viertel seine eigene Einkaufsmeile.

Souvenirs

Wer sich ein Andenken mit nach Hause nehmen möchte, wählt gerne ein Buddelschiff. Die größte Auswahl gibt es erstaunlicherweise nicht in Hafennähe, sondern bei ***Buddel-Bini*** in Eppendorf (Lokstedter Weg 68); Außergewöhnlich sind die Mitbringsel bei ***Art of Hamburg*** (➤ 112); die dunkelblauen, gestreiften Fischerhemden gibt es neben der Touristeninformation an den Landungsbrücken. Bücher und Fachliteratur zur Schifffahrt finden Sie in der netten Buchhandlung Wede im Hansaviertel Und wer stilecht in der Kluft des FC St. Pauli, einem Totenkopf-Shirt, nach Hause fahren möchte, kauft es im Fanshop am Heiligengeistfeld. Auch der HSV hat einen eigenen Fanshop in der City (Schmiedstr. 2); im Karstadt-Sporthaus an der Mönckebergstraße finden Sie auch Trikots und alles andere der Hamburg-Freezers.

Mode

Edelboutiquen von Versace, Boss, Joop, Prada und Gucci finden sich in den Straßen um **Gänsemarkt, Neuer Wall** und **Hohe Bleichen**. Wer einfach nur gemütlich bummeln möchte, kann dies ausgiebig am **Eppendorfer Baum** tun. Dort laden neben kleinen Mode- und Schmuckgeschäften auch viele charmante Cafés zur Pause ein. Eine günstigere Alternative dazu ist das Gebiet rund um die **Ottenser Hauptstraße**.

Wochenmärkte

Direkt vor den Toren der Stadt liegen die fruchtbaren Vier- und Marschlande sowie das Alte Land. Von dort kommen viele Bauern in die Stadt, um ihre frische Ernte auf einem von Hamburgs rund 70 Wochenmärkten zu verkaufen. Der **Isemarkt** (Isestraße/Eppendorfer Baum, Di/Fr 8.30–14 Uhr) ist nicht nur der beliebteste unter ihnen, sondern gleichzeitig Europas längster überdachter Wochenmarkt. Weitere Märkte: Markt am **Turmweg** (Do 8.30–14 Uhr); Markt am **Goldbekufer** (Mi/Sa 8.30–13 Uhr) und, nicht zu vergessen, der legendäre **Fischmarkt** (➤ 127).

Trödel- und Flohmärkte

Hamburg verfügt über wenig regelmäßige Flohmärkte. Die meisten finden nur ein- bis zweimal im Jahr statt, so z. B. der Antikmarkt auf **Kampnagel**, der Antik- und Flohmarkt am **Museum der Arbeit** und der Flohmarkt am **Turmweg**. Wöchentlich stöbern, feilschen und kaufen können Sie samstags auf der **Flohschanze** an der Alten Rinderschlachthalle. (Die genauen Termine der Märkte finden Sie in der Donnerstagsbeilage des *Hamburger Abendblatts* oder im Netz unter www.marktkultur-hamburg.de.)

Ausgehen

Bei monatlich 5000 Veranstaltungen fällt die Auswahl schwer. Tageszeitungen wie die *Hamburger Morgenpost* und das *Hamburger Abendblatt* sowie die monatlich erscheinenden Stadtzeitschriften (*Hamburg pur, Prinz, Szene*) informieren über das aktuelle Programm.

Theater, Oper und Musical

Neben alteingesessenen Institutionen wie dem **Schauspielhaus** (➤ 86), der größten Sprechbühne Deutschlands, der **Hamburgischen Staatsoper** (➤ 68) und dem renommierten **Thalia Theater** (➤ 68) lebt in dieser Stadt eine rege **Off-Theater-Szene**. Immer einen Besuch wert ist auch die **Kampnagel-Fabrik** in Winterhude (➤ 158). Einen guten Überblick über den Spielplan fast aller Hamburger Häuser finden Sie auf der Internetseite www.hamburg-buehnen.de. Hamburg zieht natürlich auch **Musical**-Touristen an, die sich über *König der Löwen* und *Tarzan* freuen. Reservieren Sie rechtzeitig Karten – sie sind begehrt!

Musik hören

Klassische Konzerte finden zumeist in der **Laeiszhalle** (➤ 68) statt. Veranstaltungsort für Mammutkonzerte ist die **O_2 World Hamburg Arena** (Sylvesterallee 10) oder die **Hamburger/Alsterdorfer Sporthalle** (Krochmannstr. 55). **Livekonzerte** gibt es in etlichen Clubs wie z. B. im **Schlachthof** (Neuer Kamp 30), in der **Großen Freiheit** (➤ 143) oder in der **Fabrik** (➤ 144) und im **Uebel und Gefährlich** im Hochbunker an der Feldstraße. Im Sommer ist es auf der **Freilichtbühne** im Stadtpark (➤ 154) am schönsten. Wer kein Ticket mehr bekommen hat, findet auf der benachbarten Wiese am See Leidensgenossen, die sich bei mitgebrachten Würstchen und Bier ihre Stars aus der Ferne zwar nicht ansehen, aber anhören können. Hamburg hat auch eine relativ lebendige Jazzszene. Es gibt verschiedene Jazzkneipen wie beispielsweise das **Birdland** in Eimsbüttel (Gärtnerstr. 122, Tel. 40 52 77, www.birdland.de). Außerdem finden regelmäßig Jazzveranstaltungen und Festivals statt (Infos unter Tel. 43 25 28 70 und www.jazzinhamburg.de).

Tanzen, gucken, trinken

Wer in kurzer Zeit umfassende Eindrücke vom Hamburger Szeneleben mitnehmen möchte, wählt zum Ausgehen die Orte mit der größten Thekendichte: Die **Schanzenpiazza** am Schulterblatt (➤ 62) oder das Gebiet um die **Reeperbahn** (➤ 130). Auch in St. Georg gibt es viele schicke Bars. Im Sommer tobt das Nachtleben an der Elbe, von der **Strandperle** (➤ 124) über **Strand Pauli** (➤ 112) bis zu den neuen Locations in der Hafencity.

Parks

Hamburg ist Deutschlands grünste Großstadt. Wer in der Stadt bleiben und trotzdem Ruhe genießen möchte, findet sie an der **Alster** bis hinauf nach Poppenbüttel, im **Stadtpark** und an der **Elbe** vom Altonaer Balkon bis nach Wittenbergen. Oder in **Ohlsdorf**, dem größten Parkfriedhof der Welt, der von zwei Buslinien durchfahren wird. Die schönsten Grünanlagen Hamburgs aber finden Sie entlang von Alster und Elbe – einfach immer dem Wasser folgen.

Vorverkauf

Tickets für alle Veranstaltungen gibt es nicht nur bei den zahlreichen Theaterkassen (Collien, Eppendorfer Baum 25; Kartenhaus, Gertigstr. 4; Theaterkasse Gerdes, Rothenbaumchaussee 77), sondern auch bei der Touristeninformation (➤ 34) oder an den jeweiligen Veranstaltungsorten.

Die Innenstadt

Erste Orientierung

Binnenalster, Jungfernstieg, Ballindamm, Rathausmarkt und Kontorhausviertel – hier schlägt das Herz der Kaufmannsstadt Hamburg. In der Innenstadt residieren immer noch die wichtigsten Reedereien und Banken, rund um die Binnenalster stehen die prachtvollsten Gebäude, umgeben von den schicksten Geschäften.

»Vor dem Alsterhaus am Jungfernstieg«, dieser Ort vor dem großen Kaufhaus gilt für Hamburger seit Jahrzehnten als sicherer Treffpunkt. Beide Namen gehören untrennbar zur Innenstadt und verkörpern, was Hamburg ausmacht: Schönheit und Kommerz; denn Hamburger Kaufleute wussten schon immer, wie sie ihr Geschäft fördern konnten. Sie bauten schöne Gebäude für stilvolle Geschäfte, ließen Platz für kleine Parkanlagen, Cafés und Gartenrestaurants und schufen so ein Ambiente, in dem Besucher gerne ihr Geld ausgeben.

Auf den dunkelblauen Schildern des Denkmalschutzamtes an den Häusern finden sich Hintergrundinformationen zu den Bauten, Geschichten über ihre Bewohner und deren Lebensschicksale. Oft geht es dort um den Stolz der Hamburger Bürger auf ihre Stadt und ihre Unabhängigkeit. Damit es so bleibt, wurde den Nachkommen über dem Rathaustor die Weisung hinterlassen: *Libertatem quam peperere maiores digne studeat servare posteritas.* (Die Freiheit, die die Alten erwarben, möge die Nachwelt würdig erhalten.)

Seite 45: Das Hamburger Rathaus: Ausdruck einer selbstbewussten Bürgerschaft

Einkaufsparadies Alsterhaus: Die Gourmetetage ganz oben ist ein Hit!

Kaffee trinken und vor allem leckeres Eis essen am Jungfernstieg

★ Nicht verpassen!

1 Jungfernstieg ➤ 50
2 Rathaus ➤ 52
3 Museum für Kunst und Gewerbe ➤ 54
4 Kontorhausviertel ➤ 56

Nach Lust und Laune!

5 Dom/Heiligengeistfeld ➤ 59
6 Planten un Blomen/Messe ➤ 59
7 Gängeviertel ➤ 60
8 Fleetinsel ➤ 60
9 Bucerius Kunst Forum ➤ 61
10 St. Petrikirche ➤ 61
11 Bischofsturm ➤ 61
12 St. Jacobikirche ➤ 61
13 Deichtorhallen ➤ 62

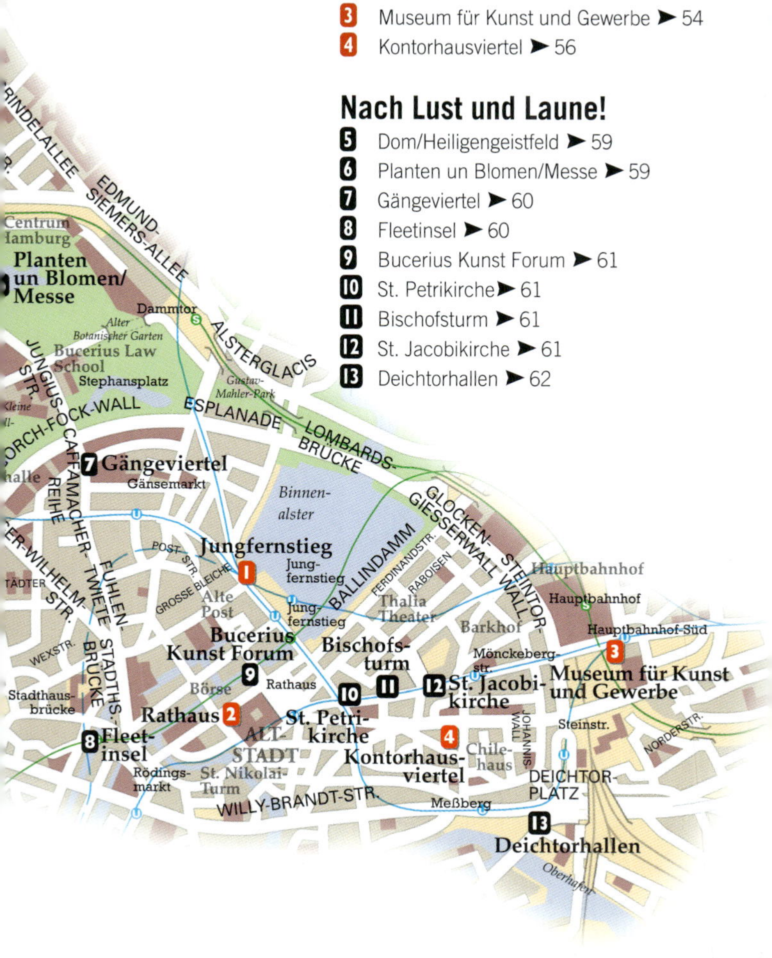

An einem Tag

Die folgende Route ist eine Möglichkeit, wie Sie einige der interessantesten Sehenswürdigkeiten der Hamburger Innenstadt an einem Tag abklappern können. Nutzen Sie die Karte (➤ 46f) zur Orientierung, die einzelnen Highlights werden im Folgenden (➤ 50ff) näher beschrieben.

9 Uhr

So lässt sich der Tag beginnen: mit einem Milchkaffee auf der Terrasse des *Alex Alsterpavillons* (links; ➤ 65). Wenn es Ihnen dort zu voll ist, dann wählen Sie doch die stilvollere Variante: ein gepflegtes Frühstück in der *Condi* des Hotels *Vier Jahreszeiten* (➤ 38). Danach sollten Sie sich mindestens 1 Stunde Zeit nehmen und durch die Passagen, über den Neuen Wall und die Großen Bleichen bis zurück zum **1 Jungfernstieg** (➤ 50) bummeln. Schon hier locken unglaublich viele Geschäfte. Halten Sie Ihr Portemonnaie fest.

11 Uhr

Jetzt ist die Politik dran. Im **2 Rathaus** (➤ 52) erfahren Sie alles über das Regierungssystem Hamburgs und natürlich viel über die Geschichte der Stadt. Selbst wenn die Führungen wegen aktueller, politischer Veranstaltungen ausfallen, in die Halle kommen Sie immer hinein, und auch die Fassade ist wunderschön. Vielleicht reicht die Zeit für einen Besuch in der **12 St. Jacobikirche** und eine kostenlose Führung zur großartig restaurierten Arp-Schnitger-Orgel (➤ 61f).

13 Uhr

Nun ist es Zeit für einen Mittagsimbiss: Ganz schick und trendig ist das *Café Paris* (rechts; ➤ 63).

Allerdings fühlt man sich dort eher wie in Paris denn wie in Hamburg. Suchen Sie etwas Bodenständiges, dann lautet der Tipp: Schollenfilet mit Bratkartoffeln bei *Daniel Wischer* (➤ 63). Anschließend gehen Sie die Mönckebergstraße hoch in Richtung Hauptbahnhof. Schon müde Füße? Fast alle Busse, die hier fahren, halten auch am ZOB. Und dort wollen Sie hin.

15 Uhr

Das 3 **Museum für Kunst und Gewerbe** (➤ 54) gehört zu den wichtigsten seiner Art in Deutschland. Gönnen Sie sich 2 Stunden dafür. Es lohnt sich. Und einen Imbiss hält man in Hamburgs schönstem Museumscafé *Destille* für Sie bereit.

17 Uhr

Frische Luft tut gut. Also raus aus dem Museum, den Steintorwall hinunter. Auf dem Weg liegen die beiden 13 **Deichtorhallen** (➤ 62). Ihr eigentliches Ziel ist das 4 **Kontorhausviertel** (oben; ➤ 56). Hier können Sie nicht nur staunen und schauen, sondern in schicken Geschäften auch (mal wieder) Geld ausgeben.

19 Uhr

Immer noch fit? Wie wäre es dann mit einem kleinen Spielchen im Casino (➤ 67)? Oder haben Sie eher Lust auf Kultur? Dann gibt es in der Innenstadt nicht nur verschiedene Kinos, sondern im Thalia Theater (rechts) und in der Staatsoper auch Hochkultur. 2010 wurde das wunderschöne Passage-Kino auf der Mönckebergstraße (➤ 68) nach einer Umbaupause wieder eröffnet.

1 Jungfernstieg

Der Jungfernstieg war und ist Hamburgs Prachtstraße – erst recht nach der aufwändigen Renovierung mit viel Geld von privaten Spendern! Hier vertretene weltbekannte Designer zielen auf die weibliche Kundschaft und bleiben damit in der Tradition. Schon früher wurde die Promenade vor allem von den Damen der Gesellschaft, den Jungfern, rege frequentiert.

Als alles begann, da war die Alster nur ein kleiner Fluss, der, von Norden kommend, durch die erste hamburgische Siedlung floss und in die Elbe mündete. Doch dann, ca. 1235, bauten die Hamburger Bürger den Reesendamm und stauten die Alster zu einem Mühlenteich auf. So entstand die Binnenalster (für die Mühle des Müllers Reese). Später entstand durch Befestigungen und Wehrtürme auf der Lombardsbrücke auch die Außenalster. Ab 1684 hieß die Straße Jungfernstieg und wandelte sich zu einem Boulevard mit Bäumen und sogar einer Spielbahn. Gerade frisch renoviert, wurde 2008 ein Teil der Straße wieder aufgerissen: Für die neue U-Bahn in die Hafencity. Ein Millionenprojekt, das schwer umstritten ist in der Stadt.

FÜR KINDER
Die **Schleuse** am Rathausmarkt ist eine Show: Schiffe rein, Schiffe raus; Wasser rauf, Wasser runter.

Durch die Passagen

Ja, ja, das Wetter, es spielt den Hamburgern, und leider auch seinen Gästen, immer wieder einen Streich. Die schlauen Hanseaten sorgten vor und schufen überdachte Geschäfte. Die **Europa-Passage** am Ballindamm ist Europas größte innerstädtische Shoppingmall. Um vieles beschaulicher sind die am Ende des 19. Jhs. erbauten Arkadengänge in den **Colonnaden**.

In den Alsterarkaden erholt man sich prima vom Bummeln

Links: Ins Hotel *Vier Jahreszeiten* lädt ein Café ein

Rechts: Kunst gibt es in den zahlreichen Gallerien. Sie haben die Qual der Wahl

Elegant ist der **Hamburger Hof** (zwischen Jungfernstieg und Poststraße). Von dort gelangen Sie direkt ins **Hanseviertel**. 30 Einzelgrundstücke wurden 1980 für die damals »längste Einkaufspassage Europas« von einem großen Versicherungskonzern aufgekauft. Die Architekten Gerkan, Marg und Partner bemühten sich um ein hanseatisches Flair. Beachten Sie die Bronze-Intarsien auf dem Fußboden: Dort finden Sie Urkundentexte und Wappen der einstigen Partnerstädte der Hanse. Viele Passagen sind mittlerweile in die Jahre gekommen und werden aufwändig renoviert. So auch die schöne **Alte Post**, 1845–47 nach den Plänen des Architekten Alexis de Chateauneuf erbaut. Nach dem Brand von 1842 stieg der Architekt zum prägenden Neugestalter der Innenstadt auf. Von ihm stammen die ebenfalls so eleganten **Alsterarkaden**, die Sie vom Neuen Wall aus durch die hübsche **Mellinpassage** (Blick nach oben zur Decke nicht vergessen!) erreichen.

KLEINE PAUSE

Die Wohnhalle des Hotels ***Vier Jahreszeiten*** (➤ 39) ist eine Oase der Ruhe im Cityrummel. Sicher, der Portier vor der Tür wirkt etwas abschreckend, aber der Service beim Afternoon-Tea mit Kaminfeuer ist unschlagbar. In der angeschlossenen ***Condi*** (links vom Haupteingang) gibt es ab 6.15 Uhr Frühstück (So ab 7.15 Uhr).

✚ 191 D/E 3–4 Ⓢ Jungfernstieg 🚌 4, 5, 109 Stephansplatz

JUNGFERNSTIEG: INSIDER-INFO

Top-Tipp: Benutzen Sie den **Fußgängertunnel** unter der Lombards- und Kennedybrücke. Er führt direkt zur Außenalster.

Geheimtipp: Im **Streits-Haus**, Jungfernstieg 38 (Eingang neben dem Kino), finden Sie links eine Fototafel mit Bildern aus der bewegten Geschichte des Hauses. In dem einstigen Prachthotel erklang am 5. Oktober 1841 zum ersten Mal das Deutschlandlied von Hoffmann von Fallersleben. 1945 beschlagnahmte die britische Militärregierung den Bau, 1956 öffnete das Streits-Kino (➤ 68) mit 500 Plätzen seine Türen.

2 Rathaus

Das Rathaus ist mit Abstand der prachtvollste Bau der Stadt – und vermutlich auch der standfesteste: Fast 4000 Rammpfähle stützen die insgesamt 673 Räume im morastigen Boden der Alstermarsch. Im Zweiten Weltkrieg kaum zerstört, gilt der Bau heute als eines der wichtigsten, vollständig erhaltenen Bauwerke des Historismus in Deutschland.

Fest gemauert im Hamburger Grund: das Rathaus

Das alte Hamburger Rathaus wurde 1842 beim Großen Brand zerstört. Erst 1880 begann der Architekt Martin Haller mit seinem von ihm gegründeten »Rathausbaumeisterbund« den Neubau. Am 26. Oktober 1897 konnte das neue Rathaus endlich eingeweiht werden. Angesichts der für Hamburg eher untypischen Pracht äußerte sich der damalige Bürgermeister Johann Georg Mönckeberg skeptisch: »Weniger wäre mehr gewesen.«

Gebaute Demokratie

Stellen Sie sich mitten auf den Rathausmarkt und blicken Sie nach oben: 112 m hoch ist der Turm in der Mitte. Er liegt genau in der Mitte des Baus und symbolisiert die Einheit von Senat (rechter Teil des Hauses mit Bürgermeisterzimmer) und Bürgerschaft (linker Teil des Hauses mit Sitzungssaal und Ratsweinkeller darunter). Nur gemeinsam können beide Institutionen die Stadt regieren, in »unauflöslicher Gemeinsamkeit«: »*Inseparabili nexu coniunctum*«, sagt es die alte Hamburger Verfassung. In der **Rathausdiele** finden oft (kostenlose und interessante) Ausstellungen zu einem Hamburger Thema statt. Dort starten auch halbstündlich Führungen ins Rathausinnere. Rechts geht es hoch zu den Amtsräumen des Bürgermeisters, zur Ratsstube, zum Bürgermeistersaal und zum Großen Festsaal. Der **Kaisersaal** erhielt seinen Namen nach einem Besuch

Festliches Ambiente für große Feiern: Blick in den Kaisersaal des Rathauses

von Kaiser Wilhelm II. im Jahr 1895. Auf der gegenüberliegenden Seite führen zwei Treppen zur Bürgerschaft und dem Sitzungssaal – die zwei Treppen stehen symbolisch für mindestens zwei politische Parteien.

Der Rote Platz/Börse

Bis 1978 hielten hier die Straßenbahnen, dann baute Bürgermeister Ulrich Klose seinen »Roten Platz«. Im Sommer jagt ein Budenfest das nächste. Das **Ehrenmal** für die Toten des Ersten Weltkriegs an der Wassertreppe schuf Ernst Barlach 1930. Wenig später verschwand es, und aus dem Rathausmarkt wurde der Adolf-Hitler-Platz. Die Rückseite des Rathauses wird von der historischen **Börse** eingenommen: Gehen Sie unbedingt hinein: Mitten im Saal steht das »Haus im Haus«, ein moderner Glasbau, der unten das Zentrum für Existenzgründer beherbergt.

KLEINE PAUSE

Im ***Pfeffersack*** (Mo–Fr 8–16 Uhr) im Innenhof des Rathauses können Sie einen Kaffee trinken und über Aktienkurse diskutieren. Die Börse liegt im gleichen Bau. Das historische Restaurant des Rathauses heißt ***Parlament*** (tägl. ab 11 Uhr). Die Räume sind schön alt, das Ambiente ist schnieke.

**191 D 2–3 · Rathausmarkt 1 · 428 31 24 70 (Bandansage)
Mo–Fr 7–19 Uhr, Sa/So zu den Führungszeiten; Führungen in der Regel tägl. 10 bis 15 Uhr · Rathaus · 3, 4, 5, 6, 109 Rathaus · Führungen: preiswert**

RATHAUS: INSIDER-INFO

Top-Tipp: Besuchen Sie die kostenlose Ausstellung über Handel und Hanse in der Börse auf der Galerie und im »Haus im Haus«. Das Restaurant dort ist allerdings für Mitglieder reserviert.

Geheimtipp: Links neben der Rathaustür erinnert eine Grabplatte an den Komponisten **Georg Philipp Telemann**. Bis zum Abriss 1841 stand auf dem heutigen Rathausmarkt das Johanniskloster. Und dort wurde 1767 Hamburgs damaliger Musikmeister beerdigt. Telemann hatte über 40 Jahre in Hamburg gewirkt und ein enorm umfangreiches Werk hinterlassen, darunter allein 40 »Kapitänsmusiken«. Heute befindet sich sein Grab im Michel.

Muss nicht sein! Die **Budenfeste** auf dem Rathausmarkt sind oft sehr voll.

3 Museum für Kunst und Gewerbe

Kunsthandwerk, Design, Fotografie, Kunst- und Kulturgeschichte: im Museum für Kunst und Gewerbe lebt die Vielfältigkeit. Hinzu kommen immer wieder spektakulär inszenierte Sonderausstellungen.

Die Schlange reichte täglich bis zum Hauptbahnhof: 600 000 Besucher sahen 1981 die Ausstellung über Tutanchamun im Museum für Kunst und Gewerbe. Es war der größte Erfolg dieses wunderbaren Hauses mit seiner so reichen Geschichte. Eine erste Glanzzeit erlebte das Museum unter seinem ersten Direktor: Justus Brinckmann. Der Jurist und Kunstkritiker wollte die »Geschmacksbildung« der Bevölkerung fördern und gründete 1877 im Erdgeschoss eines neuen Schulbaus am Steintorplatz das MKG, das Museum für Kunst und Gewerbe. Längst hat sich das Museum über das ganze, riesige Haus ausgebreitet – wenn auch die letzte Schulklasse erst in den 1970er-Jahren eine neue Bleibe fand. Die über 23 000 m² Nutzfläche können Sie nicht bei einem Besuch bewältigen! Aber Sie können sich bestimmte Teilbereiche heraussuchen.

FÜR KINDER
Klasse für alle neugierigen Kinder (oder die, die es noch werden wollen) ist das **Hubertus-Wald-Kinderreich**: Ein interaktives Kindermuseum für Design, das sich im Museum befindet.

Die ganze Welt unter einem Dach

Links neben dem Eingang führt Sie der Weg zum Schümann-Flügel und der weltberühmten Sammlung historischer Tasteninstrumente (dreimal wöchentlich »klingende Besichtigung«,

Design für den Hausgebrauch – die Möbelklassiker

Reinster Jugendstil: das Pariser Zimmer

jeder 2. und 4. Sa 16 Uhr, So 16 Uhr, Do 18 Uhr inkl. Vorspielen auf den historischen Instrumenten). Neubau und Sammlung wurden dem Museum von zwei großzügigen Mäzenen gespendet, wie so viele andere Ausstellungsstücke in diesem Hause auch. Weltberühmt ist das Haus auch für seine Jugendstilabteilung: Das **Pariser Zimmer** finden Sie in der 1. Etage im Ostflügel. 1900 hat Justus Brinckmann den gesamten Raum auf der Pariser Weltausstellung erworben. Jugendstil vom Allerfeinsten! Sehenswert sind weiter die **Islamsammlung** (im gleichen Flur wie das Pariser Zimmer, aber im Westflügel) und ein original **japanisches Teehaus**. Erkundigen Sie sich telefonisch vorher nach Teezeremonien! Hell und luftig sind die neu gebauten und gestalteten Ausstellungsräume für die weltberühmte **Porzellan- und Fayencensammlung**. Achten Sie auf die Feinheiten der Figuren und die informativen Beschreibungen zur Technik der Herstellung.

Die Sonderausstellungen

Die Sonderausstellungen erweisen sich seit Jahren als Publikumsmagneten. Ob nun das »Gold der Skythen«, die Lebensgeschichte von Romy Schneider in Bildern oder die Plakate von Roy Lichtenstein – alles ist sorgfältig kuratiert. Die Orte verteilen sich über das ganze Haus.

KLEINE PAUSE

Die ***Destille*** in der 1. Etage ist ein nettes Museumscafé.

---

197 E2 · Steintorplatz · 42 81 34 27 32 · Di–So 10–18, Do bis 21 Uhr · Hauptbahnhof · teuer · www.mkg-hamburg.de

MUSEUM FÜR KUNST UND GEWERBE: INSIDER-INFO

Top-Tipps: Das ganze Haus wird in den nächsten Jahren grundsaniert. Hierfür werden bestimmte **Abteilungen zeitweilig geschlossen**. Am besten erkundigen Sie sich vorher telefonisch!

- Nehmen Sie sich am Eingang einen **Plan** mit. In dem riesigen Haus verliert man schnell den Überblick.

Geheimtipp: Werfen Sie einen Blick in den historischen **Spiegelsaal**, einst der private Musiksaal von Henry und Emma Budge in ihrem Stadtpalais (➤ 77).

4 Kontorhausviertel

Das Kontorhausviertel erstreckt sich zwischen der Mönckebergstraße und der Speicherstadt. Viele der wunderbaren Bauten haben den Zweiten Weltkrieg überstanden – zu verdanken ist dies ihrer massiven Bauweise. Sie bestehen aus einem Stahlbetonskelett und hart gebranntem Backstein, dem für Hamburg so typischen dunkelroten Klinker.

Kontorhäuser, wie man sie heute baut – aus Glas und Stahl: das Deichtorcenter?

»Citybildung« – so nannten die anglophilen (aber auf ihre Eigenarten stolzen) Hamburger ihr Abriss- und Umbauprogramm in der zweiten Hälfte des 19. Jhs. Kontinuierlich wurden die schmalen Fachwerkhäuser durch neue Bürobauten, die **Kontorhäuser**, ersetzt. Der Begriff hat sich bis heute gehalten: Ein Hamburger Reeder geht morgens nicht ins Büro, sondern ins Kontor.

Jedes Gebäude hat eine Seele

Beginnen Sie Ihren Rundgang am besten an der U-Bahn-Station Meßberg (Ausgang Kontorhausviertel). Wenn Sie die Treppe hochkommen, erblicken Sie auf der gegenüberliegenden Seite der Willy-Brandt-Straße einen Kontorhausneubau: **Das Deichtorcenter**. Fast vergessen ist der heftige Streit, der Anfang der 1990er Jahre um die großen Glasfassaden entbrannte. Angesichts der zahllosen, noch futuristischer anmutenden Bauten in der Hafencity wirk das Deichtorcenter heute schon fast klassisch. Im vierten Stock residiert Architekt und Erbauer

FÜR KINDER

Gehen Sie mit Ihren Kindern auf Tiersuche: **Terrakottaschildkröten** und **Eidechsen** verweisen im Chilehaus (Portal A im Innenhof) darauf, dass der Bauherr Henry B. Slomann durch den Salpeterhandel mit Chile, daher also auch der Name, reich geworden war.

Hadi Teherani höchstpersönlich. Für die Mitarbeiter gibt es Strandkörbe und einen Wintergarten mit Traumblick auf Elbe und Hafencity.

Sie stehen direkt vor dem **Meßberghof**, erbaut 1922–24. Eine Messingtafel erinnert an die Firma Tesch & Stabenow, die den Vertrieb des Giftgases Zyklon B nach Auschwitz organisierte. Die Eingänge liegen links und rechts. Das Treppenhaus ist wunderbar restauriert, über 800 Treppenpfeiler wurden neu »vergoldet«. Hinter den Wandtüren fuhren früher Privatfahrstühle direkt in die Büros der Direktoren. Noch heute sind die Stockwerksanzeiger zu sehen.

Gegenüber liegt das **Chilehaus**, Burchardplatz 1. Um die Seele eines Gebäudes zu entdecken, muss man es umrunden – so hat es Architekt Fritz Höger vorgegeben. Genau das sollten Sie jetzt tun. Blicken Sie nach oben, und entdecken Sie die Lebendigkeit der Fassade: wie die Fensterrahmen langsam sichtbar werden, wie die senkrechten Klinkerverzierungen im Sonnenlicht zu glitzernden Diagonalen werden. 69 Häuser mussten 1922–24 für die 6000 m² Grundfläche und 30 000 m² Bürofläche weichen.

Unter der Woche sind die Treppenaufgänge der Bürogebäude offen und zu besichtigen: einfach phantastisch!

Groß, größer, riesig

Der **Sprinkenhof**, Burchardstr. 4–6, galt bei seiner Fertigstellung 1943 (nach fast 20-jähriger Bauzeit) als größtes Bürogebäude der Welt. Die dort residierende private Sprinkenhof AG verwaltet Hamburgs Immobilien, immerhin ca. 4 Mrd. m² Büroraum. Der gesamte Komplex wurde vor wenigen Jahr mit unglaublich großem Aufwand renoviert. Wenn Sie im Innenhof stehen und staunen, sollten Sie daran denken, dass hier einst Straßen entlangliefen und Häuser standen.

DRITTE WAHL, TROTZDEM ERSTKLASSIG

4 800 000 Klinker wurden für den Bau des **Chilehauses** verwendet. Sie alle kamen aus einem Torfbrandofen in Friesland und waren – dritte Wahl. Architekt Fritz Höger schäumte: »Was soll ich mit dem Schiet?« Am Ende waren jedoch alle glücklich, die unterschiedlich gebrannten Steine wirken oft wie von einem Künstler extra an dieser Stelle platziert. Als man vor einigen Jahren den Neuen Dovenhof (Brandswiete 1) und Das Danske Hus (Ecke Ost-West-Str./Hopfenmarkt) baute, besorgte man sich exakt aus der gleichen Brennerei wieder die Klinker, und wieder dritte Wahl.

Der Sprinkenhof ist ein riesiger Klinkerbau

Weitere Kontorhäuser warten auf Ihre Entdeckung, z. B. der **Laeiszhof**, Trostbrücke 1. Die hier residierende Reedereifamilie gleichen Namens stiftete nicht nur die Musikhalle, heute Laeiszhalle, sondern baute auch die schönsten und schnellsten Segelschiffe der Welt. Alle trugen einen Namen mit »P«: Pamir, Passat, Preußen. Ein grüner Pudel thront auf dem Dach. Des Rätsels Lösung: Kennzeichen von Sofie, Ehefrau von Firmeninhaber Carl Laeisz, war eine reizende Löckchenfrisur. Ihr Spitzname: Pudel.

KLEINE PAUSE

Das Restaurant an der Spitze des Chilehauses (»Weinhexe«) wurde bei Redaktionsschluss gerade renoviert. Ab Herbst 2010 soll es unter Leitung von Sternekoch und Fernsehe-Restaurant-Tester Christian Rach wieder eröffnet sein. Sicher ein guter Tipp!

191 D–F2 Treppenaufgänge an Wochenenden geschl. Meßberg

KONTORHAUSVIERTEL: INSIDER-INFO

Top-Tipp: Kompetent und freundlich sind die Mitglieder des Hamburger-Gästeführer-Vereins. Sie bieten u.a. eine **Themenführung Kontorhäuser** an: 1. April–31. Okt., Mo 16 Uhr, Treffpunkt Rathaus Eingang. Anmeldung nicht nötig, Dauer 2 Std., Infos: Tel. 82 81 37, Preis: mittel, www.hamburger-gaestefuehrer.de

Geheimtipp: Das Haus **Große Bäckerstr. 4** hat eine prächtige Fassade. Gehen Sie zur Straße Börsenbrücke, und blicken Sie von dort zurück in den Lauf des einstigen schmalen Fleetes (hinter dem Gitter links vom spanischen Restaurant). Jetzt können Sie den Bau von hinten mit seiner Fachwerkfassade sehen: So schmal waren hier früher die vor Abwasser stinkenden Fleete.

Außerdem: Entdecken Sie neben den alten (noch über 300) Kontorhäusern auch **neue Bürobauten**, z. B. von Carsten Roth, Ecke Ness/Brodschrangen.

Nach Lust und Laune!

5 Dom/Heiligengeistfeld

Schön ist dieser 30 ha große Platz nicht. Am Rande steht immer noch der 47 m große Hochbunker aus Kriegstagen, an einer anderen Ecke erheben sich die Zuschauerränge des Millerntor Stadions, Heimat des 2010 glücklich wieder aufgestiegenen Erst-Bundesliga-Vereins FC St. Pauli (und seiner kämpferischen Fans). Dreimal im Jahr, im Frühling, Sommer und Spätherbst geht es rund beim Hamburger Dom, einem wirklich großen Jahrmarkt mit Riesenrad, Geisterbahn und vielen anderen schönen Dingen. Den Namen »Dom« trägt das Ereignis in Erinnerung an ein mittelalterliches Volksfest rund um die alte Hamburger Domkirche. Nach ihrem Abriss zog der »Dom« weiter zum Gänsemarkt, 1892 dann zum Heiligengeistfeld. Dies wiederum bekam seinen Namen, weil hier einst ein Hospital namens »Heiliger Geist« für durchreisende Pilger lag. Nach seinem Abriss wurde das Gelände absichtlich frei gehalten: als Schussfeld für Bürgerwache und Bürgermilitär.

196 A 2–3 St. Pauli, Feldstraße
www.hamburger-dom.de

6 Planten un Blomen/Messe

Um 1860 herum wurden die letzten Reste der mittelalterlichen Wallanlagen geschleift, das Ergebnis war ein ca. 200 m breiter und 4 km langer Grünstreifen. Hier befanden sich einst ein städtischer Zoo und der Alte Botanische Garten, der später, bis auf die hier bleibenden Gewächshäuser, nach Flottbek umzog (► 134). Seit 1935 heißt das Gelände **Planten un Blomen** (plattdeutsch für Pflanzen und Blumen). Mehrere Gartenbauausstellungen hinterließen nach dem Krieg ihre gestalterischen Spuren. Heute dient der Park mit seinen Wasserläufen, Grünflächen, dem

Dreimal im Jahr geht es rund auf dem Hamburger Dom

Japanischen Garten und der Freiluftbühne vor allem der Erholung. Im Sommer gibt es am Parksee täglich um 22 Uhr ein farbiges Wasserlichtkonzert. An der Ecke Jungiusstraße/Gorch-Fock-Wall liegt Hamburgs bester innerstädtischer Spielplatz mit künstlichen Bergen, Wasserspielen und (am Wochenende) einer Ponyreitbahn. Die Eis-/Skaterbahn (je nach Jahreszeit) liegt hinter dem Hamburgmuseum, dort gibt es auch einen Minigolfplatz und Trampoline. Das Congress Centrum am Dammtor-Bahnhof bildet zusammen mit dem erweiterten und grundrenovierten Messegelände einen weiteren Anziehungspunkt.

196 B4 Dammtor, Messehallen, Stephansplatz www.plantenunblomen.hamburg.de; www.hamburg-messe.de

7 Gängeviertel

Es geht nur um eine Handvoll alter Fachwerkhäuser, doch als sie Ende 2009 zugunsten eines weiteren Glaspalastes abgerissen werden sollte, waren die Hamburger vom Sponti bis zum Reeder empört. Mit Recht! Schließlich geht es um die letzten Reste des historischen »Gängeviertels«, das einst die gesamte Neustadt umfasste. Nun soll hier, zwischen Caffamacherreihe und Valentinskamp, ein kleines Zentrum mit Künstlerwohnungen entstehen. Erholsam alternativ und anders zwischen all den langweiligen Neubauten.

190 B4 Gänsemarkt www.das-gaengeviertel.info; www.rechtaufstadt.net

8 Fleetinsel

An der Admiralitätsstraße haben sich einige der schönsten, alten Kontorhäuser Hamburgs erhalten. Sie beherbergen eine Reihe wichtiger Galerien: Produzentengalerie, Sfeir-Semler, Westwerk, artfinder, Jürgen Becker, Galerie für Landschaftskunst. Wie in der Kunstwelt üblich, haben alle ihre ganz eigenen Öffnungszeiten. Auskunft bekommen Sie bei Galerist Ulrich Dörrie, der mit seiner Galerie Dörrie*Priess (Tel. 36 41 31) seit über 30 Jahren die Hamburger Kunstszene prägt. Ein Paradies für jeden Kunstfreund ist die direkt danebenliegende Kunstbuchhandlung Sautter+Lackmann. Sehenswert ist das barocke Görtz-Palais (Neuer Wall 86), auch wenn seit dem Krieg im Original nur noch die Fassade zu bewundern ist. Es wurde 1710 für einen Diplomaten errichtet und diente in der Franzosenzeit als *Mairie*, also Rathaus.

190 B2 Stadthausbrücke

Das Hotel *Steigenberger* auf der Fleetinsel

Einst eine Bank, heute ein tolles Museum am Rathausmarkt: Bucerius Kunst Forum

9 Bucerius Kunst Forum

Gerd Bucerius war Gründer und Herausgeber der Wochenzeitung *Die Zeit* und ein großer Mäzen. Das 2002 mit seinem Geld gestiftete Ausstellungszentrum im Gebäude der ehemaligen Reichsbank am Rathausmarkt gehört zu den erfolgreichsten Museen in Hamburg. Die Bandbreite der meist hervorragend konzipierten Ausstellungen reicht von der Antike bis zur Moderne. Ein nettes Café liegt im Untergeschoss.

191 D3 · Rathausmarkt 2 · 360 99 60
tägl. 11–19, Do bis 21 Uhr · Rathaus
mittel · www.buceriuskunstforum.de

10 St. Petrikirche

Die älteste der insgesamt fünf Hamburger Hauptkirchen hat eine wechselvolle Geschichte. Schon Karl der Große hatte um 810 den Bau einer Taufkirche angeregt. Später entstand eine dreischiffige gotische Hallenkirche, die Napoleons Soldaten in der Franzosenzeit als Pferdestall missbrauchten. Beim Brand von 1842 wurde auch St. Petri ein Opfer der Flammen und musste wieder aufgebaut werden. Nur das Portal konnte gerettet werden. Es steht heute im Hamburgmuseum (➤ 92). Ein kostenloses Orgelkonzert gibt es an jedem Mittwoch um 17.15 Uhr. Eine Stunde Orgelmusik schon seit 1948 in ununterbrochener Folge.

191 E3 · Speersort 10 · 325 74 00
Mo–Fr 10–18.30, Sa bis 17, So 9–21 Uhr
Rathaus · frei; Turm: preiswert
www.sankt-petri.de

11 Bischofsturm

Aus der Frühzeit Hamburgs gibt es eigentlich nichts mehr zu sehen in der heutigen Stadt – bis auf die wenigen Reste des Bischofsturmes. Man vermutet, dass er im 11. Jh. als Wohnturm für den Erzbischof Bezelin Alebrand aus Bremen erbaut wurde und dass er unmittelbar an die Mauern der südlicher gelegenen Hammerburg grenzte. Seit 2009 wird der Ausstellungsraum neu konzipiert, Anfang 2011 soll er, dann neu und schick mit Café, wieder eröffnet werden.

191 E3 · Speersort 10 · Rathaus

12 St. Jacobikirche

Wie (fast) alle anderen Kirchen wurde auch St. Jacobi im Krieg schwer zerstört und danach wieder aufgebaut. Sichtbar wird dies durch den in den 1960er-Jahren errichteten, eher modern und sachlich gehaltenen Kirchturm, den Sie, allerdings zu

HAMBURG VON OBEN

150 m steigt der Heißluftballon **Highflyer-Hamburg** bei den Deichtorhallen nach oben, dann können Sie sich 15 Minuten lang umsehen. Das geht theoretisch jeden Tag zwischen 10 und 24 Uhr, es sei denn, das Wetter spielt nicht mit. (Tel. 30 08 69 69, www.highflyer-hamburg.de)

DIE SCHANZE

Das Schanzenviertel ist das letzte innerstädtische Biotop für alle, die sich nicht total yuppiesieren wollen (allerdings gerne ein kleines bisschen). Und so sitzen an warmen Sommertagen auf der **Schanzenpiazza** (Ecke Schulterblatt/Susannenstraße) einige Hundert Menschen vor ihrem Sushi, der Pasta oder dem portugiesischen Milchkaffee und gönnen sich eine müßige Mittagspause. Gegenüber liegt die kaputte und marode **Rote Flora**, ein irgendwie immer noch funktionierendes Stadtteilzentrum, auch wenn es von außen wie eine Ruine aussieht. Hier treffen sich die Punks und liefern sich mit hartnäckiger (und in den letzten Jahren oft sogar steigender) Energie erbitterte Straßenschlachten mit der Polizei. Einen Höhepunkt erreichten die Kämpfe unter Hamburgs peinlichstem Innensenator Ronald Schill, der das Viertel von den Alternativen befreien wollte.

unregelmäßigen Zeiten, mit einem Fahrstuhl befahren können. In der Kirche finden Sie Hamburgs schönste Orgel: 1689–93 von Arp Schnitger geschaffen, von 1990–93 wunderbar restauriert.

191 F3
Jacobihof 22
303 73 70 Mo–Sa 10–17 Uhr, Okt.–März ab 11 Uhr Mönckebergstraße
frei www.jacobus.de

13 Deichtorhallen

Kein anderes Haus in Hamburg verfügt über ähnlich große Flächen wie die ehemaligen Großmarkthallen. In der nördlichen Deichtorhalle gibt es oft spannende moderne Kunst zu sehen. Die südliche Deichtorhalle nennt sich »Haus der Photografie« und verfügt über die Archive von F.C. Gundlach und dem »Spiegel«. Zu Fuß sind es vom Hauptbahnhof nur wenige hundert Meter. Auf der Strecke liegen noch mehrere Galerien und vor allem auch der Hamburger Kunstverein.

191 F2 Deichtorstr. 1–2
32 10 30
Di–So 11–18 Uhr
Meßberg teuer
www.deichtorhallen.de

Moderne Kunst und Fotografie in den Deichtorhallen

Wohin zum ... Essen und Trinken?

Preise
Die Preisangaben gelten pro Person für ein Essen ohne Getränke:
€ unter 12 Euro **€€** 12–25 Euro **€€€** über 25 Euro

RESTAURANTS

Bullerei €–€€
Viel wurde »auf der Schanze« diskutiert, ob ein TV-präsenter Koch ins alternative Viertel passe oder nicht. Nun ist Tim Mälzer dort, jeden Abend ist das Restaurant proppenvoll. Zur recht, denn der Service ist herzlich, die Küche bodenständig raffiniert und die Preise fair kalkuliert sind. Fürs kleinere Budget: Das Deli mit seiner schönen Terrasse und Gerichten um 8 Euro.
195 F3 Lagerstr. 34 b 33 44 21 10
tägl. ab 18, Deli ab 11 Uhr Sternschanze

Brauhaus Albrecht €€
Hier wird das Bier selbst gebraut – und kann dann aus 1,5 l *Pitcher* getrunken werden. Dazu gibt es leckere Snacks, ein schönes Ambiente, eine Terrasse am Fleet und einen freundlichen Service. Was will man mehr?
190 C3 Adolphsbrücke 7 36 77 40
tägl. 11–24 Uhr Rathaus

Café Paris €€
Mitten im Hamburger Innenstadtgetümmel hat sich ein Stück Frankreich versteckt, und zwar ausgerechnet in den Räumen der ehemaligen Hamburger Stadtschlachterei. Wer das stets gut besuchte *Café Paris* betritt, vergisst schnell, dass direkt vor der Tür der Rathausmarkt liegt, und vermutet sich in der Stadt der Liebe. Die Kellner begrüßen ihre Gäste mit einem charmanten *Bonjour*, servieren Würstchen mit Linsensalat, bretonische Fischsuppe oder Loup de Mer mit Zitronenrisotto. Der perfekte Ort, um sich von Shoppingtour und Sightseeing zu erholen.
191 D3 Rathausstr. 4 32 52 77 77
Mo–Fr 9–24, Sa/So 10–24 Uhr Rathaus

Casse Croûte €€
Der französische Restaurantname heißt übersetzt Imbiss. Doch was bei dem bewährten Stadtfranzosen aufgetischt wird, sind keine Kleinigkeiten. Das Ambiente ist eine Frage des Geschmacks, die aufwändige Küche hingegen nicht. Köstliche französische Spezialitäten, aber auch internationale Klassiker laden dazu ein, sich viel Zeit zu nehmen. Nicht umsonst sind die Franzosen berühmt für ihre ausschweifenden Abendessen.
191 D4 Büschstr. 2 34 33 73
Mo–Sa 12–24, So 17 bis 24 Uhr
4, 5, 109 Gänsemarkt

Daniel Wischer €
Am Eingang wird nach englischer Art Fish 'n' Chips in Papiertüten über den Tresen gereicht. Innen erinnert *Daniel Wischer* an eine Kantine, ist aber trotzdem eine Hamburger Institution. Nirgends in der Stadt gibt es zarten Rotbarsch und köstliche Scholle für so wenig Geld. Legendär ist die Fassbrause.
191 F3 Spitalerstr. 12 32 52 58 15
Mo–Sa 11–20 Uhr Mönckebergstraße

Fillet Of Soul €€
Im *Fillet Of Soul* zaubern die Köche wahre Kunstwerke. Das passt gut, denn das schicke Restaurant hat seinen Platz in den Deichtorhallen. Ein Spaziergang durch die Ausstellungsräume im Haus der Photographie lässt sich also hervorragend mit einem Lunch oder Dinner verbinden. Tipp: Zum Nachtisch auf jeden Fall den Key Lime Pie mit

Minzerdbeeren und Joghurteis probieren!
191 F2 Deichtorstr. 2
70 70 58 00 Di–Sa 11–24, So 11–18 Uhr Hauptbahnhof

Gasthaus an der Alster €€

Auf der Karte stehen so schöne Sachen zum Essen wie beispielsweise Strammer Max oder Bratfisch. Das alles gibt es zu ganz soliden Preisen und in einem der wenigen wirklich alten Häuser Hamburgs mitten in der City: Backsteingotik pur von 1843!
191 E3 Ferdinandstr. 65–67 32 72 09 tägl. ab 11 Uhr Jungfernstieg

Gastraum 4 Experiment €€

Der Name ist schon lange kein Programm mehr. Ursprünglich hatten sich die vier jungen Köche zusammengetan, um herauszufinden, was sie zusammen alles kochen und erreichen können. Inzwischen wissen sie, dass ihr Konzept ausgezeichnet funktioniert. Die Karte, eine große Schiefertafel, die von Tisch zu Tisch gereicht wird, wechselt täglich. Was bleibt, sind zufriedene Gäste (bei hervorragendem Wein bis spät in die Nacht).
196 A3 Karolinenstr. 32 43 18 84 32
Mo–Sa ab 19.00 Uhr Messehallen

Jimmy Elsass €

Flammkuchen sind das einzige, was bei *Jimmy Elsass* auf der Karte steht. Aber das reicht auch aus. Denn die hauchdünnen und reich belegten Fladen schmecken wirklich großartig. Das junge Publikum trifft sich in dem charmanten, rustikalen Souterrainlokal mit Kneipencharakter und vergisst bei französischen Weinen und Cidre oft auch gern mal die Zeit.
195 F4 Schäferstr. 26 44 19 59 65
tägl. 18–23 Uhr Schlump

Matsumi €€

Eines der besten asiatischen Restaurants der Stadt versteckt sich im ersten Stock in den Colonnaden. Hideaki Morita lebt schon seit Jahren hier, gelernt hat er aber in Japan, sogar die Lizenz Fugu zuzubereiten besitzt er. Mit seiner Frau Petra sorgt er dafür, dass sich Japaner in Hamburg heimisch fühlen und Hamburger die wahre Küche Nippons kennen lernen, die viel mehr zu bieten hat als Sushi.
191 D4 Colonnaden 96
34 31 25 Di–Sa 12–14 u. 18.30–23 Uhr
Stephansplatz

Mazza €€–€€€

Auf die niedrigen Tische im *Mazza* kommen zwar ausschließlich Vorspeisen, doch hungrig ist hier trotzdem noch keiner nach Hause gegangen. Ein Duft nach Rosen, Koriander, Minze und Kardamom liegt in der Luft. Die flinken Kellner sorgen dafür, dass jeder, der hier einkehrt, perfekt versorgt wird.
195 F4 Moorkamp 5 284 19 17
tägl. 18–23 Uhr Christuskirche

Meatery €€–€€€

Das angenehm stylishe Restaurant des Designhotels Side trägt seinen Namen zu Recht. Fleisch kommt auf die Tische: perfekt zubereitet mit der in Hamburg gerade in Mode gekommenen 800-Grad-Grillmethode, die dafür sorgt, dass es außen eine schöne Kruste mit Raucharoma erhält und innen ungewöhnlich saftig bleibt. Günstig ist es nicht, aber ein Geschmackserlebnis.
190 C4 Drehbahn 49 30 99 90
So–Do 18–23, Fr/Sa 18–24 Uhr
Gänsemarkt

Nil €€

Hinter dem *Nil* verbirgt sich kein verschrobener, ägyptischer Spezialitätentempel, sondern ein internationales Restaurant, das sich schon seit über 15 Jahren in Hamburg bewährt. Das mag zum einen an der einzigartigen Mischung aus schickem und szenigem Flair, zum anderen an den hohen Ansprüchen des Küchen- und Servicepersonals an sich selbst liegen.
195 F3 Neuer Pferdemarkt 5
439 78 23 Mo, Mi/Do 18–23, Fr/Sa bis 24, So bis 22 Uhr 3 Neuer Pferdemarkt

Rialto €€
Im Souterrain auf der Fleetinsel kann man gleichermaßen Geschäftskunden und Allerliebste beeindrucken: mit einem beruhigenden Blick aufs Wasser und gratiniertem Honig-Ziegenkäse. Im Sommer nette Terrasse.
190 B2 ✉ Michaelisbrücke 3 ☎ 36 43 42 ⏲ Tägl. 12–23 Uhr Ⓤ Rödingsmarkt

Tschebull €€
Yvonne und Alexander Tschebull sorgen im Levantehaus für österreichische Esskultur. Das Publikum ist oft etwas sehr eitel, aber dafür ist die Deko in den Waschräumen – Alm-Tapeten und Kuhglocken – umso lustiger.
191 F3 ✉ Mönckebergstraße. 7 (Levantehaus) ☎ 32 96 47 96 ⏲ Mo–Sa 11–22 Uhr Ⓤ Hauptbahnhof

Williamine €€
Seit 18 Jahren ermittelt Arthur Richelmann nicht mehr als Fernsehkommissar, sondern versorgt die Gäste seines winzigen Wohnzimmer-Restaurants mit ausgezeichneten Speisen. Um die Weihnachtszeit herum gibt es hier den besten Gänsebraten der Stadt. Sie sollten unbedingt reservieren, denn der Platz ist begrenzt.
195 F4 ✉ Kleiner Schäferkamp 16 ☎ 44 44 97 ⏲ Di–Sa 18–1 Uhr Ⓤ Schlump

CAFÉS

Alex
Ganz nah ans Wasser gebaut ist der *Alex Alsterpavillon* direkt am neu gestalteten Jungfernstieg. Kein Tourist sollte sich den Blick auf die berühmte Alsterfontäne entgehen lassen. Versüßt wird diese Aussicht durch Kuchen und Milchkaffee. Über Einrichtung und Publikum lässt sich allerdings streiten.
191 D4 ✉ Jungfernstieg 54 ☎ 350 18 70 ⏲ Mo–Do 8–1, Fr/Sa bis 3, So 9–1 Uhr Ⓤ Jungfernstieg

Die Rösterei
Im Erdgeschoss und im 1. Stock des Levantehauses an der Mönckebergstraße tobt das Kaffeehausleben. Am nettesten sind die Tische oben auf der Galerie: Eiskaffee bestellen und runterschauen. Souvenir-Tipp: die hauseigene Kaffeemischung.
191 F3 ✉ Mönckebergstr. 7 ☎ 32 52 63 64 ⏲ tägl. 9–21 Uhr Ⓤ Mönckebergstraße

Erste Liebe
So kitschig und verschnörkelt, wie es der Name verspricht, geht es in der Tagesbar auf der Fleetinsel nicht zu. An der langen Holztafel isst man in angenehmer minimalistischer Atmosphäre gute Suppen, Pasta oder frischen Kuchen. Hamburger Kreative versammeln sich hier morgens ab 9 Uhr zum gemeinsamen Frühstück.
190 B2 ✉ Michaelisbrücke 3 ☎ 36 80 05 15 ⏲ Mo–Fr 9–20, Sa 10–18 Uhr Ⓤ Stadthausbrücke

Herr Max
Unglaublich gut sind die Torten, Kuchen und Tartes im nostalgisch skandinavisch anmutenden Café am Schulterblatt. Der Inhaber heißt tatsächlich Herr Max – und er ist einer der besten Konditoren der Stadt. Unbedingt probieren: die Schokoladentorte mit Ingwer.
195 F3 ✉ Schulterblatt 12 ☎ 69 21 99 51 ⏲ Di–Sa 10–19, So 13–17 Uhr Ⓤ Sternschanze

M.I.P.
Rund um die Schanzenpiazza gibt es viele portugiesische Cafés, nicht umsonst wird sie auch »Galao-Meile« genannt. Aber dieses ist das schönste. Im kleinen Altbau-Hinterzimmer schmecken Croissants mit Ziegengouda und appetitliche Törtchen (*Natas*) mindestens ebenso gut wie draußen vor der Tür.
195 F3 ✉ Schulterblatt 98 ☎ 43 19 09 91 ⏲ Mo–Sa 8–19, So 9–18 Uhr 🚌 115 Schulterblatt

Osterdeich
Das Viertel um die Osterstraße in Eimsbüttel mausert sich zur Flaniermeile für Einkaufsbummler und Kaffeeliebhaber. Einer der besten Plätze, um exzellenten Latte

Macchiato zu trinken, ist das Osterdeich. Tagsüber spielen die Kinder der Gäste im Hinterzimmer, abends die Stars der Bundesliga auf Leinwand. Sven Fiege-Brill hat eigens Originalsitze vom Millerntor auf Holzbänke geschraubt für sein kleines Stadion, in dem es sich in Bio-Qualität frühstücken lässt.

Sehr dicht nördlich von 195 D5
Müggenkampstraße 22 43 27 46 50
Di 18–23, Mi–Fr 11–23, Sa/So 10–23 Uhr
Osterstraße

Unter den Linden

Ein Klassiker im Schanzenviertel. Deswegen ist auch glücklich, wer hier einen Platz ergattert, im heißen Sommer draußen unter den sechs Schatten spendenden Linden, im Winter drinnen im 50er-Jahre-Ambiente. Nicht nur kühles Tannenzäpflebier und Milchkaffee schmecken hier gut, sondern auch die Salate und warmen Gerichte.

195 F3 Juliusstr. 16
43 81 40 tägl. 10–1 Uhr
115 Schulterblatt

Wohin zum ... Einkaufen?

Hamburgs Innenstadt ist ein Einkaufsparadies. Neben Shops internationaler Designer finden sich rund um Jungfernstieg, Mönckebergstraße und Gänsemarkt viele Geschäfte mit außergewöhnlichen Ladenkonzepten. Unkonventioneller wird es im Schanzenviertel rund um das Schulterblatt.

RUND UM DEN JUNGFERNSTIEG

Der Neue Wall gilt als Hamburgs Edelmeile in Sachen Shopping. Eine Haute-Couture-Boutique internationaler Designer reiht sich an die nächste. Es lohnt sich also, die Straße einmal auf und ab zu gehen. Der Klassiker unter Hamburgs Herrenausstattern ist **Ladage & Oelke** (Neuer Wall 11): Maßarbeit vom Hemd bis zum Schuh. Nicht weit entfernt im historischen Gebäude Hamburger Hof befindet sich die **Hamburger Hof Parfümerie** (Jungfernstieg 26–30). Hier findet man ausgesuchte internationale Düfte und Kosmetik, die es nur selten in Deutschland gibt. Im luxuriös sanierten **Alsterhaus** (Jungfernstieg) kann man sich im Obergeschoss im Restaurant stärken. Ein paar Schritte weiter in den Colonnaden finden sich wahre Laden-Kleinode. Im **Bocksbeutel** (Colonnaden 54) etwa gibt es neben Wein auch fränkische Tapas wie Wildschweinwurst. Bei **Pfeifen Tesch** (Colonnaden 10) waren schon Meat Loaf und Thomas Gottschalk Kunde. Oder die Boutique **Goldstück** (Colonnaden 22). Sie trägt ihren Namen völlig zu Recht, weil Sie nur selten so entspannt neue skandinavische Lieblingskleidungsstücke finden, die sowohl büro- als auch spielplatztauglich und obendrein günstig sind. Gegenüber bei **Kresse** gibt es perfekt verarbeitete Mode für Männer und Frauen.

RUND UM DIE MÖNCKEBERGSTRASSE

Zugegeben: Aufregend ist die Mönckebergstraße nicht gerade. Man muss schon etwas abseits gehen, um Besonderheiten zu entdecken. So den legendären Plattenladen **Michelle** (Gertrudenkirchhof 10), der bekannt ist für fachmännische Beratung und Schaufensterkonzerte. Für den schnellen Kaufrausch ist die City-Einkaufsmeile mit den Filialen bekannter Labels aber genau richtig. Zwischen Ballindamm und Mönckebergstraße erstreckt sich die **Europa-Passage**. Der riesige Bau erinnert von innen an einen Luxusliner und ist immer gestopft voll. Hier haben sich Ketten wie **H&M**, **Görtz** oder **Sasch** niedergelassen. Auch **Idee**, der größte Bastelshop der Stadt, hat hier sein Domizil. Ein guter Ort für Lindenberg-Fans ist das zweite Obergeschoss. In der Galerie **Hamburg-Art** stehen die Likörelle des Musikers zum Verkauf. Und wer durch die Glasfront im dritten Stock schaut, steht genau über den Boulevards der Stadt. Am anderen Ende der Straße lockt das **Levantehaus**. Nicht nur Geschäfte wie **Nadelheim** (bestickte Taschen aus Filz, Leder oder Leinen) und der **Steiff-Shop** sind einen Blick wert, sondern auch die imposante Glaskuppel. Machen Sie auch einen kleinen Abstecher in das Viertel rund um die Kontorhäuser. Hier gibt es nicht nur den **Manufactum-Laden** im Chilehaus sondern auch nette kleine Läden in Straßen mit so schönen Namen wie Schopenstehl oder Kattrepel.

RUND UM DAS SCHULTERBLATT

Lille/Stor (Schanzenstr. 97) steckt voller skandinavischer Kleidung und Accessoires: trendige Mode von Koka bis Odmolly für Klein (*Lille*) und Groß (*Stor*). Auf der gegenüberliegenden Straßenseite, sind die **Wohngeschwister** (Schanzenstr. 34–36) zu Hause. Auf 570 m^2 bietet der Laden Einrichtungsobjekte aus überarbeitetem Sperrmüll, Designmöbel und Gelsenkirchener Barock. Die dazugehörigen Tagesbar *Cafégeschwister* lädt auf einen entspannenden Espresso ein. Von der Schanzenstraße führt die Susannenstraße direkt auf die beliebte Schanzenpiazza mit ihren zahllosen Kneipen, Cafés und Imbissen. Auf dem Weg dorthin kommen Sie an bunten Läden vorbei. Bei **Addiwan** (Susannenstr. 15) gibt es nicht nur Räucherstäbchen und ätherische Öle, sondern auch Schmuck und kleine Geschenkartikel. Wunderbare Tees, Kaffee, hausgemachte Schanzenpralinen und vieles mehr finden Sie bei **K. W. Stüdemann**, einem der vielen noch alteingesessenen Läden »auf der Schanze« (Schulterblatt 59). Ein paar Schritte weiter liegt das **Karolinenviertel**. Wirklich alternativ ist es nicht mehr, aber noch immer eine Ecke, in der es stets Neues zu entdecken gibt. Zwischen den Secondhand-Stores finden sich angesagte Schmuck- und Modedesigner mit hochwertigen Produkten, kleine Galerien und kreative Ideen.

Wohin zum … Ausgehen?

BARS/CLUBS

Die Schanze als perfekten Startpunkt für Streifzüge durchs Nachtleben wissen Hamburger seit Jahren zu schätzen. In der **Bar Rossi** (Max-Brauer-Allee 279, Tel. 43 25 46 39, tägl. ab 18 Uhr) drehte die amerikanische Souldiva Mariah Carey einst ihre Musikvideos. Diese Zeiten sind vorbei, doch immer noch gehört die Location mit großer Getränkeauswahl und gemütlichen Lederbänken zu den schönsten Bars der Stadt.

Zwei Häuser weiter bildet sich am Wochenende oft eine Schlange vor der Tür, so beliebt ist die **Bar Nouar** (Max-Brauer-Allee 275, Tel. 430 89 49, Mo–Sa ab 18 Uhr). In dem großen Raum steht nichts außer einem Tresen und ollen Polstermöbeln. Das Erfolgsgeheimnis: flirtbereites Publikum und gute Drinks.

Stilvoller ist es im **Mandalay** (Neuer Pferdemarkt 13, Tel. 43 21 49 22, Mi–Sa ab 20 Uhr). Mitten drin im Schanzengetümmel liegt das bei szenigen Hamburgern sehr beliebte und deswegen immer gut besuchte **Goldfischglas** (Bartelsstr. 30/Ecke Susannenstr., kein Tel., tägl. ab 12 Uhr).

Ganz früher gab es hier mal ein großes Kino, dann die Landesbank, jetzt hat das **Casino Esplanade** hier eine neue Heimat gefunden: Roulette, Black Jack und Poker, dazu Automaten (Stephansplatz 10, tägl. 12–4 Uhr, Tel. 334 73 30, www.spielbank-hamburg.de).

THEATER

Das **Thalia Theater** (Alstertor 1, Tel. 32 81 44 44, www. thalia-theater.de) zählt seit den legendären Zeiten unter Boy Gobert zu den ersten Bühnen des Landes. Zu Beginn der Spielzeit 2009/2010 hat Joachim Lux, zuvor Chefdramaturg am Wiener Burgtheater, die Nachfolge von Ulrich Khuon angetreten, unter dessen Leitung das Haus mehrfach zum „Theater des Jahres« gekürt wurde. Kein leichtes Erbe. Doch auch weiterhin begeistert das Ensemble sein Publikum mit der hauseigenen Mischung aus modernen und klassischen Inszenierungen. Nach der Vorstellung lohnt es sich, die vielen Stufen bis unters Dach zu erklimmen. Dort befindet sich die gemütliche Theaterbar **Zentrale**.

Die **Hamburgische Staatsoper** (Große Theaterstr. 25, Tel. 35 68 68, www. hamburgische-staatsoper.de) ist eines der ganz großen Ensemblehäuser Deutschlands. Unter der aus Australien stammenden Intendantin Simone Young hat die Oper noch mal an neuem Glanz gewonnen. Die charismatische Dirigentin hat nicht nur die Hamburger Presse, sondern auch ihr Orchester voll im Griff. Zur Staatsoper gehören auch die **Hamburger Philharmoniker** und das **Hamburg-Ballett-John-Neumeier** (Tel. 35 68 68, www.hamburg-ballett.de). Der gebürtige Amerikaner John Neumeier kam 1973 nach Hamburg. Sein Ensemble gehört zu den besten der Welt, in seiner Hamburger Ballettschule formt er sich seinen Nachwuchs, und seit 2005 ist er auch einer von drei Geschäftsführern der Hamburger Staatsoper. Eine in Deutschland einmalige Karriere.

Genau hinhören sollten Sie in einer der größten und schönsten Kultureinrichtungen der Stadt, der **Laeiszhalle** (Johannes-Brahms-Platz, Tel. 35 76 66, www.laeiszhale.de). Sowohl Klassik- als auch moderne Popkonzerte gehören zum festen Programm.

Jahrelang war Hamburgs legendäre Schauspielerin Heidi Kabel Herrin des **Ohnsorg Theaters**, dessen Umzug ins Bieberhaus am Hachmannplatz zum August 2011 besiegelt ist. (Große Bleichen 23–25, Tel. 35080321, www. ohnsorg.de).

Im großen 500-Mann-Zelt der **Fliegenden Bauten** (Glacischaussee 4, Tel. 47 11 06 33, www.fliegende-bauten.de), direkt neben dem Heiligengeistfeld, finden internationale Gastspiele, Kabarett-Aufführungen und Liveshows statt.

Winzig klein, aber oho ist das **Fleetstreet-Theater**: ambitioniertes, wirklich gutes Theater eines jungen Teams um Angela Richter, der Frau des Künstlers Daniel Richter (Admiralitätsstr. 71, Tel. 39 99 38 83, www.fleetstreet-hamburg.de).

KINOS

Ein Fest für alle Kinofans war 2010 die Wiedereröffnung des traditionsreichen **Passage-Kinos** (Tel. 46 86 68 60, Mönckebergstr. 17). Nun ist zu hoffen, dass die mutige Rettungsaktion des Privatinvestors auch belohnt wird. Eines der immer noch schönsten Hamburger Kinos ist das **Streits** (Jungfernstieg 38, Tel. 34 60 51). Der Hauptsaal ist riesig, Langbeinige reservieren hier Plätze in der ersten Reihe des Rangs (Reihe 11), es gibt es auch Doppelsitze für Pärchen. Es ist übrigens das einzige Kino der Stadt, das nur Filme im englischen Original zeigt.

Alle Blockbuster laufen über die Leinwände der Multiplexkinos wie dem **Cinemaxx Dammtor** (Dammtordamm 1, Tel. Hotline 01805/ 24 63 62 99, www.cinemaxx.de).

Das kulturell bemerkenswerteste Filmprogramm bietet allerdings das **Metropolis-Kino** (Tel. 34 23 53, www.metropolis-hamburg.de), das übergangsweise (bis 2011) von der Dammtorstraße ins ehemalige Savoy-Kino am Steindamm 54 gezogen ist. Denn hier werden wunderbar abseitige Perlen der Leinwand, versponnene Fantasyfilme und Stummfilme mit Klavierbegleitung gezeigt.

Rund um die Außenalster

Erste Orientierung

Ein richtiger See mitten in der Stadt! Auf kaum etwas sind die Hamburger so stolz wie auf ihre Außenalster. Zu Recht. Wenn sich die Wellen unter einem blauen Himmel kräuseln, wenn Segelboote, Paddler, Schwäne und die weißen Alsterdampfer kreuzen, dann gibt es wohl in der ganzen Stadt keinen schöneren Platz als auf einem Bootssteg mit den baumelnden Füßen im Wasser.

Schon immer gehörten die Stadtviertel rund um die Außenalster zu den bevorzugten Wohngegenden. Hier, am Harvestehuder Weg, am Leinpfad, Bellevue und an der Schönen Aussicht wohnen auch heute die wohlsituierten Familien. Häuser werden über Generationen vererbt. Neubauten gibt es natürlich auch, aber die halten sich in Grenzen. Wer mag, steigt in einen Alsterdampfer und schippert durch die Kanäle. Es gibt auch Ruder-, Paddel- und Segelboote zu mieten. Und wem die gepflegte Ruhe der Villenvor- und -hintergärten dann doch zu langweilig ist, der geht rechts oder links der Alster einfach ein paar Straßen weiter: Dort liegen die Kunsthalle und St. Georg mit seinem Schauspielhaus und der lebendigen Einkaufsstraße Lange Reihe. Am Rothenbaum liegt das Völkerkundemuseum, und im Universitätsviertel am Grindel trifft sich der akademische Nachwuchs. Dort finden sich auch noch Spuren der einstmals so lebendigen jüdischen Gemeinde von Hamburg.

Wer hat Vorfahrt? Segeln lernen auf der Alster

★ Nicht verpassen!

1. Kunsthalle ➤ 74
2. Alster ➤ 76
3. Museum für Völkerkunde ➤ 79

Nach Lust und Laune!

4. Lange Reihe ➤ 81
5. Literaturhaus ➤ 81
6. Grindelviertel ➤ 81
7. Galerie Vera Munro ➤ 82

Seite 69: Rund um die Alster liegen Hamburgs schönste Häuser

An einem Tag

Die folgende Route ist eine Möglichkeit, wie Sie einige der interessantesten Sehenswürdigkeiten rund um die Außenalster an einem Tag abklappern können. Nutzen Sie die Karte (➤ 70f) zur Orientierung, die einzelnen Highlights werden im Folgenden (➤ 74ff) näher beschrieben.

9.30 Uhr

Rund um den Hauptbahnhof ist immer was los. Sicher finden Sie in einem der vielen Cafés einen Platz für ein kleines Frühstück. Für das Tagesprogramm brauchen Sie eine gute Kondition. Um 10 Uhr öffnet die **1 Kunsthalle** (links; ➤ 74) mit der Galerie der Gegenwart und dem Hubertus-Wald-Forum. Wenn Sie kulturell interessiert sind, dann ist dieser Besuch der Höhepunkt Ihrer Hamburg-Reise. Nehmen Sie sich Zeit, und genießen Sie Kultur pur!

12 Uhr

Ein Spaziergang ist jetzt genau das Richtige. Doch vorher brauchen Sie noch eine Stärkung. Entweder suchen Sie sich an der **4 Langen Reihe** (➤ 81) in St. Georg in einem der vielen Cafés ein Plätzchen oder Sie kehren im **5 Literaturhaus** (unten; ➤ 81) ein. Nun sind Sie auch schon an der **2 Alster** (➤ 76). Bewundern Sie die herrlichen Wohnstraßen und die Ausblicke auf das andere Alsterufer. Dann lassen Sie sich mit einem Alsterdampfer von den Anlegestellen Atlantic/Volksfürsorge/Meridien, Uhlenhorster Fährhaus oder Mühlenkamp übers Wasser schippern. Mit öffentlichen Verkehrsmitteln geht es natürlich auch: Die U-Bahn-Linie 1 fährt vom Hauptbahnhof, verschiedene Busse ab ZOB.

14 Uhr

Jetzt sind Sie – wie auch immer – auf der Westseite der Alster angekommen und haben sicher schon wieder Appetit. Im **6 Grindelviertel** (➤ 81) treffen Sie nicht nur auf Studenten, sondern Sie befinden sich hier auch in einer Gegend mit sehr vielen Kneipen. Ein schöner Platz zum Pausieren ist das jüdische Kultur-Café **Leonar** (➤ 84), wo sich wie überall im Viertel Spuren der einst hier

lebenden Juden finden – so wie auf dem Bild rechts der Grundriss der jüdischen Synagoge am Josef-Carlebach-Platz.

15.30 Uhr

Zum Abschluss des Tages steht ein zweiter Museumsbesuch auf dem Programm. Das 3 **Museum für Völkerkunde** (unten; ➤ 79) fasziniert durch den unglaublichen Reichtum seiner Sammlung aus aller Welt: Boote aus Polynesien, Schmuck aus Peru, Büffelhäute aus den USA. Toll für Kinder ist die Ägypten-Ausstellung mit ihrer Grabkammer und vor allem die Indianerausstellung – weit weg von jedem Winnetou-Klischee.

19 Uhr

Kino, Theater, Kabarett – wonach steht Ihnen jetzt der Sinn? Sie haben die Qual der Wahl und müssen nur eine Grundsatzentscheidung treffen: links oder rechts der Alster. Wie wär's z. B. mit dem Deutschen Schauspielhaus (rechts; ➤ 86)?

0 Kunsthalle

Die Kunsthalle, mit der Galerie der Gegenwart, gehört zu den wichtigsten Museen Deutschlands. Unter einem Dach finden Sie Kunstwerke aus allen Epochen – verteilt über insgesamt 13 000 m² Ausstellungsfläche.

Die Kunsthalle setzt sich aus drei Gebäuden zusammen: Links ist die Galerie der Gegenwart, 1997 vom Architekten Oswald Matthias Ungers erbaut. Hier finden Sie die zeitgenössische Kunst (ab 1960). Der rötliche Bau in der Mitte wurde 1868 (für die damals unglaubliche Summe von 300 000 Mark) im Stil der italienischen Renaissance errichtet. Hier liegt der Eingang zum Hubertus-Wald-Forum. Rechts daneben befindet sich ein weißer Kuppelbau aus Kalkstein mit dem heutigen Haupteingang aus dem Jahr 1919. Wenn Sie den Kunstepochen chronologisch folgen wollen, dann sollten Sie hier beginnen.

FÜR KINDER
Selbst kreativ werden, dass können Kinder (und vielleicht auch die Eltern) im **Hamburger Kinderzimmer**, 2009 von Olafur Eliasson geschaffen. Ein Seh-, Erlebnis- und Spielort in der Galerie der Gegenwart. Auf jeden Fall geht es hier sehr kreativ zu!

Links: In der Kunsthalle finden Sie die alten Meister

Rechts: In der Galerie der Gegenwart dominiert die aktuelle Kunst

Die große Kunst der alten und neuen Meister

Direkt über dem Haupteingang finden Sie die Abteilung **alte Meister**. 1903 erwarb Alfred Lichtwark, der erste Direktor des Hauses, das Prunkstück der Sammlung, den Wandelaltar des Hamburger Künstlers **Meister Bertram**. Nicht verpassen sollten Sie auch die Bilder der beiden wichtigsten Vertreter der norddeutschen Romantik, **Caspar David Friedrich** und **Philipp Otto Runge**. Als Letzterer 1805/06 sein Hauptwerk, das Porträt der *Hülsenbeckschen Kinder*, schuf, fand sein liebevoller Blick auf die Kinder nur unter den Freunden Anerkennung – heute gelten seine Bilder als Meisterwerke.

Atemberaubend schön sind die Räume der **Klassischen Moderne** mit Werken von Max Liebermann, Pablo Picasso,

DETAILS ERKENNEN
Jede einzelne der (insgesamt über 80!) **Heiligenfiguren** in Meister Bertrams Altar ist vor über 700 Jahren mit großer Liebe zum Detail gestaltet worden. Finden Sie die Heilige Barbara: Sie trägt den Turm, in dem sie gefangen war. Der Heilige Michael dagegen tötet den Drachen.

Das Café *Liebermann* im Altbau der Kunsthalle

Franz Marc, Emil Nolde und Max Beckmann. Eine private Stiftung ist das **Hubertus-Wald-Forum**. Hier gibt es kleinere, aber oft sehr sehenswerte Themenausstellungen.

Hinunter zur Moderne

Der schönste Weg in die **Galerie der Gegenwart** führt durch den Untergrund: Vom Café *Liebermann* aus folgen Sie der Treppe nach unten, über Ihnen läuft ein elektronisches Wort-Fließband der Künstlerin Jenny Holzer. Viele Künstler haben 1997 ihre Kunstwerke eigens für den Neubau entworfen, so der Amerikaner Richard Serra, der im Raum S 6 flüssiges Blei zu riesigen Barrieren formte, oder Rebecca Horn mit ihrer Installation *Chor der Heuschrecken* aus insgesamt 35 Schreibmaschinen. Über eine spektakuläre Neuerwerbung freute man sich 2008: Neo Rauchs *Die Fuge*, gigantische 4,20 × 3 m groß. Es hängt im Sockelgeschoss unten.

KLEINE PAUSE

Im Altbau gibt es das ***Café Liebermann***, in der Galerie der Gegenwart ein ***Bistro***.

191 F4 Glockengießerwall 428 13 12 00 Di–So 10–18, Do bis 21 Uhr Hauptbahnhof teuer www.hamburger-kunsthalle.de

KUNSTHALLE: INSIDER-INFO

Top-Tipp: Damen und Herren mit Rentnerausweis kommen in den Genuss des **»Goldenen Freitags«**, Kaffee und Kuchen sind im Eintrittspreis inbegriffen.

Geheimtipps: Im Treppenhaus zum Café *Liebermann* finden Sie eine interessante Übersicht über **Maltechniken**.

- Auch das Plateau zwischen Kunsthalle und Galerie der Gegenwart ist ein Kunstwerk: Auf den über 900 m² steht in verschiedenen Sprache: »Die Heimat ist nicht das Land, sie ist die Gemeinschaft der Gefühle«, ein Werk des schottischen Künstlers **Ian Hamilton Finlay**.

2 Alster

Die Alster entspringt in einem Moortümpel in Schleswig-Holstein und windet sich 56 km durch die Landschaft bis ins Hamburger Zentrum. Doch wer denkt in Hamburg an diese bescheidenen Anfänge. Schon die Binnenalster ist ein kleiner See mitten in der Stadt, doch das wirkliche »Wassererlebnis«, das bietet erst die Außenalster. Sie bedeutet Schönheit und Weite, Wellen und Boote, und auch Reichtum. Um die Außenalster wohnt, wer es sich leisten kann. Und das ist – bitteschön – doch hoffentlich nicht jeder!

Prachtvoll sind die Häuser in den Wohnstraßen des Ost-Alsterufers (Schöne Aussicht, Bellevue, Leinpfad). Von der **Krugkoppelbrücke** aus erblicken Sie am Horizont die Kirchtürme der Innenstadt: 164 ha Wasserfläche liegen dazwischen, an ihrem tiefsten Punkt ist die Außenalster 2,50 m tief. Bis zum Krieg gab es an der Außenalster Badeanstalten. Heute ist die Wasserqualität wieder hervorragend. Doch der Umweltschutz hat Vorrang, also ist das Baden verboten.

Elegant thront das Hotel *Atlantic* am Ostufer der Außenalster

REICHE VOGELWELT

Hamburgs Alster-Schwäne gibt es seit dem 11. Jh., seit 1674 die Position eines von der Stadt beauftragten »Schwanenvaters«. Heute leben ca. 120 **Schwäne** in der Obhut von Olaf Nieß, der die Tiere jeden Herbst ins Winterquartier nach Eppendorf (Erikastr./Ecke Salomon-Heine-Weg) bringt und im Frühjahr wieder zurück. Ein Teil der Schwäne fliegt, andere Tiere haben beschnittene Flügel. Die **Kormorane** auf der Alster kommen nur zum Fressen, ihre Brutkolonie liegt auf einer Elbinsel (Kaltehofe) im Süden der Stadt.

Die Krugkoppelbrücke am oberen Ende der Außenalster

Wissen, wo es am schönsten ist

Wie auch immer Sie auf die andere Seite der Alster gekommen sind – mit dem Dampfer, dem Ruderboot, rund herum zu Fuß, mit Bus oder U-Bahn –, die Bauten am Westufer sind nicht weniger prächtig als die im Osten. Spazieren Sie durch **Harvestehude** (Nonnenstieg, Heimhuder Straße, Parkallee). In Hervadeshude, einem elbnahen Dorf, hatten einst Zisterziensernonnen ein Kloster gegründet, 1295 zogen sie an die Alster und nahmen den Namen mit. Das Kloster wurde im 16. Jh. abgerissen. Die **St. Johanniskirche** (erbaut 1880) mit ihrem hohen Turm ist aber weithin sichtbar.

Pöseldorf hat seine besten Jahre hinter sich. Das war, als Jil Sander in der Milchstraße ihre erste Boutique eröffnete und der Jet-Set einfiel. Die hübschen Häuser sind aber immer noch sehenswert. Einige nette Kneipen und Restaurants mit Terrassen gibt es auch.

In der Milchstraße 12 passieren Sie den Eingang der **Musikhochschule Hamburg**, die im Budge-Palais residiert. Acht Jahre brauchte Architekt Martin Haller, um die riesige Alstervilla so umzubauen, dass es den hohen Ansprüchen des in Amerika reich gewordenen Bankiers Henry Budge genügte. 1914 war sie fertig und bekam bei den Hamburgern wegen der fast 20 Badezimmer schon bald den Spitznamen »Badeanstalt«. Im Krieg okkupierte Nazi-Reichsstatthalter Karl Kaufmann das Gebäude und baute einen Bunker im Garten. Im Mai 1945 kamen die Engländer. Auch sie wussten, wo die schönsten Plätze der Stadt sind, und hatten mit ihren Bomben die Wohnviertel rund um die Alster verschont.

Das Schlusswort hat der Hamburger Dichter Friedrich von Hagedorn. Er schrieb 1757: »Du angenehmer Alsterfluß! Du

Wandmalerei in Pöseldorf

ALSTERDAMPFER

Von April bis Oktober kreuzen die Schiffe der **Alsterflotte** (alle 30 Min.) zwischen neun Stationen über die Binnen- und Außenalster hin und her. Man kann an jeder Station zu- oder aussteigen, sie liegen alle nur wenige Minuten Fahrzeit auseinander. Daneben gibt es noch ein breites Programm von Themenfahrten. Startpunkt ist immer der Jungfernstieg. (Tel. 357 42 40, www.alstertouristik.de)

mehrest Hamburgs Seltenheiten und ihren fröhlichen Genuß (…) Das Ufer ziert ein Gang von Linden, in dem wir holde Schönen sehn, die dort, wann Tag und Hitze schwinden, entzückend auf- und niedergehn.«

KLEINE PAUSE

Hier gibt es viele Möglichkeiten: ***Bobby Reich*** (Anleger Krugkoppelbrücke, tägl. 10–22 Uhr) ist eine Institution, allerdings mit dementsprechenden Preisen. Gleiches gilt für das ***Alster Cliff*** (Anleger Fährdamm, tägl. ab 10 Uhr). Ein immer gut besuchter In-Treff ist die ***Alsterperle*** (Schwanenwik, tägl. ab 10 Uhr) in einem ehemaligen Klo-Häuschen am anderen Alsterufer.

Kaffeepause am *Alster Cliff*

---

197 D/E 3–5 **Hauptbahnhof, Jungfernstieg, Sierichstraße, Hallerstraße**
6, 109, Schnellbus 34 (verschiedene Stationen rund um die Alster)

ALSTER: INSIDER-INFO

Top-Tipp: Ob Sie auf der Alster rudern, paddeln oder segeln, es gelten spezielle Regeln: **Die Alsterdampfer haben immer Vorfahrt**; beim **Segeln** gilt **rechts** vor **links**.

Geheimtipps: **»Kunst im Öffentlichen Raum«** (www.hamburg.de/kioer) lautet ein 1981 initiiertes Kulturprojekt. Überall rund um die Alster finden Sie Beispiele: So den auf der Boje stehenden Mann von Stephan Balkenhol an der Schönen Aussicht. Muss nicht gerettet werden, ist aus Holz.

Muss nicht sein! Scheint die Sonne, ist halb Hamburg rund um die Alster auf den Beinen. Ruhiger ist es unter der Woche, dann können Sie in Ruhe die Schönheit der Alster bewundern.

3 Museum für Völkerkunde

»Wir haben Respekt für alle Kulturen. Wir verschaffen allen Kulturen Respekt« heißt es im ersten Punkt des selbst gegebenen »Leitbildes« des Völkerkundemuseums. Der Anspruch wird eingelöst.

Ein Höhepunkt: Der Maskensaal

Die erste »culturgeschichtliche Sammlung« gab es bereits 1879 – damals umfasste sie 1834 Exponate. Heute verwahren die Archive des großen roten Klinkerbaus an der Rothenbaumchaussee über 350 000 Objekte und 300 000 historisch-ethnische Fotografien. Es ist eine der größten Sammlungen ihrer Art in Europa. Doch das Völkerkundemuseum ist weit mehr als nur ein Gebäude voller großartiger Ausstellungsstücke. Es ist ein Treffpunkt für die vielen Nationen, die in Hamburg leben. Portugiesen, Spanier, Japaner und viele andere feiern hier Feste. Der historische Hörsaal (erbaut 1911) wird häufig zum Ort politisch aktueller Vortragsreihen und Diskussionen.

DAS GRAB DER PHARAONEN

Uhhh unheimlich – hier geht es bergab wie in einer Pyramide. **»Ein Hauch von Ewigkeit«** heißt die Dauerausstellung über die Kultur des Alten Ägypten. Die Treppe windet sich nach unten in die Unterwelt, Sarkophage leuchten auf, fast wie ein Ausflug in eine andere Zeit. Die Schätze aus den ägyptischen Pyramiden kamen um 1903 nach Hamburg und lagerten über Jahrzehnte hinweg in Depots. Die schöne Präsentation war übrigens nur dank einer privaten Spende möglich.

2004 feierte das Haus seinen 125. Geburtstag – ein guter Anlass für eine Generalüberholung. Die ist jetzt abgeschlossen. Nicht nur lehrreich sondern auch amüsant ist die Indianerausstellung rechts im Untergeschosse. Sie entstand mit Unterstützung des indianischen Künstlers David Seven Deers vom Volk der Skwahla-Stó:lo-Halkomelem in Kanada. Er schuf auch den Totempfahl, der draußen vor dem Museum an der Ecke Binderstraße/Rothenbaumchaussee steht. Zu sehen sind Tipis, jahrtausende-alte Pfeilspitzen und historische Fotografien würdevoller Indianerhäuptlinge. Lustig sind der Cadillac und das »Red Horse Diner«, in denen man Platz nehmen und sich über den neuesten Pow-Wow informieren kann.

Der Phantasie entsprungen: ein Drachenkopf aus der Südsee

Seit 2010 präsentiert sich die Maya-Sammlung des Hauses in neuem Gewand. Auf fast 1 000 m² Ausstellungsstellungsfläche sind Pyramiden und goldene Schmuckstücke zu bewundern. Erzählt wird die Geschichte dieses faszinierenden Volkes, ihres Unterganges und die brutale Unterwerfung durch die Spanier.

Nicht versäumen sollten Sie den Maskensaal im zweiten Stock. Fast lebendig wirken die Masken und Gestalten, geheimnisvoll von hinten beleuchtet – eine Inszenierung des Hamburger Ausstellungsgestalters Knut Knabe. Und last but not least gibt es die Europa-Abteilung, die uns mit Fragen konfrontiert, die wir uns viel zu selten stellen: Wovon leben wir eigentlich? Wie soll es in der Zukunft weitergehen? Die Antworten darauf sind nicht leicht zu geben.

KLEINE PAUSE

Restaurant ***Okzident***, das Sie übrigens auch ohne Eintrittskarte für das Museum besuchen können.

---

196 C5 · Rothenbaumchaussee 64 · 428 87 90 · Di–So 10–18, Do bis 21 Uhr · Hallerstraße · Schnellbus 34 Völkerkundemuseum · mittel · www.voelkerkundemuseum.com

MUSEUM FÜR VÖLKERKUNDE: INSIDER-INFO

Top-Tipp: Direkt hinter dem Museum, Ecke Binderstr./Heimhuder Straße liegt das **Yu-Yuan Garten- und Teehaus**: Steinlöwen, Wasserspiele und geschwungene Dächer. Drinnen gibt es Dim Sum zu essen und regelmäßig kleine chinesische Kulturveranstaltungen. Infos: www.yuyuan.de.

Geheimtipps: Der **Tangoball**, jeden Donerstag (21.30–1 Uhr) im Gewölbesaal.
- Bei den **Oster- und Weihnachtsmärkten** (ab März bzw. Nov.) gibt's Krippen, Engel, Ostereier und viele andere kunsthandwerkliche Stücke zu kaufen.

Nach Lust und Laune!

Bürgerlichkeit und Gay-Community friedlich vereint an der Langen Reihe

4 Lange Reihe

Die Lange Reihe, die Haupteinkaufsstraße von St. Georg und Treffpunkt für Hamburgs Gay-Community, gehört zu den lebendigsten Straßen der Stadt. Sie können nach Herzenslust Spezialitäten aus aller Welt kosten, in Läden für Modelleisenbahnen Ihre Kindheitsträume verwirklichen oder in Nobelrestaurants viel Geld ausgeben. Fast versteckt ist der Hinweis an der Hausnummer 21: Hier wurde Hans Albers geboren. Schön sind die vielen Hinterhöfe und Durchgänge, man nennt sie in Hamburg Terrassen, die die Lange Reihe mit der Straße Koppel verbinden.

197 E3 Hauptbahnhof

5 Literatuhaus

Hamburg ist *die* Literaturhauptstadt Deutschlands. Täglich gibt es Lesungen, ob nun in den Theatern, den Literaturcafés, den Bücherhallen oder auch den Buchhandlungen (Informationen unter www.literaturin-hamburg.de). Das Zentrum des literarischen Lebens ist das Literaturhaus am Schwanenwik. In dem stilvollen Altbau, gestiftet von dem Mäzen Gerd Bucerius, können Sie nicht nur spannenden Lesungen internationaler Literaten wie Jonathan Franzen oder Per Olov Enquist folgen, sondern in einem herrlichen Gartensaal auch frühstücken, Mittag essen und sich sogar standesamtlich trauen lassen.

197 E5 Schwanenwik 38 22 70 20 11 Mo–Fr 9–24 Uhr, Sa/So ab 10 Uhr 6, Schnellbus 37 Mundsburger Brücke Lesungen: teuer www.literaturhaus-hamburg.de

HAMBURG VON OBEN

Vom Restaurant des Hotels *Intercontinental* (Fontenay 10) blicken Sie vom Westen auf die Alster; gegenüber bietet das Restaurant im *Le Royal Méridien* (An der Alster 52–56) ebenfalls einen spektakulären Blick.

6 Grindelviertel

Über 40 000 Studenten studieren in der Hansestadt. Zentrum ihres Lebens ist das Grindelviertel. Hier liegt auch das

EPPENDORF
Eppendorf ist speziell, das merken Sie schon bei Ihrem ersten kleinen Spaziergang über den Eppendorfer Baum oder die Eppendorfer Landstraße. Neuhamburger, deren ganzes Streben es ist, eben nicht als Neuhamburger zu gelten, nehmen jeden Mietpreis in Kauf, um hier zu wohnen. Wichtigstes Utensil für dieses Vorhaben ist nicht nur Geld, sondern auch der richtige Beruf (Arzt, Werber, Journalist), eine Handvoll adrett gekleideter Kinder, für die Dame das Ralph-Lauren-Shirt, kurzer Rock und flache Schuhe, für den Herrn im Sommer Polohemd, beigefarbene Shorts und Slipper.

Uni-Hauptgebäude, ein Kuppelbau aus dem Jahre 1911.

Vor dem Krieg lebten am Grindel fast die Hälfte aller Hamburger Juden. Auf dem Joseph-Carlbach-Platz zeichnet ein in den Boden eingelassenes Steinmosaik die Dachkonstruktion der 1938 zerstörten Hauptsynagoge nach. Überall im Viertel stoßen Sie auf Spuren der deportieren und ermordeten Juden. Achten Sie auf die **Stolpersteine**: Messingquader, vor den Wohnhäusern in den Gehsteig eingelassen, nennen die Namen der ehemaligen Bewohner. Themenführungen zur jüdischen Geschichte veranstaltet Stattreisen e.V. (Tel. 87 08 01 00, www.stattreisen-hamburg.de). Die Grindelhochhäuser (Grindelberg) entstanden 1946–56 als erste Hamburger Hochhäuser im Auftrag der britischen Besatzungsbehörden. Es war die erste Wohnsiedlung dieser Art in ganz Deutschland: Licht, Luft und Sonne für alle Bewohner.

196 A/B 4–5 | 4, 5 Grindelhof

7 Galerie Vera Munro

Die Galerie in einer schönen Altbauvilla in der Heilwigstraße in Eppendorf gehört zu den renommiertesten, bereits 1977 gegründeten Galerien Hamburgs. Die Galerie von Vera Munro zeigte Mario Merz und Joseph Beuys schon, als diese noch nicht weltberühmt waren. Heute legt die Galeristin viel Wert auf junge, zeitgenössische Kunst.

192 B3 | Heilwigstr. 64 | 47 47 46 | Di–Fr 9–18, Sa 11–14 Uhr | Kellinghusenstraße | www.veramunro.de

Das Hauptgebäude der Hamburger Universität an der Edmund-Siemers-Allee

Wohin zum ... Essen und Trinken?

Preise
Die Preisangaben gelten pro Person für ein Essen ohne Getränke:
€ unter 12 Euro **€€** 12–25 Euro **€€€** über 25 Euro

RESTAURANTS

Ben €€
Die Chefin des *Ben* hat verstanden, was guter Stil ist. Sie kennt sich nicht nur in Sachen asiatische Küche gut aus, sondern auch mit elegantem Interior-Design. Dunkle Wände, viel Holz und goldene Buddhas bestimmen hier das Ambiente. Große Fenster sorgen dafür, dass es nicht zu dunkel wird. Pluspunkt: Die Bedienungen sind hier nicht nur höflicher, sondern auch fröhlicher als anderswo. Es gibt günstige Menü-Angebote.

192 B1 Mittelweg 26
45 44 44
tägl. ab 18 Uhr
109 Böttgerstraße

Cox €€
Ob Business-Talk, Blind-Date oder Familienzusammenführung – das *Cox* passt zu allen Anlässen. Die Servicedamen sind so zuvorkommend wie nirgends sonst, das internationale Essen ist ein Fest. Erstaunlich für den schnieken Laden: Mittags trifft man hier oft Mütter mit Kindern. Denen schmecken die Nudeln!

197 E3 Lange Reihe 68
24 94 22 tägl. 12–15/19–23.30 Uhr
6 Gurlittstraße

Elbe 76 €€
Das *Elbe 76* ist sowohl Restaurant als auch Bar. Während sich im neonrosa beleuchteten vorderen Teil DJs austoben, wird hinten hauchdünne Pizza serviert, die locker für zwei reicht. Abgesehen davon wird die Crossover-Speisekarte alle 14 Tage wieder neu geschrieben, damit es auch in kulinarischer Hinsicht ja nie langweilig wird.
192, westl. A1 Bismarckstr. 60
40 02 35 Mo–Sa ab 17, So ab 15.30 Uhr 4 Kaiser-Friedrich-Ufer

Goldfisch €€
Auch wenn das Lokal mit der hübschen Terrasse zum Isebekkanal Dry-aged-Steaks (Fleisch, das mindestens 6 Wochen lang reifte) serviert, sind Gäste gut beraten, bei Seeteufel und Bouillabaisse zu bleiben. Nicht, weil das Steak in dem Restaurant nicht gut wäre, sondern weil die Köche die Kunst des modernen Fischzubereitens beherrschen. Sonntags Frühstück.
192 B2 Isekai 1 57 00 96 90
Mo–Sa 12–23, So 10–23 Uhr
Kellinghusenstraße

Kouros €€
Zweifelsohne handelt es sich bei *Kouros* um den besten Griechen der Stadt. Der Chef mit dem Namen Spiros begrüßt seine Stammgäste, die aus allen Ecken Hamburgs zu ihm an die Alster kommen, mit Küsschen und serviert ihnen zahlreiche Vorspeisen, zartestes Fleisch und guten Fisch. Im Sommer gibt es eine Straßenterrasse.
197 E3 An der Alster 28
24 45 40 tägl. 18–24 Uhr
6 Gurlittstraße

Poletto €€€
Hamburg ist stolz auf Allroundgenie und Fernsehköchin Cornelia Poletto – immerhin eine von nur vier Sterne-Köchinnen in ganz

Deutschland. Serviert wird in dem stilvollen Restaurant leichte mediterrane Küche. Klar, dass die herausragende Qualität gekoppelt mit der Star-Aura ihren Preis hat. Mittags gibt es für 37 Euro ein edles Lunch-Menü.

192 B2 Eppendorfer Landstr. 145 480 21 59 Di–Fr 12–14/19–22, Sa 19–22 Uhr 22, 25, 114 Eppendorfer Markt

Raw like Sushi €–€€

Dunkelblaue Wände, dunkelrote Samtvorhänge: Etwas schummrig ist es schon im kleinen Sushi-Restaurant im Univiertel. Dabei müssen die Schelletters ihre ausgefeilten, der Saison angepassten Kreationen weiß Gott nicht verstecken. Alles sehr lecker.

196 B5 Grindelallee 134 45 79 31 tägl. ab 19 Uhr 4, 5 Grindelhof

Schifferbörse €–€€

Jawoll – so sieht sie aus, die Welt der Seefahrer: Dreimaster an den Decken, dicke Holztische und Kronleuchter. Und auf der Karte stehen Aal grün, Scholle oder Labskaus. Was will ein Gast mehr? Höchstens das Wissen, dass die teilweise über 200 Jahre alten Einrichtungsgegenstände einst von einem Filmstudio gekauft wurden – als Filmkulisse. Egal, das Ambiente wirkt echt, das Essen ist lecker.

197 E3 Kirchenallee 46 24 52 40 tägl. 11.30–23.30 Uhr Hauptbahnhof

Turnhalle €–€€

Hier schwitzen nicht mehr die Schulkinder an Reck und Balken (auch wenn die Ringe noch unter der Decke hängen), sondern es gibt Kuchen von mühlsteingroßen Platten, Caffè Latte und natürlich Drinks über Drinks. Wenn es im In-Viertel St. Georg einen In-Treff gibt, dann ist es dieser.

197 E3 Lange Reihe 107 28 00 84 80 Mo–Sa ab 9.30, So ab 11 Uhr Hauptbahnhof

CAFÉS

Café Leonar

Hier ist das jüdische Leben am Grindel tatsächlich wieder auferstanden – neben leckeren Kaffeesorten und Kuchen (nach alten jüdischen Rezepten) gibt es Lesungen, Ausstellungen und viel gute Literatur zum Thema: Auch eine Bücherei gehört dazu. Ein wunderbarer Platz zum Sinnieren darüber, wie es hier einmal früher war!

196 B5 Grindelhof 59 41 35 30 11 tägl. ab spätestens 9–24 Uhr Metrobus 4, 5 Grindelhof

Koppel

Etwas versteckt im Hinterhof liegt das romantische Café *Koppel*. Die ehemalige Maschinenfabrik wurde mit Möbeln aus Großmutters Zeiten eingerichtet. Verkauft wird hier nicht nur frischer Kaffee, sondern auch vegetarische Biokost. Weil es den Bewohnern von St. Georg hier so gut gefällt, wird es oft voll – doch zum Glück gibt es zusätzliche Plätze im grünen Innenhof.

197 E3 Lange Reihe 75 24 92 35 tägl. 10–23 Uhr 6 Gurlittstraße

Mathilde

Ein Literaturcafé etwas abseits vom Uni-Campus. Tobende Kinder und laute Runden sind hier verpönt. Dafür kann man in Ruhe lesen, großartige Torten (aus einer benachbarten Bäckerei) kosten und abends Literaturveranstaltungen besuchen.

196 A5 Bogenstr. 5 41 49 53 84 tägl. 10–24 Uhr 5 Bezirksamt Eimsbüttel

Prinsessan

Wer um seine Taille besorgt ist, sollte um den Hofweg einen großen Bogen machen. Denn Roman Witts Dessertерie ist kein Platz, um auf Kalorien zu achten. Wunderbar ist das Frühstück, noch besser sind die kleinen Törtchen, die Patisserie, die Mousses – ach, einfach alles.

193 D1 Hofweg 63 41 34 69 99 tägl. 10–22 Uhr 6 Hofweg

Wohin zum … Einkaufen?

Eppendorf ist schick, St. Georg bunt, das Univiertel ein Mix aus beidem. In allen Ecken finden sich Geschäfte mit einer reichen Auswahl an Mode, Accessoires, Literatur, Platten und allerlei Krimskrams.

EPPENDORF

Die beste Alternative zum Shoppen in der Innenstadt bietet Eppendorf. **FKK** (Hegestr. 21) steht für »Freiheit, Körper, Kultur«. Farbe, Schnitt und Material werden auf Wunsch gänzlich neu kombiniert – die richtige Adresse für echte *fashion victims*. Im **House of Fitz** (Eppendorfer Baum 20) hat Ilka Rodegerdts mit sicherer Hand schöne und geschmackvolle Dinge auf drei kleinen Etagen zusammengetragen. Provençalische Kosmetik gibt es hier ebenso wie italienische Vasen, dänische Uhren oder niederländisches Kindergeschirr.

Ein paar Schritte weiter liegt das **Café-Kaufhaus Kaufrausch** (Isestr. 74). Bei Espresso tauschen die Eppendorfer Neuigkeiten aus. Man kennt sich, man trägt Seven-Jeans – und man weiß, den Tag zu genießen. Eine Straße weiter ist Bernhard Eblinghaus Surfer- und Snowboarder-Paradies **Hai Q** (Hegestr. 27). **Das Buch** (Eppendorfer Landstr. 56) liegt gleich um die Ecke. Die Beratung der beiden Buchhändlerinnen ist so gut, dass auch Harry Rowohlt hier gerne mal vorbeischaut - er wohnt in der Nachbarschaft.

UNIVIERTEL

Am Grindel gibt es noch Szeneboutiquen, deren Angebot mit dem Studentenportemonnaie harmoniert. In Susann Klindwordts **Kaufhaus 1** (Grindelhof 12) mischt sich Mode von NoaNoa mit Schmuck von Pilgrim und Deko-Geschenken für die beste Freundin. Bei **Pappnase** (Grindelhof 92) gibt es alles für den Zirkusauftritt, von der Jonglierkeule über die Clownsmaske bis zum Hula-Hoop-Reifen. Jeden Samstag gibt es im **Jimmy** (Hartungstr. 28) Lavazza-Kaffee für einen Euro und dazu Prosecco. Das ist allerdings nicht der einzige Grund für einen Besuch. Die schlagkräftigsten Argumente hängen hier nämlich auf Bügeln: Second-Hand-Mode verkauft, die günstig ist und chic. Neu eingezogen ist **Lynns Schuhbar**, in der die Studentinnen glücklich werden, weil die Paare nicht nur gut aussehen, sondern auch ins Budget passen. Fünf Minuten weiter findet sich die Galerie-Boutique **Tatlim Design GmbH** (Bornstr. 22) urbane Mode, detailverliebte Accessoires und Kunst. Sonnabends trifft sich das halbe Grindelviertel zum Eis-Schlecken bei **Venezia** (Grindelhof gegenüber dem Kino).

ST. GEORG

Die Lange Reihe ist nicht nur Treffpunkt und Wohlfühlzentrum für Hamburgs Gay-Community, sondern auch St. Georgs Shoppingmeile. Im **Lagerhaus** (Lange Reihe 27) gibt es nahezu alles: Wohnaccessoires, Klamotten, Küchenutensilien – an der Tagesbar im Eingangsbereich bekommen Sie Kaffee und Snacks. In der nächsten Querstraße überrascht **Projekt.Raum.Objekt** (Gurlittstr. 47) mit floralen Skulpturen. Besonders ist auch das **Kräuterhaus** (Lange Reihe 70). In großen Holzgefäßen lagern Huflattich, Brennnessel und anderes Kraut sowie Tees und Tinkturen. Individualisten lieben **Himalaya** (Lange Reihe 55/57). Dort warten neben Textilien Silberschmuck und buddhistische Figuren aus Nepal und Tibet, Ritualgegenstände aus dem Himalayaraum, Kleinmöbel, handgewebte Tagesdecken sowie besondere Einzelstücke. Lassen Sie sich treiben, es gibt viel zu entdecken!

Wohin zum ... Ausgehen?

BARS

Rund um den Campus findet man viele Kneipen und Bars. Direkt neben dem Abaton-Kino, im Erdgeschoss des Soziologischen Instituts der Uni Hamburg, hat sich di **Pony Bar** (Allende-Platz 1, Tel. 428 38 78 95, Mo–Fr 9–3, Sa 10–3, So 14–3 Uhr) angesiedelt. Sie wird von Studenten geführt, ist aber dank Specials wie Filmen, DJ-Abenden und Lesungen nicht nur bei ihren Kommilitonen beliebt.

Lässig stilvoll ist die **ZWO11** (Eppendorfer Weg 211), in der sich die Eppendorfer treffen, um würzige Currys zu essen, guten Whisky zu trinken und bei Lounge-Musik und auf die Wand projizierten Filmen zu entspannen. Weinliebhaber hingegen gehen um die Ecke in **Pius' Weinwirtschaft** (Hegestr. 14–16). Da gibt es in entspannter Atmosphäre zu guten Tropfen auch noch das passende Abendbrot.

Im belebten St. Georg findet sich die alteingesessene und sehr trendige **Bar Hamburg** (Rautenbergstr. 6–8, Tel. 28 05 48 80, So–Mi 19–2, Do–Sa bis 3 Uhr). Die Barkeeper machen das Getränkemixen zur Show, die Nächte werden hier sehr lang.

THEATER

Das wunderschöne **Deutsche Schauspielhaus** (Kirchenallee 39, Tel. 24 87 13, www.schauspielhaus.de) zählte zu den ersten Bühnen des Landes seit Gustav Gründgens legendären Zeiten. Später kamen und gingen die Intendanten, darunter zum Beispiel Peter Zadek (geliebt und umstritten) und Tom Stromberg (sehr umstritten und wenig geliebt). Heute leitet Friedrich Schirmer die größte deutsche Sprechbühne. Die zweite Bühne, der Malersaal, ist jetzt Spielstätte des **Jungen Schauspielhauses**. Gezeigt wird ganz großartiges Kinder- und Jugendtheater, weitab des üblichen Mainstream. Das **Polittbüro** (Steindamm 45, Tel. 28 05 54 67, www.polittbuero.de) um Betreiber Lisa Politt und Gunther Schmidt hat sich auf politisches Kabarett spezialisiert. Die gleiche Theaterform hat sich auch **Alma Hoppes Lustspielhaus** (Ludolfstr. 53, Tel. 55 56 55 56, www.almahoppe.de) zu eigen gemacht. Das Hausensemble hat sich von der studentischen Szene-Kabarett-Gruppe zu einer festen Satire-Institution in Norddeutschland entwickelt. Die **Hamburger Kammerspiele** (Hartungstr. 9–11, Tel. 0800 / 413 34 40, www.hamburger-kammerspiele.de), einer herrschaftlichen Villa im klassizistischen Stil, wurden berühmt unter ihrer »Prinzipalin« Ida Ehre, die hier das legendäre Nachkriegsdrama *Draußen vor der Tür* zeigte. Heute leitet mit Axel Schneider einer von Hamburgs umtriebigsten Intendanten das Haus. Es gibt gehobenes Boulevard, teilweise auch herausragendes Kammerspiel.

KINOS

Das **Abaton** (Allende-Platz 3, Tel. 41 32 03 20) ist Deutschlands erstes Programmkino und gehört mit 514 Plätzen, verteilt auf drei Säle, zu Hamburgs kleineren (aber führenden) Filmhäusern.

Der Vorhang im Saal 1 des **Holi** (Schlankreye 69, Tel. 422 30 40) ist denkmalgeschützt, die Filme sind jedoch brandneu. Auf Blockbuster wird verzichtet, hier laufen anspruchsvolle und überwiegend europäische Produktionen.

Hafen, Hafencity und Speicherstadt

Erste Orientierung

Am Hafen schlägt Hamburgs Herz, hier liegt das Tor zur Welt. Der Hamburger Hafen zählt zu den wichtigsten Warenumschlagsplätzen der Welt. Wer jemals an einem Werktag an den Landungsbrücken stand und auf das bunte Treiben am Wasser blickte, der wird dies gut nachvollziehen können. Hafen – das heißt zukünftig vor allem aber auch die Hafencity, das zurzeit größte städtebauliche Projekt Europas.

Was macht Hamburg so besonders? Es ist die Nähe zum Wasser, der direkte Weg zum Meer und damit in die Welt. So war es damals für die Auswanderer, die hier im Hafen auf ihre Schiffe für den Weg in die Neue Welt warteten, und so ist es heute für die Touristen, die Kapitäne, Reeder, Kaufleute und für jeden Hamburger. An den Landungsbrücken darf man lokalpatriotisch sein und ins Schwärmen kommen. Wie tief verwurzelt diese Bindung an das Wasser ist, zeigt auch das Hamburgmuseum. Dort können Sie Modelle der Hammaburg besichtigen und den geheimnisvollen Spuren von Klaus Störtebeker folgen.

Hamburgs Wahrzeichen ist der Michel. Hoch thront er auf dem Elbberg, von wo er den Kapitänen in früheren Zeiten den Weg zum Hafen wies. Von seinem Turm aus blickt man auf die Elbe, auf die historische Speicherstadt und nun auch auf die entstehende Hafencity. Wo einst Schuppen und Kräne zu sehen waren, gibt es nun Wohnungen und Büros für einige tausend Menschen. *Back to the roots* lautet die Devise. Denn hier am Wasser begann auch Hamburgs Geschichte. Die Veränderungen in der Hafencity sind so rasant, dass schon morgen nicht mehr stimmt, was heute noch gültig war. Deshalb ist dieser Ort zurzeit unglaublich spannend. Hier kann man jeden Tag andere Entdeckungen machen, die noch in keinem Reiseführer stehen.

★ Nicht verpassen!

1 Hamburgmuseum ➤ 92
2 St. Michaeliskirche ➤ 94
3 Landungsbrücken ➤ 96
4 Speicherstadt ➤ 100
5 Hafencity ➤ 105

Nach Lust und Laune!

6 Deichstraße ➤ 108
7 Nikolaikirchturm ➤ 109
8 Maritimes Museum ➤ 109
9 Hafenmuseum ➤ 109

Selbst durch zwei Kräne hindurch gesehen, unverkennbar der Michel

Seite 87: Das knallrote Feuerschiff an den Landungsbrücken: Hotel und Restaurant

An einem Tag

Die folgende Route ist eine Möglichkeit, wie Sie einige der interessantesten Sehenswürdigkeiten des Hamburger Hafens, der Hafencity und der Speicherstadt an einem Tag abklappern können. Nutzen Sie die Karte (➤ 88f) zur Orientierung, die einzelnen Highlights werden im Folgenden (➤ 92ff) näher beschrieben.

10 Uhr

Das **1 Hamburgmuseum** (unten; ➤ 92) ist nicht nur Hamburgs schönster Museumsbau, sondern auch ein Ort der Entdeckungen: Hier finden sich Spuren der Hansestadt aus dem Mittelalter und der frühen Neuzeit. Danach ist es bis zu Ihrem nächsten Ziel nicht weit. Sie können zu Fuß laufen oder auch eine Station mit dem Schnellbus 37 fahren.

12 Uhr

Jeden Tag gibt es in der **2 St. Michaeliskirche** (ganz unten: Blick vom Turm; ➤ 94) um 12 Uhr eine Mittagsandacht mit Orgelmusik. Anschließend haben Sie die Qual der Wahl und können sich in einem der umliegenden Restaurants stärken – vielleicht sogar mit einem Labskaus?

14 Uhr

Entweder Sie gehen vom Michel aus direkt runter ans Wasser oder Sie machen einen Umweg über den Alten Elbpark mit seinem weithin sichtbaren und außergewöhnlichen Bismarck-Denkmal. Von dort erblicken Sie schon unter sich Containerschiffe und Barkassen,

Schlepper, Fähren, Segelschiffe und Tanker und die 3 **Landungsbrücken** (links; ➤ 96). Hier haben Sie alles direkt vor der Nase. Packt Sie das Fernweh?

15 Uhr

Zu Fuß geht es weiter Richtung Innenstadt. Sie passieren die Museumsschiffe (➤ 98), und wenn Sie mögen, legen Sie in der historischen 6 **Deichstraße** (➤ 108) eine Pause ein. Genau hier brach 1842 der Große Brand aus. Sie können auch eine Station mit der U-Bahn bis zum Baumwall fahren, mit Logenblick-Platz auf den Hafen.

16 Uhr

An der Kehrwiederspitze beginnt auf der anderen Seite des Ufers die 4 **Speicherstadt** (unten; ➤ 100). Das geschlossene Speicherensemble aus rotem Backstein ist einmalig in der Welt. Seit einigen Jahren ist hier alles im Wandel, Altes wird restauriert, Neues kommt hinzu. Vielleicht haben Sie sich für eine Hafenrundfahrt entschieden? Die flachen Barkassen, die überall an den Landungsbrücken ablegen, passen gut durch die schmalen Fleete.

17 Uhr

Eigentlich könnten Sie hier mehrere Tage verbringen, so viel gibt es zu sehen. Doch die Zeit ist begrenzt, und deshalb führt Sie der Weg direkt ins Kesselhaus, das Infocenter der 5 **Hafencity** (➤ 105). Am Modell können Sie sehen, was draußen, direkt vor Ihren Augen entsteht: ein riesiges städtebauliches Projekt. Gehen Sie unbedingt noch die paar hundert Meter weiter bis zum Strandkai: Den tollsten Blick haben Sie von der Terrasse des Unileverhauses (➤ 106).

20 Uhr

So viele Eindrücke an einem Tag! Aber vielleicht haben Sie ja doch noch etwas Energie für ein kulturelles Highlight. Jedes Jahr im Sommer gibt es in der Speicherstadt den *Hamburger Jedermann* (➤ 108).

O Hamburgmuseum

Der schönste Hamburger Museumsbau präsentiert sich innen wie außen in einem neuen Gewand. Es erwarten Sie wunderbar gestaltete Ausstellungsräume und ein nettes Museumscafé. Wer über Hamburgs Vergangenheit etwas wissen will, der muss hierher kommen. Der Brand von 1842 und der Zweite Weltkrieg haben vom alten Stadtbild nicht viel übrig gelassen.

Fast zehn Jahre lang dauerte der Bau des von Fritz Schumacher geplanten Backsteingebäudes. 1922 fand die Einweihung statt. Gezeigt wurden Objekte einer fast 100 Jahre alten Sammlung, da man bereits Mitte des 19. Jhs. in der Hansestadt angefangen hatte, Zeugnisse der eigenen Geschichte zu sammeln. Im Zweiten Weltkrieg wurde das Museum schwer beschädigt, konnte jedoch in alter Pracht wieder aufgebaut werden.

Einen chronologischen Rundgang beginnen Sie am besten im 1. Stock. Dort finden Sie alles Wissenswerte zur Hammaburg, zu den Piraten des 14. und 15. Jhs. und zu Hamburgs Entwicklung hin zur größten und wichtigsten Hafenstadt Nordeuropas. Was die Sammlung auszeichnet, ist die Anschaulichkeit der Objekte: Betreten Sie die **mittelalterliche Kogge** und die **barocke Kaufmannsdiele** und vor allem auch den **Dampfer**

PIRATENLEBEN

Der Pirat **Klaus Störtebeker** war und ist eine Legende. War er lediglich ein Piratenlump? Oder wurde er von den damaligen Herren der Hanse, mal von den einen, mal von den anderen, als Söldner eingesetzt? Sicher ist, dass im kriegerischen 14. Jh. die »Vitalienbrüder«, so nannte sich seine Gemeinschaft, von Gotland aus die Ostsee beherrschten. Die Piraten kaperten Schiffe, mordeten und brandschatzten. Um 1400 fielen ihre Anführer, Klaus Störtebeker und Goedeke Michels, in die Hand der Hamburger Bürgerschaft, die kurz darauf ihre Enthauptung auf dem Grasbrook am Hafen befahl. Angeblich hat Störtebeker noch im Tod einige seiner Kameraden gerettet: Kopflos, so hatte er mit dem Henker gewettet, werde er noch einige Männer passieren – und diese sollten dann am Leben gelassen werden ... Wie gesagt: eine Legende! Gar nicht legendär sondern sehr real war der Diebstahl des (vermutlich echten) Störtebeker Schädels Anfang 2010. Bis Redaktionsschluss war er noch verschwunden. Im Museum hofft man weiter – und zeigt bis dahin eine Replik. Sieht genauso aus.

Im Café *Fees* sitzt man dank eines Glasdachs auch bei Regen trocken

Werner, von dessen Brücke aus Sie einen der ersten je im Hamburger Hafen gedrehten Film sehen können.

Aufbruch in die Moderne

Der chronologische Rundgang führt sie nun weiter in die Moderne. Er beginnt beim Großen Brand 1842 und endet bei den Auswandererströmen am Anfang des 20. Jhs. Die zeitgemäße Ausstellungspädagogik erleichtert den Zugang für Groß und Klein und lässt das Gestern lebendig wiederauferstehen. Gleiches gilt für die Abteilung **Juden in Hamburg** im 2. Stock sowie für die Räume zur **Geschichte Hamburgs im 20. Jh.** im Flügelbau links vom Café *Fees*. Vor allem das Modell einer Loftwohnung aus der Hafengegend ist für Eltern aufschlussreich. So, liebe Erzeuger, sieht eine coole Wohnung aus!

KLEINE PAUSE

Als die Hamburger Architekten Gerkan, Marg und Partner 1989 den Innenhof mit einem Glasdach überdachten, war das eine Sensation. Noch heute ist die Pionierleistung beeindruckend, zudem sich im Innenhof seitdem das Café **Fees** (Di–Sa 10–17, So 10–18 Uhr) befindet.

---

196 A2 · Holstenwall 24 · 42 81 32 23 80
Di–Sa 10–17, So bis 18 Uhr · St. Pauli · teuer
www.hamburgmuseum.de

HAMBURGMUSEUM: INSIDER-INFO

Top-Tipps: Am **Wochenende** ist es oft ruhiger, da dann keine Schulklassen unterwegs sind.

- Kindern und bahnnostalgischen Vätern gefällt die urige **Modelleisenbahn** im 2. Stock (Fahrzeiten tägl. 11, 12, 14 und 15 Uhr).

Geheimtipp: Das Museum grenzt direkt an Planten un Blomen. Zappelige Kinder freuen sich über den nahen tollen Spielplatz und vor allem die großen Trampoline und einen Minigolfplatz.

2 St. Michaeliskirche

Können die Bewohner einer Stadt ein Bauwerk lieben? Das Verhältnis der Hamburger zu ihrem »Michel« ist zumindest schwierig mit anderen Worten zu charakterisieren. Geht es dem Michel schlecht, dann eilen die Hamburger herbei. Das war früher so – und das ist auch heute nicht anders.

Das erste Mal kam das Feuer von oben. Am 10. März 1750 traf ein »erschrecklicher Blitz« den Turm der 1648–61 erbauten St. Michaeliskirche in der Hamburger Neustadt. Nach den

Plänen von Johann Leonhard Prey und Ernst Georg Sonnin entstand bis 1762 an der gleichen Stelle ein prachtvoller Barockbau in Form eines griechischen Kreuzes. Erst 1786 war der kupferverkleidete Turm fertig, der mit seinen 132 m Höhe für ankommende Seefahrer weithin sichtbar war. Der Michel, so wurde zunächst der Turm und dann die ganze Kirche genannt, wurde zu Hamburgs Wahrzeichen. Doch wieder kam das Feuer, diesmal hervorgerufen durch Bauarbeiten am Turm. Am 3. Juli 1906 brannte die Kirche zum zweiten Mal lichterloh. Schon einen Tag später beschloss die Bürgerschaft den Wiederaufbau – an gleicher Stelle und in gleicher Gestalt. Im Bombenhagel des Kriegs fiel ein großer Teil der Michaeliskirche erneut in Schutt und Asche und wurde 1952 wieder aufgebaut.

Die Konzerte im Michel sind immer wieder ein kultureller Höhepunkt

Barocke Pracht und hanseatische Bescheidenheit

So wie sich die St. Michaeliskirche heute den über 1 Mio. Touristen jährlich präsentiert, hatte sie Baumeister Sonnin schon im 18. Jh. geplant.

FÜR KINDER

452 Stufen führen zur **Aussichtsplattform** des Turmes. Das schaffen die lieben Kleinen spielend. Für müde Elternbeine gibt es bis kurz unter die Spitze einen Fahrstuhl.

WOHNUNG FÜR DIE WITWEN

So sah er aus, der soziale Wohnungsbau im 17. Jh. Gegenüber vom Michel, am Krayenkamp 10, finden Sie den Eingang zu den **Krameramtsstuben**. Die winzigen Fachwerkhäuser dienten einst den Witwen der *Kramer* (Detailhändler, also Krämer) als günstige Bleibe im Alter. Auch wenn das Gässchen doch sehr puppenstubenmäßig herausgeputzt wirkt – hier können Sie gut sehen, wie eng zusammengedrängt man in der Neustadt einst hauste. Ein Restaurant lädt zur Pause.

Frisch renoviert präsentiert sich die Kirche innen mit einer blendend weißen Holzempore und hübsch geschwungenen Bänken, dazwischen glänzen üppiges Gold und Marmor. Trotz der Pracht (der Bau gilt als schönste nordische Barockkirche) wirkt der Kirchenraum nicht protzig, sondern maßvoll. Vielleicht konnten und können sich gerade deshalb so viele Hamburger über die Jahrhunderte hinweg mit dieser Kirche identifizieren und spendeten bis heute Millionenbeträge, um ihr Wahrzeichen immer wieder aufzubauen, zu restaurieren oder schlicht und einfach zu erhalten.

Besichtigen Sie nicht nur das Kirchenschiff, sondern auch den **Turm** und die **Gruft**, eine der größten und besterhaltenen barocken Grabanlagen in Europa. Hier finden Sie (u. a.) das Grab von Carl Philipp Emanuel Bach, dem zweiten Sohn von Johann Sebastian Bach. 1768–88 war er als Nachfolger Telemanns städtischer Musikdirektor. Die Dia-Show Hamburg-History führt Sie durch 1000 Jahre Hamburger Geschichte (alle halbe Stunde, tägl. 12–15 Uhr, öfter wechselnde Zeiten).

Namenspatron: Der Erzengel Michael

KLEINE PAUSE

Direkt gegenüber der Kirche können Sie im *Old Commercial Room* (tägl. 12–24 Uhr) die (angebliche) Leibspeise der Hamburger probieren: Labskaus. Hinterher gibt es dafür sogar ein Diplom.

196 A2 · Englische Planke 1a · 37 67 80 · Kirche, Turm Mai–Okt. tägl. 9–19.30 Uhr, Nov.–April tägl. 10–17.30 Uhr, Gruft tägl. 11–16.30 Uhr (die Zeiten wechseln häufig; während der Gottesdienste sind in der Regel keine Besichtigungen möglich); Turmchoral: Mo–Sa 10 und 21 Uhr, So nur 12 Uhr · Landungsbrücken, Baumwall · Schnellbus 37 Michaeliskirche · preiswert · www.st-michaelis.de

ST. MICHAELISKIRCHE: INSIDER-INFO

Top-Tipp: Unter www.nachtmichel.de (Tel. 28 51 57 91) finden Sie Preise und Zeiten für die **Turmbesteigung** plus Drink bis Mitternacht.

Geheimtipps: Stellen Sie sich unter das Hauptportal und blicken Sie nach oben: Dort triumphiert **Erzengel Michael**, Namenspatron der Kirche, über Luzifer und blickt Ihnen direkt in die Augen!

■ Kommen Sie abends zum **Chorchoral** und dem erleuchteten Michel.

3 Landungsbrücken

Millionen Touristen kommen jährlich an die Landungsbrücken am Elbufer. Sie alle wissen warum: Hier schlägt das maritime Herz der Stadt. Auch die Hamburger selbst sind regelmäßig zu Gast an diesem Ort, und zwar nicht nur zum Sonntagsausflug.

Stadt und Hafen trennt die Norderelbe. Wer also in der Stadt wohnt und im Hafen arbeitet, muss die Elbe überqueren, ob nun über oder unter Wasser. Genau aus diesem Grund wurde der an dieser Stelle befindliche Anleger 1904–10 durch eine 420 m lange Pontonbrücke zu den Landungsbrücken ausgebaut. Nach den Kriegszerstörungen wurden die schwimmenden Anleger auf 700 m verlängert. Auch heute noch sind die Landungsbrücken, auf denen Sie je nach Wasserstand über bewegliche Brücken mal abwärts und mal aufwärts gelangen, vor allem anderen ein Bahnhof auf dem Wasser. Morgens und abends herrscht reger Fährbetrieb zu den Containerterminals. Dazwischen starten Barkassen und Fähren für die Hafenrundfahrten, Linienschiffe der HADAG und andere Ausflugsschiffe, wie beispielsweise der Katamaran nach Helgoland. Schlendern Sie die Landungsbrücken entlang, oder noch besser: machen Sie in einem der vielen kleinen Imbisse oder Restaurants eine Pause, und bewundern Sie die punktgenauen Anlegemanöver der Kapitäne. Die verschiedenen Brücken sind nummeriert, und zwar von links Brücke 1 (bei der Rickmer Rickmers) bis nach rechts, Brücke 10.

Schlepper, Schiffe und Container an den Landungsbrücken

Nostalgie pur

Fast gleichzeitig mit den Landungsbrücken entstand der **Alte Elbtunnel**, ein für damalige Verhältnisse sensationeller Bau. Über 20 m tief unter dem Elbspiegel wurden die beiden Röhren durch den Sand getrieben. An beiden Enden errichteten die Architekten (die monatelang Vorbilder in England und den USA studiert hatten) Kuppelbauten, in denen Sie noch heute mit dem Aufzug und Ihrem Auto (!) in die Tiefe und dann wieder nach oben rumpeln können – allerdings nicht am Wochenende. Ein nostalgisches Erlebnis. Die Krönung ist der Blick zurück auf die Stadt vom Ufer in Steinwerder aus. Das Ganze geht rund um die Uhr noch viel besser zu Fuß oder mit dem Fahrrad – der Weg unter der Elbe ist genau 470,5 m lang.

EIN SCHIFF WIRD KOMMEN ... WELCHE HAFENRUNDFAHRT WÄHLEN?

Die Qual der Wahl haben Sie bei einer Hafenrundfahrt. 60 Anbieter mit über 90 Schiffen buhlen um Ihre Gunst. Sie legen von den Landungsbrücken und gegenüber von der U-Bahn-Station Baumwall ab. Die Touren unterscheiden sich weniger im Preis und in der Länge (meist 1 Stunde), denn in der Art und Weise. Originell sind die **Barkassen**. Nur sie schaffen – bei richtigem Wasserstand – den Weg durch die schmalen Kanäle der Speicherstadt, anschließend geht es meist rüber auf die andere Elbseite zu größeren Pötten. Die wirklichen Riesenschiffe, die an den Containerterminals in Altenwerder oder Waltershof liegen, sehen Sie jedoch nur mit den großen Rundfahrtschiffen, die mit ihren Restaurants und sicherem Abstand zum Wasser auf viele Landratten beruhigender wirken. Die beiden **Schaufelraddampfer** sind zwar beliebt – aber für den wahren Hanseaten eher ein Witz. Besonders schön sind die **Abendfahrten** in die beleuchtete Speicherstadt.

Gut gebrüllt, Löwe!

Gegenüber, auf der anderen Elbseite, erblicken Sie die gelbe Kuppel des **Theaters im Hafen**. Seit 2001 wird hier mit stetigem Erfolg das von Elton John vertonte Walt-Disney-Musical ***König der Löwen*** gespielt. Geschichte und Musik sind schön kitschig und disneylike, die Inszenierung und die Kostüme aber sind grandios (wie die Preise). An den Landungsbrücken starten die kostenlosen Zubringerfähren. Der eindeutig beste Weg dorthin! (Kartenhotline: 01805 / 44 44, www.loewenkoenig.de)

SCHLEPPER HIN, SCHLEPPER HER

Kaum zu glauben, was in so einem Schlepper an Power steckt: In der Regel sind es bis zu 5000 PS, wenn er mit »Vollast taut«, sprich einen riesigen Containerfrachter in den Hafen zieht oder schiebt. Dann verbraucht ein Schlepper auch schon mal 18 000 l Gasöl in 24 Stunden. Pro Tag laufen ca. 30 Schiffe den Hamburger Hafen an, etwa 80 % von ihnen bestellen einen Schlepper, da sie im engen Fahrwasser Hilfe beim Manövrieren brauchen. So müssen viele Schiffe gedreht werden, um wieder ins Meer hinauszufahren. Die klassisch formschönen Kraftpakete bei ihrer Arbeit zu beobachten, ist faszinierend. Jedes Jahr zum Hafengeburtstag (Anfang Mai) gibt es sogar ein »Schlepperballett«.

Die Museumsschiffe

Gleich an der Brücke 1 liegt das wunderschöne Segelschiff ***Rickmer Rickmers***, 1896 von der gleichnamigen Reederei in Bremerhaven erbaut. Jahrzehntelang tat der Segelfrachter seinen Dienst in aller Welt, bis Portugal ihn unter dem Namen *Sagres* als Kadettenschiff in Dienst nahm. 1983 sollte das Schiff abgewrackt werden, zum Glück jedoch gab es in Hamburg den Verein »Windjammer für Hamburg«. Sie holten die *Rickmer Rickmers* oder das, was noch von ihr übrig war, an die Elbe und restaurierten sie von Grund auf – in ehrenamtlicher Arbeit, versteht sich. Heute ist das Schiff ein anschauliches Museum aus Zeiten der »Kauffahrtei«.

Wie ein weißer Schwan liegt die ***Cap San Diego*** an der Überseebrücke. Ihre elegante Form entwarf 1962 der bekannte Hamburger Architekt Cäsar Pinnau (Erbauer des Olympic Tower in New York). 20 Jahre schipperte der Dampfer über die Meere, dann kaufte der Hamburger Senat 1986 das kurz

Ein Besuch auf der *Cap San Diego* (hinten) und der *Rickmer Rickmers* lohnt sich auf jeden Fall

Hier sind gigantische Pötte mit riesigen Containern aus aller Welt zu sehen

vor der Verschrottung stehende Schiff, um es »als bleibendes Zeugnis deutscher Schiffbaukunst« als Museumsschiff zu restaurieren. Auf dem Schiff mit original 50er-Jahre Einrichtung können Sie auch übernachten.

KLEINE PAUSE

Im City-Sporthafen liegt ***Das Feuerschiff*** (ehemals im Einsatz auf der Nordsee als schwimmender Leuchtturm) mit Restaurant, Bar und einigen Hotelzimmern. Ein genialer Ort zum Schauen und Schmausen (tägl. ab 12 Uhr, So Jazz-Brunch ab 11 Uhr).

---

195 F1, 196 A1

Alter Elbtunnel
für Radfahrer und Fußgänger tägl. rund um die Uhr; für Autofahrer Mo–Fr 5.30–20 Uhr · für Radfahrer und Fußgänger frei; für Autofahrer preiswert

Rickmer Rickmers
Brücke 1 · 319 59 59 · tägl. 10–18 Uhr, im Sommer abends auch länger · Landungsbrücken · preiswert · www.rickmer-rickmers.de

Cap San Diego
Überseebrücke · 36 42 09 · tägl. 10–18 Uhr · Landungsbrücken · mittel · www.capsandiego.de

LANDUNGSBRÜCKEN: INSIDER-INFO

Top-Tipps: Statt eine Hafenrundfahrt zu machen, können Sie mit Ihrer **HVV-Karte** ein Linienschiff der HADAG besteigen. Besser einmal so auf dem Wasser als gar nicht!

- Achtung, wenn die ***Queen Mary*** oder die ***Aidadiva*** kommt. Dann ist hier der Teufel los. Weichen Sie aus, auf den Stintfang oder die Terrasse unterhalb des *Hotel Hafen Hamburg*.
- Verhandeln Sie bei den Hafenrundfahrten mit den Kapitänen. Oft darf das **zweite Kind umsonst** mitfahren – oder auch ein anderes Familienmitglied …

4 Speicherstadt

Das »Tor zur Welt« liegt in der Speicherstadt, dem einstigen Herzen des Freihafens. Hier, wo sich ein roter Backsteinbau an den anderen reiht, lagerten einst (und teilweise auch noch heute) Tee, Kaffee, Gewürze, Teppiche und andere Waren aus aller Welt. Noch sieht man die hohen Zäune und Wärterhäuschen, die das zollfreie Gebiet einst begrenzten. Mit dem Bau der Hafencity hat sich der Freihafen weiter nach Süden über die Elbe verlagert. Und in die alten Speicher ziehen neue Mieter.

Noch heute ein lebendiger Handelsplatz

1881 hatte Hamburg auf massiven Druck des Reichskanzlers Bismarck die Zollanschluss-Verträge unterschrieben. Die Stadt konnte nicht einerseits Teil des Deutschen Reichs sein, andererseits ihren jahrhundertealten Status als Zollausland und

Freihandelszone behalten. Als Ausgleich erhielt sie den Freihafen als zollfreie Zone. Am 29. Oktober 1888 wurde er von Kaiser Wilhelm II. mit großem Brimborium eingeweiht. Von nun an entwickelte sich der Hafen als eigener, von der City unabhängiger Industriestandort. Die Zollfreiheit des Freihafens war ein entscheidender Grund für den enormen wirtschaftlichen Aufschwung, den Hamburg um die vorletzte Jahrhundertwende erlebte.

Alles neu

Der Bau der Speicherstadt kostete Ende des 19. Jhs. nicht nur viel Geld, sondern verlangte große Opfer. 24 000 Menschen hatten dort gelebt, wo sich heute die neogotischen Fassaden der Speicher reihen. Sie alle mussten dem Projekt weichen und wurden zwangsumgesiedelt. Während in der City die ersten Kontorhäuser hochgezogen wurden (➤ 56), bauten verschiedene Architektenteams in mehreren Abschnitten die gesamte Speicherstadt zwischen **Kehrwiederspitze** und **Altem Wandrahm**. Fleete wurden neu gezogen, sodass alle Speicher von der Straßen- und Wasserseite beladen werden konnten. Im Inneren gab es meist nichts weiter als Lagerböden, getrennt durch Feuerschutzwände. Nach den Zerstörungen des Zweiten Weltkriegs (fast die Hälfte der Speicher fiel in Schutt und Asche) prägte der Hamburger Architekt Werner Kallmorgen den Wiederaufbau: zum einen durch Rekonstruktionen, zum anderen durch funktionale Neubauten.

Zu Fuß oder mit Schiff

Lassen Sie das Auto stehen! Laufen Sie zu Fuß, radeln Sie, oder fahren Sie mit einer Barkasse durch die Fleete! Das ganze Gebiet ist nicht riesig (1,5 km lang), aber unglaublich beeindruckend, vor allem, wenn Sie mit Zeit und Muße die Kleinigkeiten beachten. Werktags kann man den alten Charme der Speicherstadt noch erkennen. Da werden Teppiche aus Afghanistan und Persien mit Aufzügen nach oben gehievt, Spediteure und Reeder fachsimpeln über den Weltmarkt, und dicke Laster rumpeln über das Pflaster. Monat für Monat wird ein Speicher nach dem anderen grundrenoviert, und die neuen Mieter sind meist schicke Werbebüros oder noch ein Fernsehstudio. Theoretisch gibt es für die vielen kleinen Händler und Büros eine Bestandsgarantie, schließlich ist die Speicherstadt offiziell »Milieugeber« für die neue, direkt angrenzende Hafencity. Aber was ist schon die Theorie gegen steigende Mietpreise?

Ein Höhepunkt nach dem anderen

Immer fließender werden so die Übergänge zwischen Speicherstadt und Hafencity. Da ist es umso wichtiger, noch mal zu erleben, wie das früher hier so war. Am besten können Sie das in den älteren Museen, die hier schon vor längerer Zeit ihre Heimat gefunden haben.

Da gibt es beispielsweise das Gewürzmuseum **Spicy's**, immerhin schon seit 1993 auf dem zweiten Boden (so heißen hier die Geschosse) eines schönen alten Speichers am Sandtorkai zu finden. Im Eintrittspreis des charmant geführten privaten Hauses ist ein Gewürzbeutel enthalten. Auch das **Zollmuseum**, gehört zu diesen traditionsreichen Institutionen und ist ein Spaß für die ganze Familie. Oder können Sie Ihren Kindern erklären, wie man 1 kg Schmuggelware in einem Holzelefanten verstecken kann? Das **Hamburg Dungeon** wiederum ist nun etwas ganz anderes – kein Museum, sondern eine Art Geisterbahn zu historische Ereignissen der Stadt. Die Pestbeulen der Darsteller in den dunklen Verliesen sind ganz schön ekelig. Also lassen Sie kleine Kinder draußen – für die ist das benachbarte **Miniatur Wunderland** (➤ Kasten) viel schöner.

WENN TRÄUME WIRKLICHKEIT WERDEN

Haben Sie auch als kleines Kind von einer Modelleisenbahn geträumt – vielleicht so, wie die 1967 geborenen Zwillingsbrüder Freddy und Geritt Braun? Am 16. August 2001 wurde aus ihrem Traum Realität und das **Miniatur Wunderland**, die größte Modelleisenbahn-Anlage der Welt, in der Speicherstadt eröffnet. Freddy und Gerrit sind längst Herren eines Mammutunternehmens: 200 Angestellte, eine Eisenbahnanlage verteilt über drei Speicherböden und ... 200 000 Figuren, 12 km Gleise, 3500 Häuser, 11 000 Waggons usw. Bis 210 kamen schon 6(!) Millionen Besucher – damit ist das Miniaturwunderland die am meisten besuchte Einrichtung der Stadt. Keine Warteschlange ist zu lang, um die Enthusiasten (übrigens längst genau so viele Frauen wie Männer) abzuschrecken. Und Familie Braun träumt weiter. Zitat Freddy: »Wir wollen mindestens bis 2020 vor den Augen der Besucher weiterbauen« (Kehrwieder 2, Tel. 300 68 00, Mo–Fr 9.30–18, Di bis 21 Uhr, Sa/So 8.30–21 Uhr, in den Ferien und an Feiertagen oft länger, Eintritt: teuer, www.miniatur-wunderland.de)

Salz? Piment? Caneel? Im Spicy's geht es um das Würzen – und um die Gewürze

Hier werden Kinderträume wahr: Miniatur Wunderland

2010 musste das traditionsreiche **Speicherstadtmuseum** mit seiner wunderbaren alten Sammlung historischer Fotos und Ausstellungsstücken umziehen. Der neue Standort am Sandtorkai ist eine Zwischenlösung, wo das Museum Ende zu finden sein wird, stand bis Mitte 2010 noch nicht klar. Wichtig ist, dass es bleibt. Alles andere wäre auch eine Schande! Ganz am östlichen Rand der Speicherstadt, eigentlich schon in der Hafencity, finden Sie in einem alten Speicher eine Einrichtung (nicht nur) für Männer: Bereits in ihrer Jugend sammelten die beiden Gründer schöne alte Porschemodelle. Diese und viele andere flotte Schlitten zeigen sie nun ihrem Automuseum **Prototyp**.

Wunderschön ist der schlossartige Backsteinbau an St. Annen 1. Hier residiert die **HHLA**, die Hamburger Hafen- und Logistik-Aktiengesellschaft. Gegründet 1885, erbaute sie die

Der ehemalige Kaispeicher B beherbergt heute das Maritime Museum

Speicherstadt und ist noch heute ihre Besitzerin. Fragen Sie, ob Sie die großartige überglaste Eingangshalle des Bürogebäudes betreten dürfen. Schon von außen sind die Erker und Türme phantastisch.

KLEINE PAUSE

Die **Kaffeerösterei** (direkt neben dem Miniaturwunderland) ist ein netter Ort – nicht nur zum Kaffetrinken, sondern auch zur Information über die köstliche schwarze Bohne, die in vielen Speichern früher gelagert wurde. Ca. viermal tägl. wird der Kaffee mitten im Gastraum frisch geröstet (Kehrwieder 5, tägl. 10–19 Uhr, Tel. 31816161, www.speicherstadt-kaffee.de).

NICHT SEHEN, ABER FÜHLEN

Der großartige Rahmen der Speicherstadt scheint dazu zu verführen, hier auch großartige Dinge zu organisieren. Beim **Dialog im Dunkeln** geht es darum, die Welt eines blinden Menschen zu erleben, zu erfühlen und zu ertasten. Dafür bekommen Sie einen Blindenstock, und dann geht es los. In den vollkommen verdunkelten Räumen treffen Sie auf Bäume und Kieswege, Fußwege, einen Marktstand, hupende Autos, bellende Hunde und eine Hafenrundfahrt. Ihr (meist selbst sehbehinderter) Guide hilft, wenn Sie zu unsicher sind. In der **Dunkelbar** können Sie sich am Ende einen Kaffee oder Saft genehmigen. Geht ganz gut, auch wenn man nix sieht. Nur mit Voranmeldung, immer sehr gut gebucht. (Alter Wandrahm 4, Tel. 0700 / 44 33 20 00, Di–Fr 9–17, Sa/So ab 11 Uhr, abends länger, Eintritt: teuer, nur mit Voranmeldung, www.dialog-im-dunkeln.de)

---

196 B/C1 Landungsbrücken, Baumwall, Rödingsmarkt, Meßberg
3, 6 St. Annen, Auf dem Sande, Marco-Polo-Terrassen
www.lichtkunst-speicherstadt.de

Speicherstadtmuseum
Sandtorkai 36 32 11 91 Zeiten und Preise standen bei Redaktionsschluss noch nicht fest www.speicherstadtmuseum.de

Gewürzmuseum Spicy's
Am Sandtorkai 32 36 79 89 Di–So 10–17 Uhr, im Sommer auch Mo
mittel www.spicys.de

Deutsches Zollmuseum
Alter Wandrahm 16 Di–So 10–17 Uhr preiswert
www.museum.zoll.de

Hamburg Dungeon
Kehrwieder 2 36 00 55 20 tägl. 10–18 Uhr, im Sommer länger
teuer www.hamburgdungeon.com

Prototyp
Lohseplatz 1a 39 99 69 68 Di–So 10–18 Uhr teuer
www.prototyp-hamburg.de

SPEICHERSTADT: INSIDER-INFO

Top-Tipps: Besonders romantisch ist die (angestrahlte) Speicherstadt **am Abend**.
- Kommen Sie erst **später am Nachmittag** zum Miniatur Wunderland. Es wird von Minute zu Minute leerer.
- Wechseln Sie über die Brücken hin und her – die **Perspektive** auf die Speicherfront ist immer wieder anders.

5 Hafencity

Mit der Hafencity holen sich die Hamburger ihren Hafen zurück ins Herz der Stadt. Gerade einmal 800 m sind es von hier bis zum Rathaus. City, Speicherstadt und Hafencity wachsen zusammen. Der nächste Schritt ist dann der »Sprung über die Elbe«.

Als alles anfing, dachten die meisten Hamburger nur: »So ein Quatsch!« Die Pläne hörten sich zu verrückt an: neuer Wohnraum für 12 000 Menschen, 40 000 Arbeitsplätze, eine bebaubare Fläche von 155 ha und das alles dort, wo Ende der 1990er-Jahre noch Baracken herumstanden und Stückgutfrachter be- und entladen wurden. 1997 hatte der damalige Bürgermeister Henning Voscherau die Pläne für eine Neunutzung des Hafens und den Bau der Hafencity präsentiert. Die Zahlen blieben abstrakt, bis die ersten Bewohner einzogen. Mittlerweile gibt es eine Grundschule, Grünanlagen und Einkaufsgeschäfte. An lauen Sommerabenden strömen Hamburger

Superblick auf die Elbe: Das Unileverhaus – zugänglich für jeden

wie Touristen die Kais, fast wöchentlich eröffnen neue Cafés und Lokale. Kein Zweifel, die Hafencity füllt sich mit Leben. Trotzdem wirkt vieles immer noch ein wenig tot und kalt – liegt es an der Architektur? Kritiker jedenfalls bemängeln die Einfallslosigkeit, vor allem der vielen Büroneubauten. Bewohner dagegen klagen über die wenigen Bäume.

Wo beginnen?

Um einen Überblick zu bekommen, empfiehlt sich der Besuch im **Kesselhaus**, dem Infocenter der Hafencity. Hier, im ehemaligen Elektrizitätswerk der Speicherstadt, finden Sie ein großes, ständig aktualisiertes Stadtmodell und hilfreiche Informationen. Von hier aus ist nur ein Sprung bis zum **Kaiserkai**, an dessen Spitze sich der gewaltige Bau der **Elbphilharmonie** in den Himmel schraubt. Die schmale Straße platzt schon jetzt aus allen Nähten. Wie wird es wohl sein, wenn hier Abend für Abend über 1000 Menschen zu einem Konzert anreisen? Der direkte Zugang zum Parkhaus der Elbphilharmonie erfolgt über eine Zugbrücke. Die geht schon heute immer dann hoch, wenn eines der schönen alten Schiffe den **Traditionsschiffhafen** verlässt. Gehen Sie weiter Richtung Elbe. Fällt Ihnen auf, dass alle Gebäude extra hoch liegen? Die **Hafencity** liegt außerhalb der deichgeschützten Innenstadt. Bei Hochwasser müssen alle Bewohner über Brücken evakuiert werden können. Legen Sie auf den Magellan- oder Marco-Polo-Terrassen eine Pause ein.

DIE BALLINSTADT AUF DER VEDDEL

1886 wurde Albert Ballin mit nur 29 Jahren bei der Hamburg-Amerikanischen-Packetfahrt-Actien-Gesellschaft (der HAPAG) Leiter der Passagenabteilung. Sein Name ist untrennbar verbunden mit dem Aufstieg Hamburgs zur wichtigsten deutschen Auswandererstadt. 1,9 Mio. Menschen fuhren zwischen 1891 und 1914 von Hamburg aus in die Neue Welt. Ballin, seit 1888 Generaldirektor der HAPAG, ließ für diese Menschen auf der Veddel eine ganze Stadt, mit Bahnanschluss und Kirchen errichten. Drei der alten Hallen sind nun als **Auswanderer-Museum** wieder aufgebaut worden. Es gibt viele Fotos, alte Koffer, und Puppen, die von ihrem Auswanderer-Schicksal erzählen. Erforschen Sie Vorfahren! (Veddeler Bogen, Tel. 31 97 91 60, tägl. 10–18 Uhr, letzter Einlass 17 Uhr, Eintritt: teuer, www.ballinstadt.de)

Kreuzfahrtschiffe und Hafenuniversität

Der Blick, der Blick – er ist das wichtigste in der Hafencity. Kein Wunder also, dass die Wohnungen im **Marco-Polo-Tower** am Strandkai zu den teuersten in ganz Hamburg zählen. Direkt daneben liegt der Büroneubau von **Unilever**, 2009 zu einem der technisch und architektonisch besten Bürobauten der Welt gekürt. Das **Kreuzfahrtcenter** aus den bunt-gewürfelten Containern ist eigentlich ein Provisorium, aber angesichts der vie-

Luxuswohnungen: Blick auf den Marco-Polo-Tower am Strandkai

Auch hier wohnt es sich sehr modern

len geleckten Neubauten, wie sie sich im benachbarten **Überseequartier** dicht an dicht drängen, wäre der bunte Würfel eine schöne Ergänzung. Sie können weiter zum **Magdeburger Hafen** gehen. Dort entstehen endlich auch mal wieder ein paar Wohnungen. Am **Lohseplatz**, hinter dem Prototyp-Museum, stand einst der Hannoversche Bahnhof. Tausende von Hamburger Juden wurden hier deportiert – geplant ist jetzt eine Gedenkstätte. Ebenfalls fest eingeplant ist der Bau einer **Hafencity-Universität** mit eigener U-Bahn Station. Riesige Sandberge zeugen von den gewaltigen Bauarbeiten unter Erde und sogar unter Wasser. Egal, was sie in der Hafencity ansehen – hier ist alles ziemlich gigantisch!

KLEINE PAUSE

Das **Unileverhaus** ist offen für Besucher. An der Spitze liegt ein kleines Café. Toller Blick von der Terrasse (Mo–Fr 7–19 Uhr, Sa, So ab 10, im Sommer abends länger).

196/197 B–E1 3, 4, 6 Bei St. Annen, Magellan-Terrassen, Marco-Polo-Terrassen ? www.hafencity.com

Kesselhaus

196 C1 Sandtorkai 30 36 90 17 99 Di–So 10–18 Uhr
3, 4, 6 Auf dem Sande frei

HAFENCITY: INSIDER-INFO

Top-Tipps: Die drei **Buslinien** 3, 4 und 6 fahren kreuz und quer durch die Hafencity und ändern häufig wegen der Bauarbeiten ihre Routen. Aktuelle Aushänge beachten.

- Am **Kesselhaus** startet jeden Sa, 15 Uhr, der kostenlose **Hafencity-Landgang**. Anmeldung nicht erforderlich.
- Die maritime Circle-Line verbindet mit ihren knallroten Schiffen Ausflugsziele im Hafen, von den Landungsbrücken bis zur Ballinstadt. Sie können ein- und aussteigen: Tel. 31 22 88, www.maritime-circle-line.de

Nach Lust und Laune!

6 Deichstraße

Der Name des in Haus Nummer 25 beheimateten Restaurants sagt alles: *Zum Brandanfang* steht dort. Hier brach am 5. Mai 1842 der Große Brand aus, der in wenigen Tagen fast die gesamte mittelalterliche Innenstadt mit vielen unwiderbringlichen Kostbarkeiten zerstörte. 1972 gründete sich der Verein »Rettet die Deichstraße« und machte seinem Namen alle Ehre. Schließlich finden sich in der Deichstraße die wenigen Fachwerkhäuser, die Brand, Krieg oder städtische Abrissprogramme überstanden haben. Hübsch ist es hier, aber viele Hamburger fühlen sich in der putzigen Straße trotzdem ein wenig fremd, als wäre man in Dinkelsbühl. Mit Touristen jedoch geht man gern hierher, isst gut und erzählt dann von der schrecklichen Feuersbrunst 1842, die dazu geführt hat, dass Städteplaner wie Gottfried Semper und Alexis de Chateauneuf ein vollkommen neues Hamburg schaffen konnten – z. B. den Rathausmarkt und den Ballindamm.

196 C1–2 Baumwall

»Jedermann!«

Wenn dieser Ruf des Todes in dunkler Nacht über das gespenstisch erleuchtete Fleet ertönt, dann läuft selbst hartgesottenen Besuchern ein Schauer über den Rücken. Seit Jahren läuft der *Hamburger Jedermann* in der Fassung des Autors (und Lichtkünstlers) Michael Batz jeden Sommer während mehrerer Wochenenden abends im Herzen der Speicherstadt. Das Freilufttheater, einst als Experiment gedacht, hat sich längst zu einem der kulturellen Höhepunkte des städtischen Kulturlebens entwickelt. Unbedingt sehenswert! (Karten: 369 62 37, www.hamburger-jedermann.de)

An der Deichstraße stehen noch Fassaden aus dem Mittelalter

7 Nikolaikirchturm

Schon im 12. Jh. stand an dieser Stelle eine erste Kapelle. Nach dem Brand von 1842 wurde die Kirche von dem englischen Architekten George Gilbert Scott im Stil einer romantisch-mittelalterlichen Kathedrale wieder aufgebaut. Im Zweiten Weltkrieg brannte die riesige Kirche aus. Nur der 147 m hohe Turm hielt den Bombenangriffen stand. Er ist heute das zentrale Hamburger Kriegsmahnmal. Ein engagierter Verein unterhält eine Ausstellung zum Thema Krieg und Zerstörung in Hamburg. Einige Hamburger fühlen sich der Kirche so verbunden, dass sie sich hier, inmitten der Ruinen, trauen lassen. Ein gläserner Fahrstuhl fährt Sie nach oben – von dort hat man einen großartigen Blick. Historische Fotos von 1945 zeigen das Ausmaß der Kriegszerstörung. Beeindruckend.

196 C2 Hopfenmarkt
37 11 25 tägl. 10–20 Uhr, im Winter bis 17 Uhr Rödingsmarkt
www.mahnmal-st-nikolai.de

8 Maritimes Museum

Wussten Sie, dass es Modellschiffe aus getrockneten Nelken gibt? Oder aus Bernstein? Das Museum bietet jedoch weit mehr als diese netten kleinen Kuriositäten. Gestiftet wurde die weltgrößte Privatsammlung zu Geschichte der Seefahrt von Peter Tamm, einst Chef im Springer-Verlag, die Renovierung des prachtvollen Speichers spendierte die Stadt. Was Sie sehen: Schiffe, Schiffe, Schiffe – vom Minimodell bis zum Original ist alles dabei. Hinzu kommen prachtvolle Ölschinken, Tiefseebilder, Seemannsgarn und interessante Kapitänsgeschichten und viele Kriegsschiffe. In einer Modellwerkstatt dürfen die lieben Kleinen auch selbst etwas basteln.

197 D1 Koreastraße 1 30 09 23 00
Di–So 10–18 Uhr, Do bis 20 Uhr
3, 4, 6 Bei St. Annen teuer
www.internationales-maritimes-museum.de

Von den Bomben verschont: der Turm der Nikolaikirche

HAMBURG VON OBEN

Einen unglaublichen Blick über Speicherstadt und Hafencity haben Sie auch aus der **Bar im 20. Stock des Riverside Hotels.** Geöffnet ab 18 Uhr, an Wochenenden müssen Sie Wartezeiten unten im Foyer einplanen.

9 Hafenmuseum

Großartig ist die Atmosphäre hier. Ein alter Stückgutfrachter, ein Bagger, Kräne, Containerbrücken, Eisenbahnwagons und Schuppen - alles atmet Geschichte und alles ist echt. Liebevoll instand gehalten von ehrenamtlichen Mitarbeitern, von denen viele früher selber zur See gefahren sind oder oben Kranwagenfahrer waren. Einer der stimmungsvollsten Plätze in ganz Hamburg.

südlich 196 C1 Aureliastr., Schuppen 52
73 09 11 84 April–Okt. Di–So 10–18 Uhr
Veddel, geplant ist auch ein eigener Schiffsanleger mittel
www.hafenmuseum-hamburg.de

Wohin zum ... Essen und Trinken?

Preise
Die Preisangaben gelten pro Person für ein Essen ohne Getränke:
€ unter 12 Euro **€€** 12–25 Euro **€€€** über 25 Euro

RESTAURANTS

Austernbar €€
Das kleine Restaurant im Haus des im Maritimen Museum ist ein beschauliches Örtchen. Mit einem Teller Austern, vier Sorten sind im Angebot, und einem Gläschen Sancerre lässt es sich wunderbar sinnieren – zum Beispiel über die wechselvolle Geschichte des Ortes: Schließlich, schufteten in dem Speicher einst Hafenarbeiter.
197 D1 Koreastr. 1 30 08 78 88
Di–So 11.30–21.30 Uhr
3, 4, 6 Bei St. Annen

Carls Brasserie und Bistro €–€€
Im Hafencity-Ableger des *Jacobs* geht es weniger elegant zu als an der Elbchaussee, dafür großstädtischer und internationaler. Da fühlt man sich doch fast wie in Sidney – die Fassade der Elbphilharmonie erhebt sich direkt vor den Seitenfenstern. Vorne gibt es ein günstigeres Bistro. Nett für den Café zwischendurch.
196 B1 Am Kaiserkai 69 300 32 24 00 Mo–Fr 12.30–14.30/18–23 Uhr, Sa/So 12–23 Uhr, Bistro tägl. 12–22.30 Uhr
3, 4, 6 Magellan-Terrassen

Brook €€
Wenn Sie Glück haben, erwischen Sie im noblen *Brook* einen Platz mit Blick auf die Speicherstadt. Designfans werden sich in dem kühlen Ambiente, das durch Kerzenschein aufgelockert wird, wohlfühlen und auch die Geschmacksnerven werden nicht enttäuscht. Das freundliche Personal serviert kunstvoll angerichtete Crossover-Gerichte.
191 D1 Bei den Mühren 91
37 50 31 28 Mo–Sa 12–15/18–22.30 Uhr 6 Brandstwiete

Deichgraf €€
In einer der historisch interessantesten Straßen der Stadt liegt das traditionsbewusste Restaurant *Deichgraf*. Die einen nennen es gediegen, andere bieder, doch eines steht außer Frage: Die bürgerliche Küche, z. B. Scholle Finkenwerder Art mit Speck und Bratkartoffeln, ist hervorragend. Ein stilsicheres und sehr norddeutsches Restaurant. Nach dem Essen bietet sich ein Spaziergang durch die Straße an.
190 C1 Deichstr. 23 36 42 08
Mo–Fr 11–15/17.30–22 Uhr, Sa nur abends
Baumwall

Fischmarkt €€–€€€
Wie der Name sagt, hier gibt es Fisch. Seezunge oder Lachs gehören da zu den eher gewöhnlichen Gerichten auf der Karte, die auch Seeteufel oder Papageienfische anbietet. Die Qualität ist gut, der Service freundlich, das Publikum gut situiert – dementsprechend sind hier die Preise.
190 A2 Ditmar-Koel-Str. 1
36 38 09 So–Fr 12–15/18–22.30, Sa 18–23 Uhr Landungsbrücken

Nido €€
Hier treffen sich Asien, Österreich und Hamburg. Auf einer romantisch beleuchteten Ponton-Terrasse im Fleet schaukeln, mit Aussicht auf alte Kontorhäuser köstliches Sushi und hervorragendes Wiener Schnitzel genießen, das geht nur hier.
190 C1 Cremon 35–36
51 31 03 17 Mo–Fr 12.00–14.30/18–23, Sa 18–24 Uhr Baumwall

Sagres €
Direkt hinter dem großen Glasbau des Verlags Gruner+Jahr liegt das so genannte Portugiesenviertel. Hier versammeln sich iberische Restaurants und Cafébars. Portugals Küche mit Meeresfrüchten und Fisch kommt im *Sagres* in 88 Variationen frisch und preiswert auf den Tisch.
190 A1 Vorsetzen 53 319 38 26 tägl. 11–24 Uhr Baumwall

Tai Tan €€
Thai-Basilikum, Galgant, Tamarinde oder Chili – die Küchencrew weiß, was sie tun muss, damit die Gäste sich verstohlen eine Träne aus dem Auge wischen und trotzdem noch den Eigengeschmack von Ente oder Fisch und frischem Obst spüren. Leise, asiatische Loungemusik wirkt beruhigend, die Einrichtung edel exotisch, da merkt niemand mehr, dass vor der Tür Hamburgs größte Baustelle hämmert und pocht.
196 C1 Kaiserkai 56 41 91 93 55 tägl. 12–15/18–24 Uhr 3, 4, 6 Magellanterrassen

Vlet €€–€€€
In einem satten hellgrün erstrahlt die Wand hinter der Bar im ansonsten schlicht beigefarbenen Hafencity-Restaurant. Und genauso erfrischend ist das, was hier formvollendet serviert wird: zarter Thunfischsalat zum Beispiel. Oder auch Rundstück warm. Küchenchef Sascha Jürgens beweist Klasse. Schließlich hat er schon im *Louis C. Jacob* gekocht.
196 C1 Am Sandtorkai 23 334 75 37 50 Mo–Fr 12–15, Mo–Sa 18–24 Uhr 3, 4, 6 Magellanterrassen

Weinrestaurant Schoppenhauer €€
In der nahen Deichstraße tummeln sich die Touristen, im versteckt liegenden *Schoppenhauer* treffen sich Hamburger, die in dem 400 Jahre alten Speicher gerne schöne Familienfeste feiern. Die Speisen sind gediegen bürgerlich, die Weinkarte groß.
191 D1 Reimerstwiete 20 37 15 10 Mo–Fr 12–23 Uhr 6 Brandstwiete

CAFÉS

Hotel Hafen Hamburg
Ein wenig kraxeln müssen Sie schon, wenn Sie die wunderbare Sonnenterrasse des über den Landungsbrücken gelegenen *Hotel Hafen Hamburg* erreichen wollen. Aber es lohnt sich, nicht nur für einen Kaffee. Auch aus dem Restaurant *Port* ist der Blick genial, und erst recht abends von ganz oben aus der *Tower Bar* (62 m hoch!).
196 A2 Seewartenstr. 9 31 11 35 24 tägl. 12–22.30 Uhr; Tower Bar tägl. 18–2 Uhr Landungsbrücken

Sul
Natürlich darf im so genannten Portugiesenviertel eine echte *Cervejaria und Pastelaria* nicht fehlen. Spezialitäten wie die leckeren Vanilletörtchen namens *Nata* oder *Gălao* (so nennen die Portugiesen ihren Milchkaffee) schmecken besonders gut in der Sonne auf den Plätzen vor der Tür.
196 A2 Ditmar-Koel-Str. 10 31 79 74 86 tägl. ab 7 Uhr Landungsbrücken

Wohin zum … Einkaufen?

Das Viertel rund um den Hafen ist nicht nur historisch interessant, sondern bietet auch viele Einkaufsmöglichkeiten. Hier gibt es nämlich nicht nur Souvenir- und Touristenläden mit Buddelschiffen und anderem Hafenkitsch. Im Hafenviertel findet man auch viele kleine und individuelle Geschäfte: türkische Gemüsehöker, Galerien, Boutiquen von Jungdesignern. Ideal zum Stöbern, wenn man Dinge jenseits des Mainstream sucht.

Doerthe Friederike Meyer verkauft in ihrem Laden **DFM** (Schaarsteinwegsbrücke 1) sehr feminine Kleider, Mäntel und Blusen. Fehlkäufe sind ausgeschlossen, denn die Designerin höchstpersönlich hat ein kritisches

Auge und verkauft nichts, was ihren Kunden nicht steht. Die meisten Geschäfte in dieser Ecke Hamburgs befinden sich in der Ditmar-Koel-Straße. Auch **Art of Hamburg** (Ditmar-Koel-Str. 19). Hier werden Sie fündig auf der Suche nach geschmackvollen Souvenirs. Denn die Künstler Frank Bürmann und Stefan Klüter lieben Hamburg und haben feine, unkitschige Hansestadt-Ansichten auf Holz gezogen, Taschen und T-Shirts mit einem zum Papierschiff gefalteten Hamburg-Wappen versehen. Das alles gibt es zu fairen Preisen. Überhaupt verstecken sich in dieser Ecke der Stadt viele kleine Independent-Galerien, in denen Kunst noch erschwinglich ist. Wie etwa **Feinkunst Krüger** (Ditmar-Koel-Str. 22). Immer noch gibt es hier, in der Nähe des Hafens, gute Segelausrüster, wo Sie sowohl vernünftige Gummistiefel wie auch den Spezialschekel bekommen. Und das klassische Buddelschiff bekommen Sie in der **Seekiste** (Ditmar-Koel-Str. 30).

Wohin zum ... Ausgehen?

So langsam geht es los mit dem Leben in der Hafencity. Monatlich eröffnen neue Cafés, Läden und Restaurants, hinzu kommen die vielen Kulturveranstaltungen, vor allem im Sommer, auch in der Speicherstadt. Was davon bleiben wird, was wieder verschwindet, ist – wie alles in dieser aufregenden Ecke – im Fluss.

BARS/CLUBS

Beim Bummeln an den Kais der neuen Hafencity haben Sie keinen Mangel an Cafés, Eisdielen oder auch schicken Restaurants. Viele bieten bei der Eröffnung einen großartigen Blick aufs Wasser, wenige Monate später ist er dann schon wieder verbaut. Das alles funktioniert, solange die Sonne scheint, bei schlechtem Wetter und dann vor allem abends sind Hafencity und Speicherstadt gähnend leer. Leben findet dann nur noch in den wenigen Clubs statt, zum Beispiel im **Chilli Club**, an den Magellanterrassen. Die **Beach-Clubs** sind mittlerweile direkt an die Landungsbrücken verbannt, muss man wohl sagen: Oben auf einem Parkdeck, der Blick aufs Wasser ist durch Gitter verhindert. Wirklich schön ist nur noch **Strand Pauli** etwas weiter Richtung Fischmarkt (Sommer, tägl. ab mittags, Sa/So ab 10 Uhr, open end, www.strandpauli.de): Tangonächte, Caipis usw. Aber natürlich nur, wenn das Wetter mitspielt (weitere Informationen über das aktuelle Programm in der Hafencity unter www.hafencity.de). Kneipen mit Barcharakter gibt es im **Portugiesenviertel** hinter dem Verlagsgebäude von Gruner+Jahr (Ditmar-Koel-Str.). Im Sommer wird hier öfter mal auf der Straße ein Tänzchen gewagt; die Stimmung ist locker südländisch. Jenseits der Willy-Brandt-Straße gibt es noch ein nettes Kneipenviertel rund um den Großneumarkt. Wenn es dunkel wird, tauchen die Lampions der verschiedenen Lokale den Platz in romantisches Licht. Besonders empfehlenswert: die hamburgische Hausmannskost bei **Thämers** (Großneumarkt 10, Tel. 34 66 89, Mo–Fr 16–24, Sa/So 11–2 Uhr).

KABARETT

In Hamburg fest verankert liegt **Das Schiff** (Holzbrücke 2, Tel. 69 65 05 60, www.theaterschiff.de), liebevoll Hamburgs Kulturdampfer genannt. Sein Markenzeichen sind literarisch-politische Kleinkunstprogramme mit vielen Liedern und Chansons.

Vom Jenischpark zur Reeperbahn

Erste Orientierung

Hamburg ist eine Stadt mit vielen Gesichtern. Es gibt schöne, feine Wohngegenden und multikulturell geprägte Stadtteile. Und es gibt St. Pauli und die Reeperbahn mit ihrem Rotlichtviertel. Das, was alle diese unterschiedlichen Orte miteinander verbindet, ist die Elbe.

Der Jenischpark, in Hamburgs Westen gelegen, gehört zu den schönsten Ausflugszielen in der Stadt. Hierher kommen die Besucher aus dem Zentrum geradelt, um auf dem Rasen mit Elbblick ein Picknick zu machen. Manche besuchen auch die beiden schönen Museen auf dem Gelände und irgendwann machen sie sich auf den Weg nach Haus, radeln oder spazieren an der Elbe entlang bis zu dem ehemaligen Fischerdorf Övelgönne mit seiner Häuserzeile am Strand. Dort beginnt langsam die Großstadt. An der Großen Elbstraße, an deren Ende der Fischmarkt liegt, reihen sich schicke, neue Bürobauten aneinander. Vom Fischmarkt ist es dann nur noch ein Katzensprung bis zu dem Ort, den immer noch die meisten Touristen als erstes nennen, wenn sie von Hamburg sprechen: die Reeperbahn, Hamburgs »sündige Meile«.

Seite 113: Die Lindenterrasse des *Louis C. Jacob* an der Elbchaussee

Moderne Architektur am Elbberg-Campus

Im Jenischpark
ist nicht nur für die
Skulpturen gut sein

★ Nicht verpassen!

1 Elbchaussee ➤ 118
2 Övelgönne ➤ 122
3 Große Elbstraße ➤ 125
4 Altonaer Museum ➤ 128
5 Reeperbahn ➤ 130

Nach Lust und Laune!

6 HSV-Museum ➤ 134
7 Neuer Botanischer Garten ➤ 134
8 Ottensen ➤ 134
9 Jüdischer Friedhof Königstraße ➤ 135
10 Beatlemania ➤ 135
11 Panoptikum ➤ 136
12 U-434 ➤ 136

An einem Tag

Die folgende Route ist eine Möglichkeit, wie Sie einige der interessantesten Sehenswürdigkeiten entlang der Elbe vom Jenischpark bis zur Reerperbahn in St. Pauli an einem Tag abklappern können. Nutzen Sie die Karte (➤ 114f) zur Orientierung, die einzelnen Highlights werden im Folgenden (➤ 118ff) näher beschrieben.

8.30 Uhr

Der Tag beginnt mit einem besonderen Erlebnis. Mit der Schiffsfähre Linie 62 fahren Sie von den Landungsbrücken über die Elbe nach Finkenwerder, dort steigen Sie um in die Linie 64 und fahren zurück über die Elbe bis nach Teufelsbrück. All das geht mit einer HVV-Karte. Bei starkem Wind kann es auch schon mal ganz schön schaukeln. Doch der Anblick der Elbchaussee mit ihren Villen vom Wasser aus gehört zu den schönsten Hamburg-Erlebnissen! Die Gesamtfahrtzeit beträgt ca. 45 Minuten.

10 Uhr

An der **1 Elbchaussee** (➤ 118) wartet der traumhafte Jenischpark mit seinen beiden Museen Jenisch Haus und Ernst Barlach Haus auf Sie. Hamburgs bürgerliche Wohnkultur wird Sie ebenso beeindrucken wie die zeitlose Kunst von Ernst Barlach. Da die Museen erst um 11 Uhr öffnen, lohnt sich ein kleiner Umweg zum Hotel *Louis C. Jacob* (oben; ➤ 40). Auf der berühmten Lindenterrasse können Sie einen Kaffee trinken.

12 Uhr

Jetzt ist ein Spaziergang am Elbufer angesagt. Bis nach **2 Övelgönne** (unten; ➤ 122) laufen Sie ca. 1 Stunde. Dort haben Sie eine reiche

Auswahl an Restaurants für das Mittagessen. Bei schönem Wetter isst man draußen mit Blick auf die Elbe.

14 Uhr

Wieder fit für einen Fußmarsch? Die 3 **Große Elbstraße** (➤ 125) führt Sie in Richtung Stadtzentrum. Für Architekturfreunde gibt es auf dieser Strecke viel zu entdecken. Viele Geschäfte (rechts) laden zum Shopping ein, Restaurants zu einer Pause. Für müde Füße gibt es eine Buslinie (mit Umsteigen).

16 Uhr

Sie verlassen das Ufer und haben von oben einen phantastischen Blick auf den Hafen. Bis zum 4 **Altonaer Museum** (➤ 128) sind es nur noch wenige Schritte. Und wenn

Sie danach wieder Lust auf Einkaufen oder eine kleine Pause haben, dann ist das Multikulti-Stadtviertel 8 **Ottensen** (links; ➤ 134) genau das Richtige für Sie.

19 Uhr

Jetzt beginnt das Nachtleben. Die 5 **Reeperbahn** (➤ 130) erwartet Sie. Sicher, die Pornokinos und -geschäfte sind nicht jedermanns Geschmack. Doch dazwischen mischt sich viel Kultur. Sie haben die Wahl zwischen verschiedenen Kabarettbühnen, Musicals, Theatern und Museen (➤ 133). Die Zahl der Bars und schicken Clubs (rechts) ist nicht zu zählen. Für Nimmermüde beginnt der nächste Tag um fünf Uhr morgens mit dem Fischmarkt (➤ 127) – hoffentlich sind Sie fit für den Rummel.

O Elbchaussee

Ist sie es nun, oder ist sie es nicht, »die schönste Straße der Welt«? Der Hamburger Dichter Detlev von Liliencron schrieb einst diese Worte. Und auch heute noch sind viele Hamburger überzeugt davon, dass es keine bessere Adresse auf der Visitenkarte gibt als »Elbchaussee«, auch wenn sich in jüngster Zeit viel geändert hat.

Das »Säulenhaus« an der Elbchaussee 186: Prachtbau und Filmkulisse für den Wim-Wenders-Film *Der amerikanische Freund*

Immerhin, 8,5 km. Und diese Kilometer haben es in sich. Die Elbchaussee führt von **Altona** bis nach **Blankenese**. Auf der Wasserseite liegen Hamburgs prachtvollste Villen inmitten riesiger Grundstücke. Dicke Hecken schirmen ihre Besitzer gegen den ständig strömenden Verkehr und Schaulustige ab. Einen kleinen Einblick kann man vom Wasser aus gewinnen. Den tatsächlichen Überblick über die Weitläufigkeit der Grundstücke und ihre herrschaftliche Anlage bekommt man allerdings nur aus der Luft, bei einem Rundflug.

Vögel contra Flieger

In den letzten Jahren hat der untadelige Ruf von Hamburgs erster Adresse gelitten. Es begann damit, dass einige der schönsten Grundstücke von ihren Besitzern Ende der 1980er-Jahre an Immobilienfirmen verkauft wurden. Diese zogen ihre »Luxuswohnungen« gleich in ganzen Wohnblocks hoch. Doch wer will schon 5000 Euro für den Quadratmeter zahlen, dem Nachbarn aber trotzdem in die Töpfe gucken müssen? Als wäre dies nicht genug, kam 2001 der Airbus A 380. Über wenig wurde in der Hansestadt so erbittert gestritten wie über die Zuschüttung des einstigen

FÜR KINDER

Sand zum **Buddeln** gibt es am Elbufer in Hülle und Fülle. Nehmen Sie eine Plastikschaufel mit und feste Hosen zum **Klettern** auf den umgestürzten Bäumen.

Naturschutzgebietes **Mühlenberger Loch** auf der Südseite der Elbe zugunsten eines Ausbaus des **Airbus-Geländes**. Rechtsanwälte, Ärzte und Banker gründeten Bürgerinitiativen, wenig fehlte, und die feinen Damen und Herren aus Hamburgs Westen hätten zu Farbbeuteln gegriffen. Doch aller Protest nützte nichts. Ob damals die SPD, dann die CDU alleine oder heute der schwarz-grüne Senat – niemand stellt das Prestigeobjekt mehr infrage. Mittlerweile schweben die Transportflugzeuge fast täglich über der Elbe ein. Wo einst die Vögel allein brüteten, müssen sie heute ihren Platz mit riesigen Werkshallen teilen. Und gegenüber an der Elbchaussee sieht man häufiger als früher das Schild »zu verkaufen«.

Schrill und bunt: der Pop-Art-Bau des Architekten Heinrich Stöter, Elbchaussee 96

Jenischpark und Jenisch Haus

»Ornamentet farm« nannte Baron Johann Caspar Voght sein großes Parkprojekt Ende des 18. Jhs. Der 1752 geborene Sohn eines Hamburger Senators hatte in Nordamerika durch Handelsgeschäfte viel Geld verdient und investierte es nun in den waldigen Hügeln rund um das Flüsschen Flottbek, damals noch weit draußen vor den Toren der Stadt Hamburg. Es entstanden ein Mustergut mit landwirtschaftlicher Lehranstalt, ein Armenhaus und ein nach englischen Plänen angelegter Landschaftspark. Der hochintelligente Voght, zu dessen internationalem Freundeskreis auch Madame de Staël zählte, war die Leitfigur Hamburgs in den Zeiten der Aufklärung. Als Anerkennung für seine sozialreformerischen Taten wurde er 1802 von Kaiser Franz II. zum Reichsfreiherren geadelt. Noch heute steht sein **Landhaus** in der Baron-Voght-Straße 63. Das gesamte Gelände, vom heutigen Jenischpark über den Derby-Park, den Poloplatz und den Neuen Botanischen Garten, gehörte einst zu Voghts Besitz.

Das **Jenisch Haus** wurde 1831–34 im Auftrag von Senator Martin Johann Jenisch gebaut. Kein Geringerer als Preußens

Früher landeten hier nur Vögel: Airbus-Werk auf der anderen Elbseite

HEIRAT MIT GANZEM WILLEN

Sie haben es schon mitbekommen: in Hamburgs Westen lebt, wer es sich leisten kann. Dementsprechend standesgemäß sind die Hochzeiten. Der klassische »Happy-Westendler« heiratet standesamtlich im Altonaer Rathaus (Hamburgs schönstes Standesamt, natürlich an der Elbchaussee). Für die kirchliche Trauung wird in die Hochzeitskirche nach Nienstedten geladen (wo? natürlich Elbchaussee). Anschließend marschiert die ganze Gesellschaft zu Fuß auf die andere Straßenseite ins gegenüberliegende Luxushotel und Restaurant *Louis C. Jacob* (Elbchaussee 401–403) – mit rotem Teppich und Straßensperrung durch livrierte Portiers des Hauses. Einziges Manko der ganzen Geschichte: Wann und wie setzt man die Hochzeitskutsche ein?

Luxus und Komfort für Hamburgs damaligen Senator: das Jenisch Haus

oberster Baumeister Karl Friedrich Schinkel hatte die Baupläne überarbeitet. Es entstand ein hochherrschaftliches Landhaus in einer Größe und Pracht, wie es die Hamburger bis dahin nicht gesehen hatten. Bis heute ist das **Jenisch Haus** ein Museum für Kunst und Kultur an der Elbe, und Sie finden dort eine sehr sehenswerte historische Ausstellung zur großbürgerlichen Wohnkultur. Im 2. Stock gibt es zusätzlich Wechselausstellungen.

Ernst Barlach Haus

Der Bildhauer, Grafiker und Dichter Ernst Barlach wurde 1870 in Wedel/Holstein geboren und gilt heute als einer der wichtigsten deutschen Vertreter des Expressionismus. Früh wurde er von den Nazis verfolgt. Noch zu Lebzeiten förderte ihn der Hamburger Mäzen Hermann F. Reemtsma und beauftragte ihn 1934 mit dem *Fries der Lauschenden*, dem heutigen Hauptwerk des 1960 von Reemtsma gestifteten Museums. Der weiße,

:xpressionis-
nus in Vollen-
lung: Skulptur
m Barlach
laus

schlichte Bau des Hamburger Architekten Werner Kallmorgen mit seinen hellen Räumen und der großartigen Sammlung besticht durch seine unaufdringliche Schönheit. Ein Muss für jeden Kunstfreund.

KLEINE PAUSE

Im Jenischpark, bei den Gewächshäusern Ausgang Hochrad, gibt es in ***Ralphs Kiosk*** (nur bei schönem Wetter Mo–Fr ab 14, Sa/So ab 10 Uhr, jeweils bis in den Abend) einen liebevoll bereiteten Caffè Latte und einen Imbiss.

194, westl. A1 21, 286, Schnellbusse 36, 39 Teufelsbrück; Hafenfähre 64 www.jenischparkverein.de

Jenisch Haus
Baron-Voght-Str. 50 82 87 90 Di–So 11–18 Uhr mittel

Ernst Barlach Haus
Baron-Voght-Str. 50a 82 60 85 Di–So 11–18 Uhr mittel
www.barlach-haus.de

ELBCHAUSSEE: INSIDER-INFO

Top-Tipp: Kaufen Sie für das Jenisch Haus und das Barlach Haus eine **Kombi-Karte**. Beide Museen lassen sich gut miteinander verbinden.

Geheimtipp: »Quieti et Amicis« ließ Baron Voght als Motto über seinen Dichtertreffpunkt die **»Eierhütte«** anbringen. Das kleine Blockhaus, mit seinen eierförmigen Fenstern, ist wieder aufgebaut. Ein wunderbares Fleckchen mitten im Park unterhalb des Jenisch-Hauses im Tal des Flottbektales.

Muss nicht sein! Hochwasser kommt an der Elbe oft vor, meist im Frühling und Herbst. Seien Sie vorsichtig, wo Sie am Ufer langgehen.
- Im Sommer sieht man Kinder und Erwachsene im Wasser, doch die Umweltbehörde rät wegen der **Wasserqualität** ab. Ganz abgesehen von der ständigen **Strömung**, die viele unterschätzen.

2 Övelgönne

Woher der Name für das kleine Fischerdorf am Elbufer stammt, ist nicht erwiesen. Möglich ist die Ableitung aus dem plattdeutschen Wort *gönne*. Das heißt »das Jenseitige« und diente als Bezeichnung für das gegenüberliegende Elbufer. Möglich ist auch eine Ableitung von »übel gegönntes« Land, was sich damals auf Grenzstreitigkeiten bezog. Heute gibt es keinen Zweifel: Jeder, der hier wohnt, hat das große Los gezogen. Und das gönnt man ihm nicht!

Övelgönne besteht aus einer Häuserzeile direkt am Elbufer. Sie ist nur wenige 100 Meter lang. In einigen der schönen Fachwerk- und Steinbauten wohnen noch heute Kapitäne oder Nachkommen der Fischerfamilien in der Urenkel-Generation. Zwischen den Häusern und den zur Elbe hin gelagerten Vorgärten führt ein öffentlicher Fußweg. Bei Ihrem Spaziergang durch Övelgönne marschieren Sie also mitten durch das Privatleben der Anwohner. Diskretion ist angesagt. Es soll Touristen geben, die sich die Nasen am Wohnzimmerfenster platt drücken.

Bereits im 16. und 17. Jh. siedelten in Övelgönne die ersten Fischer und verdienten ihr Geld schon bald mit Fährdiensten über die Elbe. Direkt vor ihrer Haustür befanden sich im Elbwasser heimtückische Sandbänke. Auslaufende Schiffe aus dem Hamburger Hafen ankerten vor Övelgönne, warteten, bis die Flut kam, und manövrierten sich dann vorsichtig, mit Hilfe der **Övelgönner Lotsen**, durch das schwierige Fahrwasser in

So leer ist es nur selten, normalerweise drängeln sich hier an schönen Sonnentagen die Spaziergänger

Café in einer alten Hafenfähre: Im Museumshafen Övelgönne gibt es für Schiffsfreunde viel zu entdecken

die Nordsee. 1745 gründeten sie eine Bruderschaft. Im Giebelhaus mit der Hausnummer 13 trafen sie sich für ihre regelmäßigen Sitzungen.

Die Sommerfrischler kommen

Im 19. Jh. wurde das Elbufer zwischen Neumühlen und Blankenese zu einem beliebten Ziel der Sommerfrischler. Mit Pferd und Wagen machte man sich aus dem Zentrum auf den Weg über holprige Wege, genoss den Tag am Strand und im Wasser. Es gab Ausflugslokale und später sogar Strandkörbe. Eigentlich genau wie heute. Nur, dass statt Pferd und Wagen heute Blechkarossen die Straßen verstopfen und noch kein Strandkorbvermieter hier ein Geschäft eröffnet hat. Dabei würde er vermutlich gutes Geld machen. Bei Sonne können Sie froh sein, wenn Sie am Strand oder in den Cafés noch einen Stehplatz erwischen.

DER ERSTE EINWANDERER

Ein wenig vor Övelgönne, von Teufelsbrück aus kommend, liegt am Strand ein riesiger Findling. Der **»Alte Schwede«** hat ein Gewicht von 217 t und einen Umfang von 19,7 m bei einer Höhe von 4,5 m. Er wurde 1999 bei Ausbaggerarbeiten in der Elbe gefunden und ist der älteste je in Deutschland gefundene Großfindling. Er kam mit den Gletschern der Eiszeit bis in die Elbe und gilt daher als »erster Einwanderer Hamburgs«.

Museumshafen Övelgönne

Ein wahres Juwel für Schiffsfreunde ist der Museumshafen Övelgönne, den es seit 1977 gibt und der ausschließlich von der ehrenamtlichen Arbeit und finanziellen Unterstützung seiner Helfer und Freunde lebt. Die einzelnen Schiffe (z. B. das Feuerschiff *Elbe 3*, die Dampfschlepper *Tiger* und *Claus D.* oder der Finkenwerder Hochseekutter *Präsident Freiherr von Maltzahn*) sind alle noch fahrtüchtig und regelmäßig unterwegs. Wenn Sie jemanden auf dem Schiff werkeln sehen: hingehen und ausfragen. Man freut sich über jeden Besuch (und auch über Spenden).

Neuer Elbtunnel

Direkt unter dem Fähranleger Neumühlen liegen die vier Tunnelröhren des Neuen

Elbtunnels, dessen gewaltige (und hässliche) Lüftungsschächte das Ufer hier verschandeln. Einst war der Übergang von Övelgönne zum kleinen anschließenden Ort Neumühlen schöner. Besonders prachtvoll war das **Donnerschloss**, oberhalb am Elbhang gelegen. Das große neugotische Landhaus war 1856 für die Familie des Altonaer Kaufmanns Conrad Hinrich Donner errichtet worden. Im Zweiten Weltkrieg wurde es durch Bomben zerstört. Heute erinnern nur noch ein paar Steinmauern und ein Brunnen im Donnerspark an den einstigen Herrensitz. Der Bus 112 startet am Fähranleger Neumühlen und fährt von dort in Richtung Altona.

Mitten in der Stadt: Strandleben an der Elbe

KLEINE PAUSE

Die ***Strandperle*** (Schulberg, April–Sept. ab ca. 11 Uhr) hat im Sommer Kultstatus. Die Imbissbude, mehr ist es nämlich nicht, liegt direkt am Wasser. Der Schriftsteller Christian Kracht bezeichnete sie als angenehmsten Ort der Welt.

194 A1 112 Neumühlen

Museumshafen Övelgönne

keine festen Öffnungszeiten frei

www.museumshafen-oevelgoenne.de

ÖVELGÖNNE: INSIDER-INFO

Top-Tipps: Alle Jahre wieder sind die riesigen **Osterfeuer** am Elbufer eine Attraktion. Sie können mit einer HVV-Fähre bis Teufelsbrück fahren und dann zu Fuß zurücklaufen. So entgehen Sie den Massen und sparen das Geld für die speziell an diesem Abend vorm Ufer kreuzenden Ausflugsdampfer.

- Achten Sie auf die Schilder in Övelgönne, die anzeigen, wie hoch das Wasser bei den **Sturmfluten 1962 und 1976** stieg.

Geheimtipp: Die **Övelgönner Seekiste** (Övelgönne 61) ist ein winziges Heimatmuseum, die Privatsammlung eines Kapitäns. Rufen Sie bei Betreiberin Uschi Lewen an. Sie weiß die Öffnungszeiten (Tel. 85 35 88 25).

Muss nicht sein: Es kümmert sich im Sommer zwar keiner drum aber: Offene Feuer sind am Strand verboten! Und manchmal kommt auch die Polizei kassiert ab! Nutzen Sie besser die offiziellen Grillplätze.

3 Große Elbstraße

Es gab Zeiten, da machten Hamburger Familienväter gern einen Umweg über die Große Elbstraße. Die Kinder auf der Rückbank bekamen große Augen: Leicht bekleidete Mädchen warteten da zwischen Lagerhallen und Lastwagen auf ihre Freier. War das aufregend! Und heute? Ein Nobelrestaurant neben dem anderen, Bars, Nachtclubs und schicke Geschäfte. Aus dem einstigen Autostrich wurde Hamburgs »Perlenkette am Elbrand«. Und sonntags ist Fischmarkt!

Dort, wo Övelgönne endet, beginnt der Ort und die gleichnamige Straße **Neumühlen**. Die in einer Zeile aufgereihten Häuser liegen hinter dem Deich, der noch heute Schutz vor Hochwasser bietet. 1793 erwarb der Hamburger Kaufmann und Fabrikant Johann Daniel Lawaetz das gesamte Gelände zwischen Neumühlen und Elbchaussee. Wie sein Zeitgenosse Baron Voght war er den Ideen der Aufklärung verbunden. Über dem Eingang der von ihm in Neumühlen gegründeten Wolltuchmanufaktur standen die Worte »Tempel der Tätigkeit«. Lawaetz wollte keine Almosen verteilen, sondern die Armut durch »Gelegenheit und Mittel«, sprich Hilfe zur Selbsthilfe, bekämpfen. Die heute nach ihm benannte Stiftung residiert in dem historischen **Lawaetz-Haus** (Neumühlen 16–20).

Auffällig ist der riesige Bau des Altenheims **Augustinum** mit seiner Glaskuppel. Er war das einst größte Kühlhaus Europas, gelagert wurde vor allem Fleisch aus Argentinien. 20 Jahre stand der Bau leer, 1991–93 wurde er zu einem Altenheim umgebaut und zur ersten architektonischen »Perle« der gesamten, neuen Elbrandbebauung.

Das Lawaetz-Haus gehört zu den wenigen historischen Überbleibseln der einst hier ansgesiedelten Industrie

Industrie und Tourismus

Der besondere Reiz dieser Straße liegt in ihrer Mischung aus alt und neu. Da hat der Werber sein Büro in einem Haus mit dem Fischgroßhändler, hundert Meter wird ein alter Speicher zum Designcenter umgebaut. Dort wo die Van-der-Smissen-Straße zu Elbe hin abzweigt, liegen die Fischmarkthallen. Über 60 Unternehmen aus der Fischwirtschaft sind hier angesiedelt. Sie handeln mit hochwertigem Fisch und Seafood, in der Woche ab 23 Uhr abends bis 8 Uhr morgens. Kunden sind Fischhändler und Luxusrestaurants, die hier aus ganz Deutschland ihre Krabben, Edelfische und Muscheln bestellen.

Allerdings: Handel und Gewerbe geraten immer deutlicher in der Defensive. Das ganze Elbufer ist mittlerweile mit gesichtslosen Büro- und Wohntürmen zugepflastert, und es soll Neu-Bewohner geben, die sich schon über den Fischgestank beschwert haben. Da kann man nur den Kopf schütteln, denn mit den Händlern verlässt auch die schöne Stimmung den Ort. Auch die fröhlichen Beachclubs wurden vertrieben. Statt ihrer baut Hamburg nun ein zweites Kreuzfahrtcenter.

Spektakulär ist das **Dockland-Haus** am Holzhafen. Architekt ist Hamburgs Hahdi Teherani hatte sich die Villa Casa Malaparte auf Capri als Vorbild gedacht. Dockland hat eine Dachtreppe und so kann von außen jeder das Haus besteigen und vom 45 m übers Wasser ragenden Bug den Schiffen entgegenwinken.

Gehen Sie weiter Richtung Fischmarkt, schön ist der Weg direkt am Wasser.

COCKTAIL IM EIS

Die Beachclubs wurden verbannt – doch die hippe Außenbar vom Restaurant **Indochine** hat dafür nun einen kleinen Swimmingpool dazu bekommen. Wem es immer noch zu heiß ist, der steigt zwei Stockwerke nach oben, zieht Jacke, Handschuhe und Mütze (wird gestellt) an und kippt einen Wodka in der Ice-Bar. Die gibt es dort nämlich auch: 42 Tonnen Eis, geformt zu Bar und Stühlen. Die spinnen die Hamburger – oder? Neumühlen 11, Tel. 39 80 78 80, www.indochine.de

Hier reihen sich die schicken Neubauten, viele mit mindestens ebenso schicken Restaurants und Bars

Die Verkäufer auf dem Fischmarkt sind eine Show für sich – ihre Sprüche allerdings nichts für zarte Seelen

Hamburger Fischmarkt

Der Begriff Fischmarkt ist in Hamburg vieldeutig. Früher wurde hier auf dem Platz vor der alten Fischmarkthalle tatsächlich nur Fisch gehandelt (► 134). Heute meint Hamburger Fischmarkt einen riesigen bunten Markt, der bei Touristen aus aller Welt ebenso zu Hamburg gehört wie die Reeperbahn und der Hafen. Über 70 000 Menschen strömen jeden Sonntagmorgen hierher. Sie alle drängen durch die schmalen Gänge zwischen den Marktständen mit allem möglichen Trödel. Bananen- und Aalverkäufer unterbieten (!) sich gegenseitig mit ihren Preisen und bringen derbe Sprüche. Zwischen lebenden Kaninchen, Frischfisch und Grünpflanzen kann es schon mal passieren, dass Ihnen ein Marktbesucher – pardon – vor die Füße kotzt. Kurz gesagt: der Fischmarkt ist nichts für Zartbesaitete. Wenn Sie dorthin wollen, dann machen Sie das am besten nach einer durchfeierten Nacht. Nur so, nämlich todmüde und leicht angetrunken, ist der Rummel auszuhalten. In der schön restaurierten **Fischauktionshalle** gibt es bis zum Mittag Brunch und Livejazz.

KLEINE PAUSE

Seit 1879 handelt ***Hummer Peddersen*** (Große Elbstr. 152, Mo–Sa 11–17 Uhr) mit Edelfischen. Alles erste Qualität. Es gibt im ersten Stock ein kleines Bistro. Von dort schaute man einst auf die Elbe, jetzt auf ein Büro. Schade, aber dem leckeren Fisch schadet das nicht.

194/195 A–E1 · 112 Neumühlen, Övelgönne · www.elbmeile.de

Hamburger Fischmarkt

195 E1 · Fischmarkt · April–Okt. So 5–10 Uhr, Nov.–März So ab 7 Uhr · 112 Fischmarkt

GROSSE ELBSTRASSE: INSIDER-INFO

Top-Tipp: Sie können die Strecke von Övelgönne bis zum Fischmarkt auch oberhalb **am Elbhang entlanglaufen**. Bei der Straßenkehre (Bus Endhaltestelle) führt eine Treppe an den Häusern vorbei nach oben zum Schopenhauerweg.

Geheimtipps: Auf der Website der »Elbmeile e.V.« finden sich oft nette Tipps zu Kulturveranstaltungen: www.elbmeile.de

- Fans von Ina Müller pilgern zum »Schellfischposten«. Aus der winzigen Kneipe wird »Inas Nacht« übertragen. Zuschauerkarten gibt es nicht, aber man kann an allen anderen Tagen nett essen (Carsten-Rehder-Str. 62, tägl. ab 11 Uhr).

4 Altonaer Museum

Das Altonaer Museum ist ein wenig so etwas wie Hamburgs »gute Stube« und vielleicht gerade deshalb so beliebt. Das einst etwas betuliche Image des Hauses wandelt sich dank neuer und moderner Ausstellungskonzeptionen. Und dazu beherbergt das Haus die größte regionalgeschichtliche Sammlung Deutschlands.

Es war eine Sensation: Wildschweine spazierten durch den Wald, Wölfe griffen Elche an, Schmeißfliegen saßen vor einer toten Maus. Bis zu 30 000 Menschen täglich strömten in das

Schiffe auf dem Trockenen: Als Modelle kann man sie ganz gründlich besichtigen

neu erbaute Altonaer Museum an der Museumsstraße. Der prächtige Neorenaissancebau beherbergte, als er 1901 eingeweiht wurde, eine außergewöhnlich große naturkundliche Schau u. a. mit täuschend echt ausgestopften Tieren. Unter seinem ersten Direktor Dr. Otto Lehman (bis 1931) erweiterte das Haus seine Sammlung und kaufte vor allem landeskundliche Exponate hinzu. 1945 durch die Bomben fast vollständig zerstört, wurde es, wenn auch in bescheidenerem Rahmen, nach dem Krieg wieder aufgebaut. 1980 jedoch vernichtete ein Brand einige der schönsten Stücke des Hauses.

Frachtgut aus aller Welt in alle Welt

Schuten, Ewer, Gallionsfiguren

Unvergänglich schön sind die **Gallionsfiguren** im Raum rechts neben dem Eingang. Die Sammlung ist einmalig in ihrer Vielfalt, fast meint man, die Brandung hinter den Figuren rauschen zu hören. Achten Sie auch auf die großartigen Schiffsmodelle in den Schaukästen.

In der Haupthalle veranschaulichen Dioramen und große Schiffsmodelle die **Entwicklung des Fischfangs** und der dazu benötigten Schiffe wie der Schuten, Ewer und Kutter. Das Modell des Schiffkutters *Astarte* entstand bereits 1903 im Verhältnis 1:5. Die typisch breite Rumpfform hatten sich die deutschen Schiffsbauer bei den Engländern abgeschaut. Sie machte die Schiffe zu sicheren Seglern. Im Obergeschoss finden Sie verschiedene schöne Räume für Kinder, so den Kinderolymp mit wechselnden Erlebnisausstellungen oder auch das Kinderbuchhaus mit Lesungen und Ausstellungen rund um Kinderbücher. Schön, aktuell und lehrreich ist die Ausstellung über den »Lebensraum« Elbe im ersten Stock. In den nächsten Jahren werden Teile des Hauses weiter saniert, d. h. es können bestimmte Abteilungen auch mal geschlossen sein.

Die Außenstellen

Zum Museum gehören mehrere Außenstellen. Das **Jenisch Haus** (➤ 120) zeigt bürgerliche Wohnkultur. Das **Heine Haus** ist ein Überrest des Landsitzes von Bankier Salomon Heine. Bei dem reichen Onkel absolvierte Dichterneffe Heinrich 1816–19 eine Banklehre. Später finanzierte ihm der Onkel das Jurastudium. Das Haus ist nur bei Museumsveranstaltungen zu besichtigen. Außerhalb der Stadtgrenzen liegt das **Rieck Haus** in den Vierlanden. Die reichen Obstbauern der Marschlande bauten sich damals prachtvolle Häuser. Das Rieck Haus gilt als das schönste, das noch erhalten ist (➤ 165).

KLEINE PAUSE

Das Museumscafé finden Sie in einer original wieder aufgebauten Bauernstube, der ***Vierländer Kate***, im Haus.

---

194 C1 · Museumstr. 23 · 428 13 50 · Di–So 10–18 Uhr · Altona · mittel

Heine Haus
194 B1 · Elbchaussee 31 · keine Innenbesichtigung möglich · Schnellbus 36 Susettestraße

ALTONAER MUSEUM: INSIDER-INFO

Top-Tipp: Im 1. Stock finden Sie im Schauraum für die Bauernkaten und Bauernhäuser bewegliche **Holzpodeste**. Auf die kann man sich wunderbar draufstellen, um dann durch die offenen Dächer der Modelle ins Innere zu blicken.

5 Reeperbahn

Bei Tageslicht ist die Reeperbahn wahrlich keine Sehenswürdigkeit, auf die eine Stadt stolz sein kann. Doch wenn die Dunkelheit und die Gäste kommen, dann erwacht sie zum Leben. Dann wirken die Pornoläden nicht mehr so erbärmlich, dann mischen sich kulturell interessiertes Publikum, Touristen und andere Besucher so bunt durcheinander, dass man fast vergessen könnte, was die Reeperbahn so berühmt macht: die käufliche Liebe.

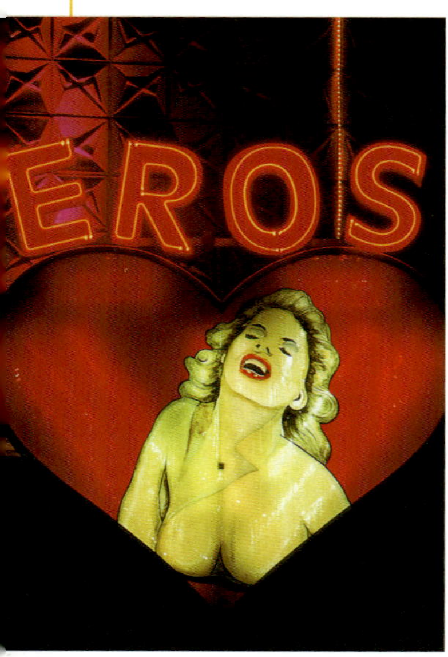

Der Maler Erwin Ross galt als Rubens von St. Pauli. Auf der Reeperbahn hängen immer noch viele seiner Bilder

Schon früh ging es auf der Reeperbahn um ein Gewerbe: Seit 1626 arbeiteten hier die Reepschläger, indem sie aus langen, in Bahnen gespannten Hanfseilen, den so genannten Reepen, feste Schiffstaue drehten. Um 1805 entstanden am Spielbudenplatz dann die ersten Vergnügungspavillons. Die Reeperbahn lag in einem Niemandsland zwischen Hamburg und Altona. Hierher zogen, freiwillig oder unfreiwillig, Pestkranke, Arme und »unehrliche Leute«. Letztere nutzten einen Freiraum, den es innerhalb der Stadtmauern nicht gab: Sie eröffneten dunkle Kneipen und Spielkasinos und handelten schon bald mit der käuflichen Liebe. Der nahe Hafen und die Matrosen sorgten für die entsprechende Nachfrage. St. Pauli wurde zu »St. Liederlich«. Diese Entwicklung wurde auch durch die Eingemeindung des gesamten Gebietes im 19. und 20. Jh. nicht gestoppt. Eher das Gegenteil war der Fall. Nun zog es auch die »braven Bürger« in die riesigen Tanzcafés, Amüsierlokale und Kinos auf den Kiez – der eigentlich aus Berlin stammende Begriff für Stadtviertel hat sich längst für die Reeperbahn eingebürgert. Der Zweite Weltkrieg zerstörte viele Gebäude. Erst in den 1960er-Jahren kam der alte Schwung zurück. Etablissements wie das bekannte *Café Keese*, das *Eros-Center* und das *Palais d'Amour* setzten neue Akzente. Die Shows wurden wilder, frecher, aber auch härter. Matrosen kommen heute allerdings kaum noch. Die kurzen Schiffsliegezeiten (und dann auch noch auf der anderen Elbseite) machen den Kiez-Ausflug unmöglich. Stattdessen stürmen heute Touristen und ganz normale Hamburger die Reeperbahn.

Nepper, Schlepper, Bauernfänger

Wenn Sie abends über die Reeperbahn bummeln, kann es sein, dass man sie »ankobert«. Koberer sind die Portiers der »guten« Sexläden, die Sie zum Eintritt überreden wollen. Anders als bei den Marktschreiern der billigen Pornoshops gilt bei ihnen eine gewisse Etikette. Man darf locken, aber nicht pöbeln. Doch die Zunft der Koberer bröckelt, mehr als 20 oder 25 sind es heute nicht mehr. Aber die sind stolz auf ihren Job.

Gleich am Anfang findet sich das nette **Beatlemania** und der Beatles Platz (➤ 135). Dort zweigt dann auch links die **Große Freiheit** ab. Hier drängeln sich Sexschuppen und Musikläden. Die Straße trägt ihren Namen wegen der Religions- und Gewerbefreiheit, die für Altona seit dem 17. Jh. galten. *Große Freiheit Nr. 7* nannte Filmregisseur Helmut Käutner 1944 seinen Film über den singenden Seemann Hannes Kröger, gespielt von Hans Albers. Neben dem Hit *La Paloma* sang der Blonde Hans hier *Auf der Reeperbahn nachts um halb eins*. Zehn Jahre später folgte, mit eben diesem Titel, sein zweiter Film über St. Pauli. Der **Star-Club** (Große Freiheit 39) war über Jahrzehnte Europas wichtigste Adresse für alle Rockfans. Hier starteten die Beatles am 13. April 1962 mit ihrer Karriere, es kamen Chuck Berry, Fats Domino, Ray Charles und Little Richard. 1983 zerstörte ein Feuer das Haus, in dem zuletzt eine Sexshow stattfand.

Die **Herbertstraße** (zwischen David- und Gerhardstraße) ist eine ca. 100 m lange, durch zwei Torwände geschlossene Bordellstraße. Die hier arbeitenden Prostituierten stellen sich in den »Koberfenstern« zur Schau und arbeiten, so jedenfalls lautet die Vorgabe, selbstständig und ohne Zuhälter. Eines der

Die meisten Erotikshows findet man rund um die Große Freiheit – hier das *Dollhouse*

schönsten Gebäude auf der Reeperbahn ist die **Davidwache** am Spielbudenplatz 31. Krimi-Autor Jürgen Roland machte sie in den 1960er-Jahren mit der Serie *Polizeirevier Davidwache* bundesweit bekannt. Erbaut wurde sie 1913/14 von Fritz Schumacher in der Form eines althamburgischen Backsteinhauses, das mit seinen Giebeln und Erkern die »bürgerliche Ordnung« symbolisiert. Immer noch Kultstatus genießt **Harrys Hafenbasar**. In dem skurrilen Kaufhaus finden sich Fundstücke aus aller Welt, gesammelt einst von Seefahrer und Weltenbummler Harry, heute verwaltet von seiner Tochter.

MYTHOS HAFENSTRASSE

Ihrem Ruf, besonders aufsässig zu sein, wurden die Bewohner St. Paulis vor allem zwischen 1981 und 1995 gerecht: An der Hafenstraße hatten ca. 120 Punks einige Mietshäuser besetzt, um gegen deren geplanten Abriss zu protestieren. Wilde Hausbemalungen, junge Menschen, die herumlümmelten, keine Miete bezahlten, aber vorbeifahrende Touristenbusse mit Eiern bewarfen – das war für die wackeren Hanseaten eine starke Belastung ihrer Toleranzgrenze. Am Ende löste sich alles in Wohlgefallen auf. Die Häuser sind immer noch bunt, Hunde und Punks sitzen immer noch vor der Haustür, aber die Verhältnisse sind geregelt, eine eigens gegründete Genossenschaft ist nun der rechtmäßige Besitzer.

Kultur auf dem Kiez

Das **St. Pauli Theater** auf der Reeperbahn (neben der Davidwache) ist Hamburgs ältestes Theaterhaus. Schon 1841 hob sich hier, damals hieß es noch Urania Theater, zum ersten Mal der Vorhang. Nach dem Krieg stürmte Freddy Quinn mit *Der Junge von St. Pauli* von hier aus die Hitparaden. Seit 2003 führen mit Ulrich Waller und Thomas Collien zwei bewährte Theatermacher das traditionsreiche Haus. Einige der spannensten Inszenierungen Hamburgs finden hier statt.

Direkt nebenan schaltet und waltet Corny Littmann mit seinem **Schmidt Theater** und dem **Schmidts Tivoli**, die mit Abstand erfolgreichsten Kabarettbühnen der Stadt. Wie kein anderer hat der umtriebige Entertainer (und Präsident des Fußballclubs FC St. Pauli) dazu beigetragen, die Reeperbahn zu neuem, kulturell inhaltsreichem Leben zu erwecken. Am 08.08.1988 um 8.08 Uhr öffnete das Schmidt Theater seine Türen. Mittlerweile gibt es einen knallroten Neubau und in beiden Häusern ist immer die Hölle los – sei es nun beim

Clubmeile Reeperbahn: Ein Tanztreff ist schicker als der andere

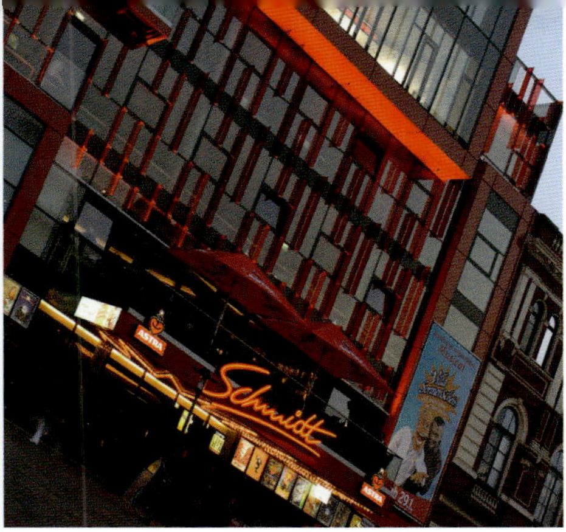

Dauerbrenner *Caveman*, dem Kiezmusical *Heiße Ecke* oder der Jahrhunderteinrichtung der *Mitternachtsshow*. Vor der Tür liegt der merkwürdig lang gestreckte **Spielbudenplatz** mit seinen zwei Schiebebühnen, über dessen Gestaltung lange gestritten wurde.

Kurz bevor die Reeperbahn in Richtung Innenstadt endet, steht das **Operettenhaus**. Hier liefen 15 Jahre lang *Cats*, dann mit gleichem Erfolg *Mamma Mia* und *Ich war noch niemals in New York*. Herbst 2010 startete der Broadway-Hit **Sister Act**.

Roter Blickfang: Was wäre der Kiez ohne das Schmidt Theater

In Harrys Hafenbasar gibt es Kunst und Kurioses aus aller Welt

KLEINE PAUSE

Currywurst und Kiez, das gehört zusammen. An die berühmteste Würstchenbude der Stadt, die *Heiße Ecke*, erinnert nach ihrem Abriss das gleichnamige Kultmusical im Schmidts Tivoli. Das ***Lukullus*** (Ecke Reeperbahn/Davidstraße, tägl. 11 bis 6 Uhr) serviert auch heute noch eine prima Wurst.

195 F1–2 Reeperbahn, St. Pauli

St. Pauli Theater
Spielbudenplatz 29/30 47 11 06 66
www.st-pauli-theater.de

Schmidt Theater, Schmidts Tivoli
Spielbudenplatz 25–28 31 77 88 99
www.tivoli.de

Operettenhaus
Spielbudenplatz 1 01805 / 44 44 www.stage.de

Harrys Hamburger Hafenbasar
Erichstraße 56 31 24 82 www.hafenbasar.de

REEPERBAHN: INSIDER-INFO

Top-Tipp: Schauen Sie sich die **Preise** genau an. Manchmal kostet ein Bier nette 4 Euro, der dazu bestellte Korn jedoch 20 Euro!

Geheimtipp: Die **Kurverwaltung** führt auf speziellen Wegen über den Kiez (Treffpunkt: U-Bahn: St. Pauli, Ausgang Reeperbahn, Di, Do, Sa 20 Uhr, Tel. 31 79 07 47, keine Anmeldung, Eintritt: teuer, www.kurverwaltungstpauli.de).

Muss nicht sein! Meiden Sie die **dunklen Nebenstraßen** in der Nacht.

- Auf dem Kiez sind Glasflaschen verboten. Ebenso jede Art von Waffen – dazu zählt auch das Taschenmesser. Die Polizei kontrolliert streng!

Nach Lust und Laune!

6 HSV-Museum

Das HSV-Museum befindet sich in der riesigen Imtech Arena und ist schon deswegen die (kleine) Reise wert. Sie finden dort viele Devotionalien des HSV, und sogar auch einen Spind mit einem Comic, gemalt von Kaiser Franz persönlich. Dazu noch vieles über andere Sportarten, die unter dem Dach des traditionsreichen Vereins heute trainiert werden.

HSV wird Meister – oder doch nicht?

194, westl. A5 Sylvesterallee 7 (in der Imtech Arena), Stellingen 41 55 15 50 tägl. 10–18.30 Uhr Stellingen (ab da Shuttlebus, allerdings nur bei Veranstaltungen) mittel www.hsv-museum.de

7 Neuer Botanischer Garten

Seit 1979 gibt es den Neuen Botanischen Garten direkt am S-Bahnhof Klein Flottbek. Der Platz in der Innenstadt um den Alten Botanischen Garten an den Wallanlagen reichte nicht mehr aus. Der Neue Garten erstreckt sich über ca. 25 ha, ebenfalls auf dem Gelände befinden sich die Gebäude des Fachbereiches Biologie der Universität Hamburg. Es gibt Wasserbecken mit Fischen, einen Japan-, Heide-, Bauern- und Nutzgarten, viele, viele Pflanzen und das Café *Palme* (tägl. ab 11 Uhr). In direkter Nachbarschaft liegen, interessant für Pferdefreunde, der Hamburger Poloplatz und der Derby-Park. Hier trifft sich einmal im Jahr die Reitelite zum Deutschen Springderby (jeweils im Mai).

194, westl. A2 Ohnhorststraße (gegenüber der S-Bahn) 42 81 64 76 tägl. 9 Uhr bis 1 Stunde vor Sonnenuntergang Klein Flottbek preiswert

8 Ottensen

Im zu Altona gehörenden Ottensen fühlen sich Journalisten und Werber, Arbeiter und

Handwerker, Punks, Studenten, Türken, Chinesen und Spanier zu Hause. Es sind noch viele kleine Wohnstraßen erhalten, in denen früher die Arbeiter der hier ansässigen Industrie meist ärmlich hausten. Interessant sind die Versuche, auch dieses Viertel aufzuschicken, zum Beispiel mit protzigen Wohnvierteln wie das Westend (Borselstraße/Völckersstraße): Hohe Porschedichte! in Ottensen hat sich eine lebendige Kneipenszene entwickelt, es gibt viele, teilweise skurrile Geschäfte und interessante Boutiquen. In der ehemaligen Zeise-Schiffsschraubenfabrik finden Sie ein kleines Kino und das Restaurant *Eisenstein* (➤ 137).
195 B1–2 Altona

Pilgerziel für gläubige Juden und ein internationales Kulturdenkmal

Zeise-Kino
Friedensallee 9 390 87 70

9 Jüdischer Friedhof Königstraße

Der jüdische Friedhof an der Königstraße gilt als eines der bedeutendsten jüdischen Kulturdenkmäler Deutschlands. Die ältesten Grabsteine stammen aus dem 17. Jh. Nach Hamburg, in das »Jerusalem des Nordens«, zog es damals vor allem die aus Spanien vertriebenen Sefarden. Sie kauften 1611 das Friedhofsgelände. Später wurde es dann mit dem nebenan liegenden Gräberfeld der Aschkenasen, also der aus Osteuropa stammenden Juden, vereint. Der Friedhof ist bewacht, es gibt ein kleines Besucherhäuschen direkt am Eingang.
195 E2 Königstraße
Di/Do 15–18 Uhr, So 14–17 Uhr
Königstraße www.denkmalstiftung.de

OTTO-VON-BAHREN-PARK

Otto von Bahren war (vermutlich) ein Ritter, der im 13. Jh. im Westen Hamburgs gehaust haben soll. Sehr viel später, nämlich 1896, erbaute die Stadt auf dem Areal zwischen Gasstraße im Süden und Mendelssohnstraße im Norden ein Gaswerk, das heute nicht mehr in Betrieb ist. Aber die **klassisch-schöne Industriearchitektur** wurde geschickt mit neuen Wohnungen, Büros, Läden, Restaurants, Wasserflächen und dem wunderbaren *Gastwerk*-Hotel (➤ 39) kombiniert. Ein schönes Beispiel für wirklich gelungene Stadtplanung. (194 A3, Bus 2, 3 Bornkampsweg)

10 Beatlemania

Ein ganzes großes Museum nur für die Fab Four. Alles nett, einfallsreich und mit viel Liebe zum Detail gestaltet. Nicht nur für Insider, sondern ganz generell für alle Musikfans. Direkt vor der Tür liegt der nett gestaltete Beatlesplatz mit George und Co als fast lebensgroße Silhouetten aus Eisen.
195 E2 Reeperbahn/Nobistor
85 38 88 88 tägl. 10–19, letzter Einlass 18 Uhr Reeperbahn teuer
www.beatlemania-hamburg.com

KAMPF UM DEN FISCH

1895 baute die Stadt Altona für ihre Fischer eine große Fischmarkthalle direkt an die Stadtgrenze nach Hamburg. Dort, am Fischmarkt, steht die »Kathedrale des Fischs« als schönes Baudenkmal noch heute. Die Hamburger ärgerten sich über die Konkurrenz vor ihrer Nase und bauten sich, nur wenige 100 Meter weiter, eine eigene Halle (1971 abgerissen). Die Fisch-Rivalität zwischen den beiden Städten ist Thema des imposanten, um 1900 geschaffenen **Stuhlmannbrunnens** zwischen Altonaer Rathaus und Bahnhof. In der Mitte des Ungetüms kämpfen zwei riesige Zentauren um einen Fisch: Hamburg gegen Altona.

11 Panoptikum

Sicher, mit Madame Tussaud's in London kann man das Wachsfigurenkabinett an der Reeperbahn nicht vergleichen. Aber es ist mit über 120 Figuren (von Madonna bis Papst Benedict XVI.) die größte deutsche Sammlung und das Gebäude im Original-1950er-Jahre-Stil strahlt seinen ganz eigenen Charme aus.

195 F1 Spielbudenplatz 3
31 03 17 Mo–Fr 11–21, Sa bis 24, So 10–21 Uhr St. Pauli mittel
www.panoptikum.de

12 U-434

U-434 gehört zu den größten je gebauten nicht atomaren U-Booten der Welt. Heute ist es ein Museum, seit 2010 liegt der 90(!) m lange Riese publikumsfreundlich an einem festen Steg am Fischmarkt. 84 sowjetische Soldaten dienten hier einst an Bord. Ganz schön unheimlich und sehr real!

195 E1 St. Pauli Fischmarkt 10
32 00 49 34 tägl. 9–20 Uhr
Landungsbrücken, Hadag Fähre 62, Anleger Fischmarkt teuer
www.u-434.de

HAMBURG VON OBEN

Einen wunderbaren Blick über den Hafen, die Containerterminals und die riesigen Schiffe bietet der **Altonaer Balkon** (194 C1). Wären die Pläne Adolf Hitlers Realität geworden, verliefe hier eine Elbufer-Hochstraße mit einem 250 m hohen »Gauhaus« und einer Volkshalle für 50 000 Menschen (► 166). Zum Glück wurde das alles nichts, und so blicken Sie auf die **Köhlbrandbrücke**: Zwei Pylonen, jede 135 m hoch, tragen die Brücke an 88 Stahlseilen. Elegant schwingt sie sich über den Wasserlauf Köhlbrand von Waltershof nach Steinwerder.

Wohin zum ...
Essen und Trinken?

Preise
Die Preisangaben gelten pro Person für ein Essen ohne Getränke:
€ unter 12 Euro **€€** 12–25 Euro **€€€** über 25 Euro

RESTAURANTS

Abendmahl €€
Das romantische kleine Lokal in Hafennähe ist so beliebt, dass eine Reservierung notwendig ist. Regelmäßig überrascht der Küchenchef mit neuen internationalen Kreationen. Lassen Sie unbedingt noch Platz für ein Dessert! Die schmecken nicht nur köstlich, sondern werden so kunstvoll angerichtet, dass es fast schade ist, sie aufzuessen.
195 E1 ✉ Hein-Köllisch-Platz 6 ☎ 31 27 58 ⌚ tägl. 18–23.30 Uhr Ⓢ Reeperbahn

Amadee €€
Einst waren die gediegenen, stuckverzierten Räume neben der Hamburger Kammeroper das Reich des viel zu früh verstorbenen Starkochs Manfred Stocker. Heute kocht hier Peter Zühlke. Der ist gerade einmal 25, aber er hat das anständige Klopfen eines perfekten Wiener Schnitzels beim Meister selbst gelernt, weiß, wie österreichische Küche schmecken muss und hat ein Händchen für Raffiniertes.
194 C2 ✉ Max-Brauer-Allee 80 ☎ 41 30 62 72 ⌚ Di–So ab 18 Uhr 🚌 Gerichtstraße

Atlas €€
Früher wurden in dem alten Fabrikgebäude auf dem Phoenixhof Schiffsteile zusammengeschweißt, heute wird in der Küche geschuftet. Nicht nur abends werden die Gäste satt, sondern auch mittags beim Lunchmenü oder sonntags beim gut sortierten Brunch. Für alle, die Lust haben, die Nouvelle Cuisine zu Hause selbst auszuprobieren, bietet das *Atlas* sogar Kochkurse an.
194 B3 ✉ Schützenstr. 9a ☎ 851 78 10 ⌚ Mo–Fr 12–16/18–23, Sa/So ab 18 Uhr, sonntags 10.30–15 Uhr Brunch 🚌 2 Schützenstraße (Mitte)

Country Kitchen €–€€
Mitten auf dem Hof des Norddeutschen und Flottbeker Reitvereins befindet sich das Restaurant *Country Kitchen*. Landhaus-Charme, wohin man blickt. Durch eine sichere Fensterfront können Sie zuschauen, wie die Reiter in der Dressurhalle ihre Runden drehen, und dabei tellergroße Schnitzel mit Bratkartoffeln und Gurkensalat, Spare-Ribs oder Steak genießen.
194, westl. A1 ✉ Hemmingstedter Weg 2 ☎ 85 19 77 78 ⌚ Di–Sa 18 bis 23, So 12–22 Uhr Ⓢ Klein Flottbek

Cuneo €€
Seit 100 Jahren ist der kultige Italiener in den Händen der Familie Cuneo. In dem stets rappelvollen Restaurant auf dem Kiez treffen sich Journalisten, Hamburger, die was auf sich halten, und Promis. Das beweisen die zahlreichen Bilder an den Wänden. Selbst Romy Schneider und Robert De Niro gingen hier ein und aus.
195 F1 ✉ Davidstr. 11 ☎ 31 25 80 ⌚ Mo–Sa 17.45–1 Uhr Ⓢ Reeperbahn

Das Weiße Haus €€–€€€
»Als Ballack ging, hörte Bayern auch nicht auf zu spielen«, sagt Christian Senkel, der seit dem Ausstieg von Tim Mälzer das Restaurant im kleinen Kapitänshäuschen am Övelgönner Elbstrand allein führt. Recht hat er. Wer nicht weiß, dass der

Fernsehliebling seinen Platz am Herd geräumt hat, bemerkt es allenfalls daran, dass er nicht mehr wochenlang auf einen Tisch – und damit auf das abendliche Überraschungsmenü oder das raffiniert-bodenständige Mittagessen – warten muss.
194 A1 · Neumühlen 50 · 390 90 16 · Mo–Fr 12–15, Mo–Sa ab 18 Uhr · 112 Neumühlen

Eisenstein €–€€

In der ehemaligen Schiffsschraubenfabrik wird es am frühen Abend voll. Das schlichte *Eisenstein* mit den hohen Wänden ist Teil der Zeise-Hallen und der beliebteste Ort, um sich vor Beginn des Films zu stärken. Besonders zu empfehlen sind die kreativ belegten Pizzen – sie gehören zu den besten der Stadt.
194 B2 · Friedensallee 9 · 390 46 06 · Mo–Sa 11–1, So 10–1 Uhr · 1 Friedensallee

Filmhauskneipe €

Ein Platz auf der kleinen Empore in der *Filmhauskneipe* ist besonders beliebt. Dafür müssen Sie ein paar Stufen hochsteigen und thronen dann über allen anderen Gästen, darunter viele Filmfreaks. Die Küche (Pasta, Salate, Pizza) eignet sich bestens für den schnellen Hunger. Wer jedoch Exquisites erwartet, ist hier an der falschen Adresse.
194 B2 · Friedensallee 7 · 39 90 80 25 · tägl. 12–23.30 Uhr · 1 Friedensallee

Fischereihafen Restaurant €€–€€€

Schlichtweg *der* Klassiker, wenn es in Hamburg um Fisch geht. Das Haus ist eine Institution, ebenso wie Vater und Sohn Kowalke, die das *Fischereihafen Restaurant* schon seit Ewigkeiten gemeinsam führen. Schnickschnack gibt es hier weniger – dafür aber konstant wunderbar zubereitete Fischgerichte. Immer zu empfehlen.
194 C1 · Große Elbstr. 143 · 38 18 16 · tägl. ab 11.30 Uhr · 383 Van-der-Smissen-Straße

Freudenhaus €€

Der Blick auf die Karte lässt schmunzeln. Die Fleischroulade heißt »Lilo Wanders«, der Spanferkelbraten »Corny« und der Sauerbraten »Marlene« – alles Anspielungen auf das benachbarte Schmidt Theater an der Reeperbahn. Vegetarier sind übrigens »Blumenversteher«. Doch ganz egal, ob Fleisch oder Gemüse, die Küche überzeugt auf ganzer Linie – Abende werden hier oft lang.
195 F2 · Hein-Hoyer-Str. 7–9 · 31 46 42 · tägl. ab 18 Uhr · Reeperbahn

Henssler Henssler €€–€€€

Das aufregendste Sushi der Stadt gibt es in Hamburg nicht in einem japanischen Restaurant, sondern bei Vater und Sohn Henssler. Es schmeckt nach Kalifornien und Kyushu gleichzeitig, und für einen solchen Genuss nehmen die Gäste das etwas kühle und laute Ambiente gern in Kauf. Für den gebratenen Saibling und das Entrecôte übrigens auch.
195 D1 · Große Elbstr. 160 · 38 69 90 00 · Mo–Sa 12–15/ 18–23 Uhr · 383 Sandberg

Jacobs / Kleines Jacob €–€€

Zum Hotel *Louis C. Jacob* gehören gleich zwei Restaurants. Im *Jacobs Restaurant* (Elbchaussee 401–403, Tel. 82 25 50, tägl. 12–15, ab 18 Uhr, teuer) waltet mit Sternekoch Thomas Martin Hamburgs bester Küchenkünstler. Fragen Sie auch nach dem »Küchentisch«. Bei diesem Angebot speisen Sie in der Küche und schauen den Kochkünstlern direkt in die Töpfe. Ein phantastisches Angebot für alle, die gern gut kochen. Eine günstigere Alternative bietet das Bistro *Kleines Jacob* gleich gegenüber. Pizzabrot und Elsässer Flammkuchen sind beliebte Gerichte auf der Karte.
194, westl. A1 · Elbchaussee 404 · 82 25 55 10 · Mo, Mi–Sa 18–24, So 12–14.30/18–21.30 Uhr · Schnellbus 36 Sieberlingstraße

Jolie €–€€

Ragsawan Anantapongse und Claudia Haas haben mit dem Jolie ein Wohnzimmer geschaffen. 20 Euro kostet ein Dreigängemenü. Dienstag gibt's Burger, Mittwoch Schnitzel. Das klingt nach Nullachtfünfzehn – wer es probiert, weiß, dass auch solche Gerichte keine ungesunden Langweiler sein müssen.

195 F2 ✉ Clemens-Schultz-Str. 42 ☎ 33 39 68 62 Di–Fr ab 12, Sa ab 15, So ab 16 Uhr St. Pauli

Kleine Brunnenstraße €€

Zugegeben, für vertrauliche Gespräche ist das nicht der richtige Ort. Zu eng stehen die Tische beieinander. Doch es ist ein freundlicher Ort, getaucht warmes Licht. Und einer, an man sehr lecker zum Beispiel Weideochsen oder Zander essen kann. Jeden Abend gestopft voll. Aus gutem Grund.

194 B2 ✉ Kleine Brunnenstr. 1 ☎ 39 90 77 72 tägl. 12–15/18–23 Uhr Altona

L'Europeo €€€

Restaurantchef Antonio Cotugno kommt höchstpersönlich zu Ihnen an den Tisch und erklärt seinen Gästen die hochwertigen, italienischen Gerichte auf der Karte. Kein Designer hat hier Hand angelegt, das Interieur in dem Eckbacksteinbau am Autobahnzubringer ist kein Highlight.

194, westl. A1 ✉ Osdorfer Weg 27 ☎ 899 21 38 Sa/So auch 12.30–15 Uhr Schnellbus 37 Osdorfer Weg

Lust auf Italien €–€€

Der Name ist Programm: Auf den langen Holzbänken, direkt am Altonaer Fischmarkt an der großen Elbstraße, fühlt man sich so wohl wie auf einer Piazza, aus der Küche dringen italienische Wortfetzen. Hier zu sein, macht Spaß. Aus dem angeschlossenen Weinladen können Sie sich, um das Italien-Feeling zu verlängern, noch ein Fläschchen mitnehmen.

194 C1 ✉ Große Elbstr. 133 ☎ 38 28 11 tägl. 12–24 Uhr 383 Sandberg

Quellental €€

Das alte Forsthaus beim Jenischpark liegt versteckt hinter belaubten Bäumen. Weil es so romantisch ist, wird hier oft geheiratet, also erkundigen Sie sich vorher, ob eine geschlossene Gesellschaft stattfindet. Wenn nicht, haben Sie Glück und können in den Genuss der delikaten internationalen Küche kommen und im lauschigen Garten speisen.

194, westl. A1 ✉ Quellental 36 ☎ 82 24 22 70 tägl. 12–23 Uhr 115 Baron-Voght-Straße

Röperhof €€

Mitten in Othmarschen, direkt an der Einfahrt zum Elbtunnel, versteckt sich ein 200 Jahre altes Bauernhaus, das man hier nicht unbedingt erwarten würde. Weil man die Autos aber kaum hört, ist ein Besuch im *Röperhof* fast wie ein Ausflug aufs Land. Aus den früheren Stallungen des Gebäudes ist eine loungige Bar mit Clubsesseln geworden, der Restaurantbereich verteilt sich auf mehrere kleine Séparées.

194, westl. A2 ✉ Agathe-Lasch-Weg 2 ☎ 881 12 00 tägl. 12–22.30 Uhr, So ab 10 Uhr 286 Reventlowstraße

Schatto Pauli €€

Französische Küche heißt für viele »kleine Portionen« – das plüschige *Schatto Pauli* mit den schweren Theatervorhängen an den Fenstern hält dagegen. Hier wird nicht gespart. Die Teller werden randvoll an die Tische gebracht. Daher ist ein Essen in dem an das Schmidts Tivoli angrenzenden Franzosen verhältnismäßig günstig. Chefkoch Klaus Patzer verfeinert auf österreichische Art. Achtung: Juli und August Sommerpause!

195 F1 ✉ Kastanienallee 32 ☎ 31 77 88 17 Mi–Fr/So 17–20, Sa 17–24 Uhr Reeperbahn

Schauermann €€

Schauermann nannte man in Hamburg früher die Hafenarbeiter, und so schaut man vom Restaurant hoch über der Elbe direkt auf das

Arbeitsleben im riesigen Schiffsdock der Blohm- und Voss-Werft. Lassen Sie sich die Geschichte der original Thonet-Stühle (von 1968) erzählen. Spannend! Für Eltern übrigens ein idealer Platz. Die Straße vor der Tür ist für Autos gesperrt, ein kleiner Grünstreifen mit Sandkiste bietet Platz für die lieben Kleinen …
195 F1 St. Pauli Hafenstraße 136–138 31 79 46 60 Mo–Sa ab 18 Uhr 112 Hafentreppe

Schweizweit €€
Schweizer Rivella-Limonade, Schweizer Käse, Schweizer Bündnerfleisch, Schweizer Bücher, Schweizer Weine und so weiter. Der kleine Milch- und Butterladen aus der Gründerzeit wurde mit viel Liebe zum Detail renoviert. Besondere Beachtung gebührt den Buttergipfeli!
194 C2 Große Rainstr. 20 39 90 70 00 Di–Sa 10–24, So bis 18 Uhr Altona

Tafelhaus €€€
Eines der besten Restaurants der Stadt. Das Team rund um Sternekoch Christian Rach ist perfekt eingespielt, der Blick auf das Hafenpanorama phantastisch, die Inneneinrichtung puristisch, das Publikum gut gekleidet und solvent. Und die Speisen sind selbstverständlich ein Genuss.
194 A1 Neumühlen 17 89 27 60 Di–Fr 12–14.15/ 19 bis 21.30, Sa 19–21.30 Uhr 112 Neumühlen

Zur Traube €–€€
Nettes, alteingesessenes Weinlokal in Ottensen mit einem sehr guten und feinen Restaurant in der 1. Etage. Nach dem Schoppen sind Sie dann genau richtig eingestimmt für einen Verdauungsspaziergang zur schönen kleinen Christianskirche um die Ecke (Richtung Elbchaussee).
194 C1 Karl-Theodor-Str. 4 39 90 82 36 tägl. 18–23.30 Uhr 115 Altonaer Rathaus

CAFÉS/IMBISS

Altonas Balkon
Der Biergarten mit Café hat nur im Sommer (und bei gutem Wetter) auf, aber dann ist es hier herrlich, inmitten einer Liegewiese, einige Meter östlich vom Altonaer Balkon und unterhalb von Altonas schönster Straße, der Palmaille. Der Blick auf den Hafen mit Köhlbrandbrücke ist phantastisch, das Bier kühl.
195 D1 Palmaille 41 April–Okt. Di–So ab 12 Uhr 383 Behnstraße

Engel
Das *Engel* ist ein veritables und sehr gutes Restaurant, aber es ist eben auch ein herrliches Café, gelegen auf dem Anleger Teufelsbrück auf der Elbe. Der Brunch am Sonntagmorgen ist legendär, ebenso die Kuchen und Torten. Die Wellenbewegung des Wassers ist deutlich zu spüren, vor allem wenn die Elbfähren anlegen, also nichts für reine Landratten.
194, westl. A1 Anleger Teufelsbrück/ Othmarschen 82 41 87 tägl. 11–22.30 Uhr 286, 21, Schnellbusse 36, 39 Teufelsbrück, Fähre

Knuth
Ein schöner Platz ist das, drinnen an der großen Fensterfront und draußen auf den Bierbänken. Bei Rhabarberschorle, einer riesigen Frühstücksauswahl oder feinen Suppen und Pinkus-Bier lässt es sich prima den Tag vertrödeln.
194 C2 Große Rainstr. 21 46 00 87 08 Mo–Sa ab 9, So ab 10 Uhr Altona

Teufels Küche
Günstig ist es in der wunderhübsch gefliesten, dampfschwadendurchfluteten *Teufels Küche*. Da landen ruckzuck schafskäsegefüllte Ravioli auf den Tellern, hausgemachte Merguez und andere nach frischen Gewürzen duftende Köstlichkeiten.
194 B2 Ottenser Hauptstr. 47 39 80 49 77 Mo–Fr. ab 11 Uhr Altona

Wohin zum ... Einkaufen?

GROSSE ELBSTRASSE

Am Elbufer tut sich was. Immer mehr Geschäftsleute wählen die Große Elbstraße als Standpunkt für ihre Läden. Den Anfang machte das **Stilwerk** (Große Elbstr. 68). In dem siebenstöckigen, modernisierten Backsteingebäude teilen sich 27 Geschäfte eine Verkaufsfläche von 11 000 m². Alle haben sich dem Thema Wohnen verschrieben. Designmarken wie Bulthaupt, Bang und Olufsen, Alessi und Co. sind hier vertreten. Noch mehr schicke und überwiegend minimalistische Möbel bekommen Sie im großen **Habitat-Store** (Große Elbstr. 264) und bei **Bo Concept** (Große Elbstr. 39). Um die eigene Schönheit und nicht die der eigenen vier Wände geht es im **Werkhaus** (Große Elbstr. 146). Dort hängt sowohl Männer- als auch Frauenmode von Trendmarken wie Cinque oder Tiger of Sweden auf den Kleiderbügeln.

OTTENSEN

Shoppen macht im gemütlichen, verschachtelten Ottensen so richtig Spaß. Selbst dann, wenn es mal regnet. Dann hat man wenigstens einen guten Grund, im **Waterkant** (Ottenser Hauptstr. 56) die trendige Allwettermode anzuprobieren. Oder im **Vergissmeinnicht** (Ottenser Hauptstr. 44) wunderschöne Lieblingsstücke für Kinder zu erstehen, gehäkelte Prinzessinnen zum Beispiel und gewalkte Piratenhüte. In Sandra Peters' **Sweet Suburbia** (Eulenstr. 49) kommen alle Produkte aus Großbritannien, von Marmite über Rosenseife und Charles-und-Camilla-Schlüsselanhänger bis hin zu Mode von Pringle und Ben Sherman.

Ein Trendsetter in Sachen Mode ist auch **Walka** (Ottenser Hauptstr. 31). Verkauft werden dort Teile von Vive Maria, G-Star, Billabong und allem, was angesagt ist. Frauen mit Schuhtick sollten auf direktem Weg zu **Krupka** (Ottenser Hauptstr. 55) gehen. Zum Ladenkonzept gehört, dass kein Paar mehr als 100 Euro kostet: Die Auswahl von Sandalen bis Stilettos ist überwältigend. Für Faulpelze oder solche, denen Stöbern keinen Spaß macht, empfiehlt sich das mehrstöckige Einkaufszentrum **Mercado** (Ottenser Hauptstr. 10). Da ist alles unter einem Dach versammelt.

RUND UM WOHLWILLSTRASSE UND REEPERBAHN

Zwischen Schanzenviertel und Reeperbahn verstecken sich Fashionstores, Plattenläden und vor allen Dingen haben sich hier junge Leute mit Ideen niedergelassen. So auch das Team von **Lockengelöt** (Wohlwillstr. 20). Aus vermeintlich Unbrauchbarem, wie alten Lampenschirmen oder Haushaltsgeräten, fertigen sie völlig neue Wohnaccessoires. Nur zwei Häuser weiter, im **Ausstellungsraum Neu** (Wohlwillstr. 24) verkauft der Sänger und Maler Nils Koppruch unter dem Künstlernamen SAM seine farbenfrohen, großformatigen Werke. Die Jungdesignerin Carina Bechler entwirft und schneidert in ihrem Laden **Midori** (Paul-Roosen-Str. 12) Kleider und Accessoires, die sie zu günstigen Preisen verkauft. Bei **Dekoop** (Paul-Roosen-Str. 28) gibt es lustige Filzaccessoires und andere witzige Dinge.

Tipp: Auf der Reeperbahn befinden sich einige Geschäfte, die bis spät abends und sogar sonntags geöffnet haben, darunter **Easy Rider** (Reeperbahn 155) mit einem großen Sortiment an Sneakers und Damenschuhen und der Westernstore **Hundertmark** (Spielbudenplatz 9) mit coolen Cowboyboots, Jeans und allerlei FC-St.-Pauli-Fanmode. Viel Spaß beim Stöbern.

Wohin zum … Ausgehen?

Das Leben in Hamburg spielt sich am Abend oft in Bars ab. Nicht nur, weil man sich so am besten auf die wilde Nacht im Club vorbereiten kann, sondern auch, weil einige der ursprünglichen Warm-Up-Läden so gut sind, dass sich viele Gäste entscheiden, dort zu bleiben. Das Clubleben konzentriert sich auf vier Ballungszentren: Große Freiheit, Hans-Albers-Platz und Spielbudenplatz. Die einzige Chance, in die Clubs hineinzukommen, ist oft: hingehen, Schlange stehen und die Türsteher becircen. Je beliebter der Club ist, desto unerbittlicher sind sie allerdings. Man sollte sich trotzdem nicht abschrecken lassen. Vielleicht ist der Laden nebenan aber auch sowieso viel netter …

BARS

Durch Ottensens kleine Straßen fegt im Sommer ein südländisches Flair. Eine Bar reiht sich an die andere, Gäste nehmen ihre Drinks mit nach draußen und sitzen auf Bierbänken. Dabei sind die Bars auch von innen gerade in dieser Ecke von Hamburg mit sehr viel Liebe fürs Detail ausgestattet. Die **Bar 227** (Max-Brauer-Allee 227, kein Tel., Öffnungszeiten wechseln je nach Abendprogramm, Info auf www.bar227.de) zieren Siebzigertapeten; abgewetzte Ledersofas laden dazu ein, es sich mit einem kühlen Astra gemütlich zu machen. Im **Familieneck** (Friedensallee 2, Tel. 390 74 97, tägl. 18–4 Uhr) treffen sich die Bewohner Ottensens, entspannen bei Britpop, Reggae und Rock, trinken Astra auf umfunktionierten Ölfässern und wundern sich nicht über prominente Gäste wie Fatih Akin oder Tine Wittler. Die gehören nämlich dort zur Familie. Ein paar Schritte weiter im **Aurel** (Bahrenfelder Str. 157, Tel. 390 27 27, tägl. 10–3 Uhr) hören die Gäste Walgesänge auf den Toiletten und bestellen gut gemixte Caipirinha am kleinen Tresen. Vor der Tür liegt der **Alma-Wartenberg-Platz**, der bei gutem Wetter bis in die Nacht hinein wirkt wie ein großer Biergarten. Um die Ecke liegt die **Rehbar** (Ottenser Hauptstr. 52, Tel. 39 90 63 63, tägl. ab 21 Uhr). Grüne Wände, dunkles Holz und *Rehbier* auf der Karte verbreiten Fortshausromantik.

Weiter unten, am Hafen, hat Cosma Shiva, die Tochter von Nina Hagen mit der Galeristin Manuela Oana die **Sichtbar** (Fischmarkt 5-9, Tel. 68873032, Mo–Sa ab 15 Uhr) eröffnet. Lässige Atmosphäre, wechselnde Kunst und Lesungen sorgen dafür, dass das Publikum bunt gemischt ist. Wesentlich schicker präsentiert die Bar des Restaurant **Indochine** (➤ 126).

Auch St. Pauli, ein mindestens genau so bunter Stadtteil wie Ottensen, ist voll von schicken, lässigen, szenigen oder klassischen Bars. Zum Designhotel *East* gehört **Yak-shi's Bar** (Simon-von-Utrecht-Str. 31, Tel. 30 99 30, tägl. 17 bis 2 Uhr). Architekt Jordan Mozer hat Hamburg an dieser Stelle durch futuristisches Design und edles Mobiliar ein Stück New York gegeben. Schluss also mit dem spießigen Hotelbar-Image. Gammeliger, aber außerordentlich gemütlich ist die zum Backpackerhotel **Kogge** (Bernhard-Nocht-Str. 59, Tel. 31 28 72, So–Do 10–4, Fr/Sa bis 6 Uhr) gehörende Bar. Die ganze Nacht wird dort gekickert, aus den Boxen dröhnt Punkrock.

Auch in der **Cobra Bar** (Friedrichstr. 29, kein Tel., tägl. ab 21 Uhr) kann es passieren, dass sich das gemischte, alternative Publikum um einen Spieltisch versammelt, denn nicht nur ein Kicker, sondern auch Spielkonsolen gehören zum Inventar. Spaß-Garant ist der Hamburger Berg, eine Seitenstraße der Reeperbahn. Bis in die frühen Morgenstunden ziehen Partymacher von einer Bar in die andere und feiern ausgelassen. Die bekannteste und urigste unter ihnen ist **Rosis Bar** (Hamburger Berg 7, kein Tel., Mo–Sa ab 21 Uhr). In den Sechzigern haben hier schon die Beatles abgefeiert und sich von Rosi, die noch heute oft hinterm Tresen steht, Drinks spendieren lassen. Ein paar Häuser weiter liegt das **Roschinsky's** (Hamburger Berg 19, Tel. 319 56 86, tägl. ab 21 Uhr). Hier wird mit Partykrachern von Alex Harvey oder ZZ Top bis in den Morgen gefeiert.

Richtig skurril wird es auf der anderen Seite der Reeperbahn. Im **Silbersack** (Silbersackstr. 9, Tel. 31 45 89, tägl. 12–6 Uhr) wählt das Publikum die Musik aus einer uralten Jukebox, die bestückt ist mit Udo-Jürgens- und Hans-Albers-Hits, tanzt ausgelassen, singt und trinkt Bier aus der Flasche, das die 82-jährige Wirtin über den 50er-Jahre-Tresen reicht. Lässiges und musikbegeistertes Publikum trifft sich in der **Hasenschaukel** (Silbersackstr. 17, kein Tel., Do ab 17, Fr/Sa ab 21 Uhr). DJ-Größen werden eingeladen, und wenn Sie Glück haben, erwischen Sie einen Abend mit Livegig. Cocktail-Liebhaber sind im **Christiansen's** (Pinnasberg 60, Tel. 317 28 63, Mo–Sa ab 20 Uhr) gut aufgehoben. Chef Uwe Christiansen war mal Deutscher Vizemeister der Barkeeper-Union, und seine Bar hält mit 150 Rum- und Whiskysorten den Stadtrekord. Was auch schön ist: hier ist es zwar immer voll, aber nie so laut, dass man sein eigenes Wort nicht mehr versteht.

CLUBS

Die Clubs auf der Reeperbahn kommen und gehen. In der einen Saison The-Place-To-Be, in der nächsten unter Umständen schon geschlossen. Eine Ausnahme macht die **China Lounge** (Nobistor 14, Do–Sa ab 23 Uhr, www.china-lounge.de). Die Schlange vor der Tür ist oft lang, also bringen Sie Geduld mit. Der rotgolden dekorierte Mainfloor bebt, im gemütlichen Garten plätschert ein Brunnen; elektronische Musik.

Legendär ist die **Große Freiheit**. Diese Straße prägt das Bild von Hamburg. Leuchtreklame funkelt, ein Club reiht sich an den nächsten. Das **Dollhouse** (Große Freiheit 14, Tel. 31 79 69 88, tägl. ab 21 Uhr) ist der edelste Table-Dance-Club der Stadt. Im **Cult** (Große Freiheit 27, Tel. 29 82 21 80, Fr–So ab 22 Uhr) laufen 70er- und 80er-Hits zum Mitsingen. Das können Sie auch in der **Thai-Oase** (Große Freiheit 38–40, Tel. 31 79 20 95, tägl. ab 20 Uhr), Hamburgs kultigster Karaoke-Bar. Nebenan in der **Großen Freiheit 36** (Große Freiheit 36, Tel. 31 77 78 11, Fr–So ab 22 Uhr) standen schon zahllose internationale Größen auf der Bühne, noch heute steigen dort fast jeden Abend Konzerte.

Ein paar Schritte weiter geht's in die neue Location von China-Club-Gründer Claus Hock, das **Moondoo** (Reeperbahn 136, Tel. 31 97 55 30, www.moondoo.de). Und das ist zurzeit der angesagteste Tanzboden der Stadt, mit einem Ruf, der weit über ihre Grenzen hinausragt. Das bezeugen auch die international bekannten DJs, die in dem pompösen Tanztempel auflegen, wie etwa Charlie Funk und Gilles Peterson. Im Keller dieses Clubs findet freitags der **Bar-Morphine-Abend** statt, ein hipper Elektro-Club. Der Name kommt nicht von ungefähr: Die nahegelegene Schmuckstraße war in den 1920er-Jahren bekannt für ihre Opium-Höhlen

Etwas weiter auf der gegenüberliegenden Straßenseite liegt der **Hans-Albers-Platz**. Im Sommer drängeln sich die Leute an Bierbänken, die über den ganzen Platz verteilt sind. Auch in den umliegenden Bars (**Frieda B.**, **La Paloma**, **Café Quer**, **Hans Albers Eck**, **Molly Melone** u. a.) ist es meist rappelvoll, das Publikum immer heiter und gesangstüchtig. Mehr getanzt als gesungen wird im **Neidklub**

(Reeperbahn 25, 1. Stock, kein Tel., Fr/Sa ab 23 Uhr). Hier trifft sich ausschließlich Hamburgs lässige Partyszene und wird oft von international bekannten DJ-Größen wie Turntablerocker oder Radioslave an den Decks in Stimmung gebracht. Auf dem riesigen Balkon des Clubs können die Partyjunkies unter freiem Himmel die Nacht zum Tag erklären.

Weiter Richtung Kiez-Ende finden sich rund um den Spielbudenplatz noch weitere Clubs. **Angie's Nightclub** (Spielbudenplatz 27, Tel. 31 77 88 11, Do–Sa ab 22.30 Uhr) ist im selben Gebäude wie das Schmidts Tivoli beheimatet, denn die schummrige, mit Teppich ausgelegte Bar und Diskothek, in der häufig konkurrenzloser Livesoul zu hören ist, gehört seit jeher zum Schmidt-Imperium und ist ein absoluter Kiezklassiker. In den lauschigen Séparées mischt sich Publikum aller Altersklassen. Das »D« des **D-Club** (Spielbudenplatz 19, kein Tel., Fr/Sa ab 23 Uhr) steht für Docks, so hieß der großflächige Laden nämlich früher. Abgeschabtes Ambiente ist inzwischen von rotgestrichenen Wänden und gemütlichen Sitzecken abgelöst worden. Die Partys bewegen sich zwischen Black Music und Trance, das Publikum ist meist unter 22. Ein paar Meter weiter liegt das **Molotow** (Spielbudenplatz 5, kein Tel., Do–Sa ab 23 Uhr). In diesem kultigen und ziemlich abgenutzten Kellerclub geht es wild und feuchtfröhlich zu. Nichts für Empfindliche, sondern für Punk- und Indierock-Liebhaber. Direkt nebenan, in der **Meanie Bar**, treffen sich allabendlich diejenigen, die Sixties-Musik und melodiöse Gitarren lieben. Die DJs am Tresen haben einen feinen Musikgeschmack und legen mit Stolz und Freude ihre Raritäten auf. Ein bisschen weiter entstehen gerade Hadi Teheranis Tanzende Türme. Bis Ende 2011 ist es eine Großbaustelle, dann ziehen ein Hotel und diverse Clubs dort ein, unter anderem der schon legendäre Mojo Club. Auf Ihrem Weg über den Kiez können Sie zu guter Letzt noch ein Highlight erwarten: Das **Mandarin Kasino** (Reeperbahn 1, kein Tel., Fr/Sa ab 23 Uhr, www.mojo.de) gehört zu den beliebtesten Zielen Hamburger Nachtschwärmer. Außer auf Konzerte setzen die Macher auf Hip-Hop, Funk, Soul und manchmal auch auf House.

THEATER/KABARETT/MUSIK

Neben der vielen Clubkultur gibt es auf St. Pauli auch noch ein anderes Unterhaltungsprogramm (► 132). Im **Imperial-Theater** (Reeperbahn 5, Tel. 31 31 14) gibt es ganz nette Krimi-Theaterstücke. Das **Pulverfass** (Reeperbahn 147, Tel. 24 97 91 und 24 78 78) zeigt Kabarett und ist berühmt für seine schrillen Travestie-Shows.

Einen weiteren Knotenpunkt in Sachen Kultur bildet Altona. In der **Fabrik** (Barnerstr. 36, Tel. 39 10 70, www.fabrik.de) finden fast jeden Abend Konzerte statt, oft auch Partys, manchmal Lesungen und Ausstellungen. Das erst im Jahr 2000 eöffnete zweite Haus des Thalia Theaters, das **Thalia in der Gaußstraße** (Gaußstr. 190, Tel. 32 81 44 44), befindet sich ebenfalls in Altona. Hier haben vor allem Erstaufführungen junger Autoren und experimentelles Theater ihren Platz. Auf zwei Bühnen bietet das **Altonaer Theater** (Museumstr. 17, Tel. 39 90 58 70) gute Unterhaltung aus Klassik, Moderne und Literatur. Das in den 1950er-Jahren erbaute Backsteinhaus mit seinem schönen Treppenaufgang ist sehenswert.

Jahrelang spukte im **Theater Neue Flora** (Stresemannstr. 159a, Tel. 43 16 51 80, www.stageholding.de) das *Phantom der Oper.* Anschließend tanzten Polanskis Blutsauger im *Tanz der Vampire* über die Bühne und danach Baby und Johnny in *Dirty Dancing*. Nun folgte das Disneymusical *Tarzan*. Mit Alexander Klaws, dem ersten DSDS-Gewinner. Und der macht seine Sache allen verständlichen Bedenken zum Trotz sehr gut.

Der Norden

Erste Orientierung

Hamburg ist eine der grünsten Städte Deutschlands. Im Norden Hamburgs tragen besonders der Ohlsdorfer Friedhof und der Stadtpark zu diesem Eindruck bei. Von Norden mäandert die Alster stadteinwärts, parallel zu den Straßen verlaufen schmale Kanäle. In Barmbek und Dulsberg wohnten und wohnen traditionell die Arbeiter der Stadt.

Manchmal herrschaftlich, manchmal bescheiden – die Grabmäler im Ohlsdorfer Friedhof

Der Ohlsdorfer Friedhof ist der größte Parkfriedhof der Welt. An den Gräbern und ihren Denkmälern lassen sich die Trends und Moden der Bestattungskultur von 1877 bis in die Jetztzeit verfolgen. Für viele Hamburger ist der Friedhof jedoch nicht nur ein Ort der Trauer und Besinnung, sondern auch ein Ausflugsziel im Grünen. Hier und im nahe gelegenen Stadtpark finden die Großstädter Erholung und Ruhe, wobei im Stadtpark auch der Sport nicht zu kurz kommt. Im Norden entstanden in der Weimarer Zeit auch die Wohnsiedlungen des Sozialen Wohnungsbaus, die noch heute eindrucksvoll beweisen, in welcher Aufbruchsstimmung sich Künstler, Architekten und Stadtplaner damals befanden. Wie sich die Arbeit auf unser Leben auswirkt, das zeigt das in Barmbek beheimatete Museum der Arbeit. Die City Nord ist eine moderne Geschäftsstadt, die nach vielen Jahren aus dem Dornröschenschlaf erwacht ist und heute Architekturfans aus aller Welt anzieht und begeistert. Im alsternahen und gleich neben dem Stadtpark liegenden Stadtteil Winterhude lebt es sich schick und nobel – mit den entsprechenden Restaurants, Läden und allem, was sonst dazugehört.

★ Nicht verpassen!

1 Ohlsdorfer Friedhof ➤ 150
2 Museum der Arbeit ➤ 152
3 Stadtpark ➤ 154

Nach Lust und Laune!

4 Jarrestadt ➤ 156
5 Winterhude ➤ 156
6 City Nord ➤ 156

Seite 145: Paddeltouren zwischen Alster und Stadtpark sind traumhaft schön

Jarrestadt: Soziales Bauen in der Weimarer Zeit

An einem Tag

Die folgende Route ist eine Möglichkeit, wie Sie einige der interessantesten Sehenswürdigkeiten der nördlichen Hamburger Stadtteile an einem Tag abklappern können. Nutzen Sie die Karte (➤ 146f) zur Orientierung, die einzelnen Highlights werden im Folgenden (➤ 150ff) näher beschrieben.

10 Uhr

Beginnen Sie den Tag mit einem Spaziergang über den **1 Ohlsdorfer Friedhof** (links; ➤ 150). Sie können verschiedenen Rundgängen folgen, die Gräber von Prominenten besuchen oder sich und Ihre Gedanken einfach nur treiben lassen.

12 Uhr

Zeit für eine kleine Pause. Vom Haupteingang des Friedhofs ist es nicht weit bis zum Ufer der hier vorbeifließenden Alster. Dort gibt es verschiedene Ausflugslokale – oder mieten Sie sich ein Paddelboot und entdecken Sie diesen Teil Hamburgs vom Wasser aus.

14 Uhr

Mit der S-Bahn fahren Sie von Ohlsdorf nach Barmbek. Dort wartet das **2 Museum der Arbeit** (➤ 152), eine der außergewöhnlichsten Kultureinrichtungen Hamburgs, auf Sie. Und – nomen est omen – das schönste an diesem Museum der Arbeit ist, dass auch Sie aktiv werden können.

16 Uhr

Die Buslinie 172 bringt Sie in wenigen Minuten zur 4 **Jarrestadt** (oben; ➤ 156), einer in der Weimarer Zeit errichteten Wohnstadt für Arbeiter, heute ein einmaliges Relikt aus der Zeit des Neuen Bauens. Von dort ist es dann zu Fuß auch nicht mehr weit bis zum 3 **Stadtpark** (➤ 154). Für den Rest des Tages haben Sie nun die Qual der Wahl: Ein kühles Bad im Stadtparksee? Oder lieber ein kühles Helles im Biergarten? Ein Besuch im Planetarium oder einfach nur ein Stündchen ausruhen im Gras? Der Stadtpark lässt kaum Wünsche offen.

19 Uhr

Den Abend können Sie entweder mit einem schönen Essen in 5 **Winterhude** (➤ 156) beschließen, beispielsweise im *Portomarin* (➤ 157) oder in einem der vielen anderen guten Restaurants, oder Sie lassen sich noch einmal kulturell verführen: vielleicht von einem klassischen Stück im Ernst-Deutsch-Theater (unten; ➤ 158) oder einem avantgardistischen Tanzspektakel in der Kampnagelfabrik (➤ 158)? Wenn Sie Glück haben, findet dort vielleicht sogar gerade ein Festival statt.

I Ohlsdorfer Friedhof

Die Statistik spricht für sich: 1,4 Mio. Beisetzungen seit 1877, 256 000 Grabstätten, ca. 5000 neue Beisetzungen pro Jahr, 15 Teiche, 19 Mausoleen, 17 km Straßennetz. Das alles zeigt Ihnen die unglaubliche Ausdehnung des größten Parkfriedhofs der Welt.

Ende des 19. Jhs. wurde es auf den kirchlichen Friedhöfen vor den Stadtwällen eng. Der neue Friedhof in Ohlsdorf löste nicht nur das Platzproblem. Sein Bau war ein Zeichen dafür, dass im Rahmen der fortschreitenden Säkularisierung die Kommune sich nunmehr um alle Toten kümmern wollte.

Den ganzen Friedhof erwandern zu wollen, ist fast unmöglich. Da das Gelände in verschiedenen Bauabschnitten entstanden ist und sich immer noch stetig verändert, sollten Sie sich eines der (kostenlosen) Faltblätter holen. Auf diesen finden Sie bedeutende Grabmäler eingezeichnet, dazu Vorschläge für Rundgänge. Es gibt sie in dem Infohäuschen links vom Haupteingang (tägl. 10–15 Uhr). Ein kleines Friedhofsmuseum liegt ein Stückchen geradeaus vom Haupteingang; in dem großen Gebäude rechts befindet sich die Friedhofsverwaltung (Mo–Fr 9–16 Uhr).

Gräber für Dichter, Kaufleute und Bürger

Als erstes Ziel auf dem Friedhof bietet sich das links vom Haupteingang liegende **Krematorium** (Talstraße) an, das Fritz Schumacher 1930–32 erbaut hat. Es ist der letzte und, wie Schumacher selber schrieb, »persönlichste« Bau, den der 1933 von den Nazis entlassene Oberbaudirektor für seine Stadt plante. Ganz in der Nähe finden Sie ein schönes Beispiel für die Grabmalkultur Hamburger Kaufmannsfamilien (Nebenallee, V 7). Die Familien Canel, Laeisz, Hanssen und Meerwein erbauten diesen Friedhof im Friedhof 1886–1917. Direkt gegenüber steht das **Mahnmal** für die Opfer des Nationalsozialismus. In 105 Graniturnen liegen dort Erde und

Althamburgischer Gedächtnisfriedhof

In Ohlsdorf liegen auch Hamburgs berühmteste Künstler

Aschenreste aus deutschen Konzentrationslagern. Düster ist das 1952 von dem Bildhauer Gerhard Marcks geschaffene Mahnmal, das an die Bombenopfer des Feuersturms von 1943 erinnert (bei Kapelle 13, Bp 66). Ein Stück weiter die Talstraße entlang, erreichen Sie die **Dichterecke**. Sie finden dort das Grab des Dichters Wolfgang Borchert (AC 5). **Mausoleen** gibt es, für die Größe des Friedhofs, nur wenige. Sie entsprachen nicht dem Understatement der Hanseaten. Lediglich Patrizierfamilien wie die Barone von Schröder oder reiche Familien wie die Hagenbecks pochten Ende des 19. Jhs. auf eine derart feudale Selbstdarstellung (bei Kapelle 7, AH 19).

KLEINE PAUSE

Es gibt auf dem Gelände selbst kein Café, aber viele Gaststätten vor den Toren für die Trauergesellschaften. Lohnend ist der kleine Fußmarsch durch den S-Bahnhof hindurch ans Ufer der Alster. Dort laufen Sie den Alsterwanderweg ca. 15 Minuten nach Norden und erreichen hinter der Schleuse, direkt am Wasser, das Ausflugslokal ***Zur Ratsmühle*** (tägl. ab 11 Uhr).

193, nordöstl. F5 · Haupteingang Fuhlsbüttler Str., gegenüber S- und U-Bahnhof Ohlsdorf · 59 38 80; Museum 50 05 33 87 · April–Okt. 8–21 Uhr; Nov–März. 8–18 Uhr; Museum Mo, Do, So 10–14 Uhr · Ohlsdorf · frei · www.friedhof-hamburg.de

OHLSDORFER FRIEDHOF: INSIDER-INFO

Top-Tipps: Die **Buslinien** 170 und 270, Start am Haupteingang, bewegen sich im Kreisverkehr über den Friedhof. Der Friedhof ist auch mit dem Auto befahrbar.

- Von der **Internetseite** www.friedhof-hamburg.de können Sie sich verschiedene Themenspaziergänge herunterladen und sich über Führungen informieren.

Geheimtipp: Der Weg lohnt sich: **»Santa Fu«** nennen die Hamburger – halb liebevoll, halb furchtsam – die Justizvollzugsanstalt Fuhlsbüttel (jenseits der Bahnlinie), in der heute fast 1000 Strafgefangene einsitzen. Während des Kriegs befand sich hier ein Außenlager des KZ Neuengamme (► 165). Eine Gedenkstätte im Torhaus (Suhrenkamp 98) erinnert daran.

2 Museum der Arbeit

Im Museum der Arbeit geht es natürlich, wie sollte es anders sein, um Arbeit. Kaum ein anderer Ort wäre wohl besser geeignet hierfür als die einstigen Fabrikhallen der New York Hamburger Gummi-Waaren Compagnie in Barmbek, in denen sich seit 1997 das Museum befindet.

Barmbek – das ist für viele Hamburger immer noch *der* Arbeitervorort Hamburgs. Noch im vorletzten Jahrhundert begannen die ersten Stadtplanungen, die eine dichte Bebauung mit Arbeiterhäusern vorsahen. Die größte Fabrik war die **New York Hamburger Gummi-Waaren Compagnie** an der Maurienstraße. Hier lag 1871–1954 ihr Hauptsitz (danach in Harburg). Mit der Verarbeitung von Kautschuk zu Hartgummi waren an der Maurienstraße zeitweise bis zu 1 000 Männer und Frauen beschäftigt. Im Zweiten Weltkrieg, am letzte Tag der so genannten Aktion Gomorrah, wurde ein Großteil des Geländes zerstört.

DAS ROTE BARMBEK

Im dicht besiedelten Arbeiterviertel Barmbek lebten vor dem Krieg über 120 000 Menschen. Traditionell war man hier »rot«. 1913 kamen über 40 000 Teilnehmer zur 1. Mai Demonstration: »Kurze Arbeitszeit, langes Leben« skandierten sie, oder »Mehr Arbeitsschutz auf den Werften«. Auch Ralph Giordano, berühmter Autor des Romans »Die Bertinis«, verbrachte seine Kindheit in Barmbek. Im Roman nennt er seine Heimatstraße Lindenallee, tatsächlich handelt e es sich um die Hufnerstraße, Hausnummer 113, Hochparterre. Das Haus steht allerdings nicht mehr. Lesetipp: Werner Srekntny »Zu Fuß durch Hamburg«, Verlag *Die Hanse*.

Auf den Schautafeln findet man viele interessante Erklärungen

Kakao, Kautschuk und Maloche

Das Museum befindet sich in der so genannten **Neuen Fabrik** von 1908, die klassische Industriearchitektur in ihrer schönsten Form zeigt. Ein Rundgang über die vier Stockwerke zeigt die Folgen der Industrialisierung auf unser Privat- und Arbeitsleben in Vergangenheit und Gegenwart auf. Mitmachen, Erleben, Selbermachen stehen im Vordergrund. Dementsprechend konzipiert sind auch die verschiedenen Ausstellungsbereiche. So finden Sie im Erdgeschoss die original eingerichtete, kleine Metallwarenfabrik Carl Wild, die in Hamburg fast 90 Jahre lang Anstecknadeln, Broschen und Abzeichen produzierte. In einer Druckereiwerkstatt (2. Stock) können Sie die Entwicklung des Buchdrucks durch die Jahrhunderte verfolgen und nachvollziehen. Die offene Druckwerkstatt (Mo 18–21 Uhr) ist seit Jahren ein Publikumsrenner. Im 1. Stock wird am Beispiel von Kakao und Kautschuk in einer ständigen Ausstellung das Thema Handel und Kontor dargestellt. Ein anderes Dauerthema ist der Alltag im Industriezeitalter. Daneben gibt es immer wieder interessante Sonderausstellungen.

Im Museum der Arbeit darf man auch selbst arbeiten

KLEINE PAUSE

TRUDE (Tief runter unter die Elbe) ist der Name der riesigen Schildvortriebsmaschine, die 1997–2000 die vierte Autobahnröhre unter der Elbe grub. Im schicken, gleichnamigen Restaurant im Museumsinnenhof erinnern Fotos an den spektakulären Tunnelbau. Leckeres Essen gibt es natürlich auch (tägl. 11.30–23 Uhr, So ab 9.30 Uhr).

Links: Der Bohrkopf der TRUDE steht auf dem Fabrikgelände

193, östl. F3 · Wiesendamm 3 · 428 13 30 · Mo 13–21, Di–Sa 10–17, So 10–18 Uhr · Barmbek · mittel · www.museum-der-arbeit.de

MUSEUM DER ARBEIT: INSIDER-INFO

Geheimtipps: Einmal im Monat (Sa 9–17 Uhr) findet im Sommer auf dem Museumsgelände der **Kulturflohmarkt** statt. Vor allem für Antikfreunde ein Ziel (Tel. 27 02 76 66).

- Sonntags (13.30–17 Uhr) dürfen Kinder unter Anleitung an der Balancier-Presse **stanzen** oder **prägen** und **emaillieren.**

3 Stadtpark

Der Stadtpark war von Anbeginn mehr als nur eine Grünfläche mitten in der Stadt. Geplant als »Freiluftvolkshaus«, hatte hier jede Kleinigkeit, von der Pflanze bis zur Parkbank, ihre eigene Bedeutung. Kriegs- und Nachkriegszeit haben viel zerstört. Erst langsam erfolgt der Versuch einer Rekonstruktion.

1901/02 hatte die Stadt Hamburg ein ca. 180 ha großes Wald- und Jagdgelände an der Alster in Winterhude von Adolf Sierich aufgekauft und dann einen Wettbewerb ausgeschrieben. Kein romantischer Garten, sondern ein Volkspark sollte entstehen, mit einem pädagogischen Ansatz für die Besucher aus den rundherum aus dem Boden schießenden Arbeiterwohnvierteln.

Am Stadtparksee kann man besonders gut entspannen

Sportstätten gehörten dazu, Kultureinrichtungen und viel Kunst im freien Raum. Männer wie Alfred Lichtwark (Kunsthallendirektor) und Justus Brinckmann (Gründer des Museums für Kunst und Gewerbe) waren an der Planung beteiligt. Hamburgs neuer Oberbaudirektor Fritz Schumacher begann 1910 mit der Umsetzung der Pläne, 1914 wurde der Park eingeweiht.

Kicken, schwimmen, genießen

Einen Rundgang durch den Park beginnen Sie am besten am **Planetarium**. Der 1913–15 errichtete Bau (38 m hoch) steht auf der höchsten Stelle des gesamten Geländes und wurde bis 1930 als Wasserturm genutzt. Von hier aus blicken Sie in einer Sichtachse bis zum Ende des Stadtparksees. Dort stand bis zum Krieg die große Stadthalle für Hunderte von Ausflüglern mit einer riesigen Terrasse und Bootsanlegern. Wandern Sie rechts oder links um die große Wiese zu den **Alten Rosen-**

URKNALL UND SCHWARZE LÖCHER

Achtung, anschnallen vor der Landung! Wenn Sie in einem der komfortablen Liegesessel im **Planetarium** von Ihrer Weltraumreise zurückkehren, werden Sie einige Minuten zur Besinnung brauchen. Im modernsten Planetarium Europas sehen Sie über sich Sterne explodieren und Welten aufgehen. Sie schauen mit dem Weltraumteleskop Hubble in die unendlichen Tiefen des Alls. Es gibt spezielle Kinderveranstaltungen, Lesungen, Rockkonzerte, Musicals. (Hindenburgstr. 1b, Tel. 428 86 52 10, Kasse und Plattform Di–Fr ab 9, Di bis 17, Mi–Fr bis 21, Sa 12–21.30, So 10–20 Uhr, U-Bahn: Hudtwalckerstraße, Eintritt: Veranstaltungen: teuer, Plattform: preiswert, www.planetarium-hamburg.de)

gärten. Die Kriegszeit hat den Park sehr gebeutelt. Es gab eine riesige Flakabwehrstellung, später dann Notunterkünfte und Gemüsebeete. Heute ist der Stadtpark eine der »grünen Lungen« der Stadt. Man trifft sich zum Tai Chi und zum Grillfest, zum Kicken oder abends zum Rockkonzert auf der Freilichtbühne (► 44). Kinder sind begeistert von dem riesigen Spielplatz mit flachem Wasserbecken. Wasserfreunde lieben das **Naturbad Stadtparksee** mit Strand, Liegewiese, Biergarten und hin und wieder einem Fisch, der ihnen um die Beine schwimmt.

Beschaulich und nett: das *Lesecafé am Rosengarten*

KLEINE PAUSE

Im ***Lesecafé am Rosengarten*** (Eingang über Straße Alte Wöhr, Okt.–März tägl. ab 11 Uhr, April–Sept. ab 9 Uhr bis in die Dämmerung) gibt es leckere Kuchen; an den Wänden hängen historische Fotos des Stadtparks, Zeitungen und Bücher laden zur Lektüre. Innen sehr beengt, fast alle Tische stehen draußen.

192/193 D–F 3–4 Borgweg, Hudtwalckerstraße, Alte Wöhr
www.hamburg-stadtpark.de

Naturbad Stadtparksee
Südring 5b nur im Sommer tägl. 11–20 Uhr preiswert

STADTPARK: INSIDER-INFO

Geheimtipps: Hinter dem Planetarium finden Sie einen **Beach-Volleyball-Platz**.
■ Auf der **Liebesinsel** können Sie unter japanischen Kirschblüten träumen oder sich im Sommer ein Boot mieten (Tel. 27 34 16, Mo–So 10–20 Uhr).

Nach Lust und Laune!

4 Jarrestadt

Unter der Ägide von Oberbaudirektor Fritz Schumacher entstanden in den 1920er-Jahren in Hamburg ganze Stadtviertel neu: Dulsberg, Barmbek-Nord und eben die Jarrestadt. 1800 Arbeiterwohnungen wurden, einheitlich in Flachdachbauweise und in rotem Klinker, zwischen Goldbekufer, Wiesendamm und Jarrestraße erbaut. Schon in der Weimarer Zeit galt die Jarrestadt als Denkmal des Sozialen Wohnungsbaus. Im Krieg teilweise zerstört, wurde sie 1974 komplett unter Denkmalschutz gestellt.

193 E/F 2 172 Saarlandstraße

5 Winterhude

Wer heute durch Winterhude schlendert, kann sich kaum vorstellen, dass hier früher vor allem Arbeiter wohnten. Zwar gibt es noch (z. B. abzweigend von der Gertigstraße) die Terrassen, also Hinterhöfe, mit ihren kleinen Wohnungen, doch längst ist alles luxussaniert. Winterhude und in der Verlängerung Uhlenhorst gelten als begehrteste Wohnviertel der Stadt. Stadtpark und Alster liegen um die Ecke, bis ins Zentrum brauchen Sie mit dem Bus nicht einmal 15 Minuten. Schicke Läden, Bars und Restaurants sind selbstverständlich.

192/193 B–E 3–4 Hudtwalckerstraße, Sierichstraße

6 City Nord

Als moderne Geschäftsstadt in den 1960er-Jahren nach Ideen des Oberbaudirektors Werner Hebebrandt erbaut. Entdecken Sie Klassiker wie das HEW Hochhaus von Arne Jacobsen (Überseering 12), spannende Neubauten wie das Polizeipräsidium (Hindenburgstr.) und das Oval Office (Ecke Kapstadtring/Überseering).

193 D–F 4–5 Alsterdorf, Sengelmannstraße (City Nord)

HAMBURG VON OBEN

Vom **Planetarium** (➤ 155) aus haben Sie einen phantastischen Rundblick bis zum Flughafen Fuhlsbüttel. Von dort könnten Sie zu einem **Rundflug** starten, z. B. mit der alten JU-52 (nur im Sommer, Flugdauer 30 Min., Tel. 50 70 17 17). Oder Sie fahren mit einem **Heißluftballon** über die Stadt (Ballons über Hamburg, Mai–Okt., ca. 1,5 Std., Tel. 48 46 77).

Spektakulär: das neue Polizeipräsidium

Wohin zum …
Essen und Trinken?

Preise
Die Preisangaben gelten pro Person für ein Essen ohne Getränke:
€ unter 12 Euro **€€** 12–25 Euro **€€€** über 25 Euro

RESTAURANTS

Casino Kampnagel €–€€
Im verglasten Casino der Kulturinstitution *Kampnagel* stärkt man sich mittags oder abends (vor oder nach den Stücken) mit raffinierten Gerichten. Morgens gibt es ein sensationelles Frühstücksangebot.
193 E2 Jarrestr. 20 27 87 74 39 Mo 10–18, Di–So bis 1 Uhr 172, 173 Jarrestraße (Kampnagel)

Drei Tageszeiten €€
Dass in den Räumen des lichtdurchfluteten Bistros früher ein verstaubtes Postamt war, ist nicht mehr zu erkennen. Schon gegen 12 Uhr ist es oft sehr voll, denn der leckere und preiswerte Mittagstisch lockt viele Geschäftsleute an. Ab 14 Uhr wird es leerer, dann können Sie die Cross-over-Küche in Ruhe genießen.
193 D2 Mühlenkamp 29 27 80 81 82 Mo–Fr 9–23, Sa/So 10–22 Uhr 6 Gertigstraße

Küchenwerkstatt €€–€€€
Seit 2004 schon kochen Angela Gnade und Gerald Zogbaum ihre Gäste in dem altehrwürdigen Restaurant von 1916 glücklich. 2009 wurden sie dafür mit einem Stern belohnt. Die Drei- bis Zehngängemenüs kosten 41–90 Euro und sind ihr Geld wert. Eine wahre Meisterwerkstatt.
193 D1 Hans-Henny-Jahnn-Weg 1 22 97 75 88 Di–Sa 12–15 u. ab 18 Uhr Hofweg

Niewöhner €
Hier serviert man bürgerliche Küche: Sauerkraut, Bockwurst, Bratkartoffeln. Am Abend verwandelt sich das Speiselokal zurück in die urige Bierschänke, die es schon immer war.
193 D2 Gertigstr. 14 69 65 86 90 Mo–Fr 11–24, Sa/So 17–24 Uhr 6, 25 Gertigstraße

Portomarin €€
Das *Portomarin* ist einer der besten Spanier der Stadt. Ob Tapasplatte, Fleisch oder Fisch, alles kommt auf den Punkt gekocht an den Tisch.
192 C2 Dorotheenstr. 180 46 96 15 47 Di–Sa 18 bis 22.30 Uhr 6, 25 Sierichstraße

Wa Yo €€€
Der Edeljapaner gehört zum hochpreisigen Hotel *Nippon*. Asia-Fans und vor allem Sushi-Liebhaber sollten es sich aber nicht entgehen lassen, die hauchzarten Spezialitäten von Chefkoch Chanthone Kanya zu probieren.
197 E5 Hofweg 75 227 11 40 Di–So 18–22 Uhr 6 Averhoffstraße

CAFÉS

Canale
Hier brauchen Sie während der Paddeltour nicht einmal das Boot zu verlassen. Sie klingeln vom Kanal aus an der Hauswand und bestellen ein köstliches Stück Gugelhupf direkt in Ihr Boot (der Besuch drinnen lohnt aber auch).
193 D2 Poelchaukamp 7 (Mühlenkampkanal) 270 01 01 tägl. 10–19 Uhr 6, 25 Gertigstraße

Eiszeit
Nicht nur, dass hier die Eissorten so seltsame Namen tragen wie

»Lätsche«, »Priapismus« oder »Kalter Hund«, bei *Eiszeit* schmecken sie auch noch unglaublich lecker.
193 D2 Mühlenkamp 46
27 88 37 90 tägl. 12–22 Uhr (Mai bis Sept.) 6, 25 Gertigstraße

Elbgold

Annika Taschinski und Thomas Kliefoth rösten die Bohnen in ihrem kleinen, hellen Café selbst. Dieser Geschmack kann süchtig machen. Mischungen zum Mitnehmen.
193 D2 Mühlenkamp 6a
27 88 22 23 Mo–Sa 8–20, So 10–20 Uhr 6, 25 Gertigstraße

Leinpfad

Das Café liegt auf einem Schiffsanleger am Leinpfad-Kanal. Vor Ihren Augen schippern Alsterdampfer, Schwäne und Entenfamilien. Das ist so hübsch anzusehen, dass Sie dabei fast das Kuchenstück vor Ihnen auf dem Tisch vergessen könnten.
192 B3 Hudtwalckerstraße/ Leinpfadkanal 46 48 56 tägl. 10–24 Uhr (März bis Okt.) Hudtwalckerstraße

Wohin zum … Einkaufen?

Winterhude ist ideal zum Shoppen. Auf dem Mühlenkamp reiht sich Café an Boutique, in den kleinen Seitenstraßen kommen die auf ihre Kosten, die den Trubel der großen Einkaufsboulevards meiden und Dinge erstehen wollen, die es nicht überall gibt. **Tee Art** (Mühlenkamp 48) verkauft exotische Teesorten und kunstvolle Postkarten. Im komplett in Weiß gehaltenen **TH2-White** (Poelchaukamp 18) übertrumpft ein Wohnaccessoire das nächste an Eleganz und Stil. Bei **Herz und Krone** (Gertigstr. 9) zeigen dänische Trendlabels wie NoaNoa und Mille K., wie unprätentiös Chic sein kann. Dazu passen Accessoires von Dyrberg/Kern und Friis & Company. Überhaupt ist die Gertigstraße eine der entspannendsten Einkaufsmeilen der Stadt.

Wohin zum … Ausgehen?

BARS/KNEIPEN/MUSIK

Im mitten im Stadtpark situierten **Landhaus Walter** (Hindenburgstr. 2, Tel. 27 50 54, Infos und Termine unter www.landhauswalter.de) finden im »Downtown Bluesclub« regelmäßig Livekonzerte internationaler Bluesgrößen statt (www.downtown-bluesclub.de).

Ebenfalls im Stadtpark befinden sich die **Sommerterrassen** (Südring 44, Tel. 270 62 74, tägl. ab 10 Uhr). Auf der breiten Steintreppe vor dem schon tagsüber geöffneten Café am Wasser gibt es Livemusik.

Im **Freundlich & Kompetent** (Gertigstr. 57, kein Telefon, tägl. ab 16 Uhr) geht es lässig zu: Das Bier ist günstig, die Musik alternativ, das Publikum angenehm gemischt.

THEATER/KINO

Charmantes Boulevardtheater und prominent besetzte Komödien bilden den Kern des Spielplans der **Komödie Winterhuder Fährhaus** (Hudtwalckerstr. 13, Tel. 48 06 80 80, www.komoedie-winterhuder-faehrhaus.de).

Mit 742 Plätzen ist das **Ernst-Deutsch-Theater** (Friedrich-Schütter-Platz 1, Tel. 22 70 14 20, www.ernst-deutsch-theater.de) die größte Privatbühne Deutschlands. Unter der engagierten Intendantin Isabella Vértes-Schütter kann das Haus auf ein festes Stammpublikum vertrauen. Immer wieder gibt es auch schöne Lesungen von der Bühne.

Die ehemalige Fabrik **Kampnagel** (Jarrestr. 20, Tel. 270 94 90, www.kampnagel.de) ist heute ein Zentrum für zeitgenössische Künste mit dem Schwerpunkt Theater und Tanztheater. Regelmäßig finden Festivals statt. Zu Kampnagel gehört das **Alabama Kino**.

Ausflüge

Diese Ausflüge führen Sie an die Ostseeküste, in die Vier- und Marschlande, das große Obst- und Gemüseanbaugebiet südlich von Hamburg, und in die Lüneburger Heide. Natürlich ist es an der See im Sommer am schönsten, in der Heide im Herbst und in den Vierlanden zur Obstblüte – aber auch der Winter hat seine Reize: Dann liegt vielleicht Schnee in der Heide oder der Ostseewind pustet Ihnen den Kopf frei.

Ostsee

Hamburg? Das liegt doch irgendwo an der Ostsee, oder? Diese Antwort geben viele Touristen auf die Frage nach der geografischen Lage der Hansestadt. So ganz Unrecht haben sie nicht. Das Meer liegt praktisch vor der Haustür der Stadtgrenze. An einem Tag kommen Sie gut hin und zurück.

Gibt es für Hamburger einen schöneren Ausflug als den an die See? Wer früh aufsteht, ist schon um 9 Uhr morgens am Wasser, schwimmt, macht einen Strandspaziergang, isst mittags ein Fischbrötchen im Travemünder Fischereihafen und genießt den Nachmittagskaffee wieder an der Alster.

Glücklichste Tage

An der Lübecker Bucht reihen sich die Badeorte aneinander wie Perlen auf einer Perlenkette. Im Osten, und am besten von Hamburg aus erreichbar, liegt **Travemünde**, eines der ältesten

Auf der Trave ist immer was los: Skandinavien-Fähre und das Museumsschiff *Passat*

Seebäder Deutschlands. Im Hochsommer ist es hier oft so voll, dass Sie am Strand nur mit Glück einen Stehplatz ergattern. Die wichtigste Straße von Travemünde ist die Vorderreihe. Sie ist im Sommer für Autos gesperrt. Hier können Sie parallel zur Trave bummeln, sich im Café *Niederegger* mit einer Marzipantorte stärken und ansonsten den riesigen Passagierschiffen zuschauen, die direkt vor Ihrer Nase zu ihren Liegeplätzen am Skandinavienkai fahren. Eine Fähre bringt Sie über die Trave auf den Priwall. Dort verlief früher die Grenze zur DDR. Einzelne Wachtürme erinnern an diese Zeit. Seit einigen Jahren findet hier jeweils im September Deutschlands einziges Sandskulpturenfestival namens »Sand-World« statt. Die Travemünder Woche existiert bereits seit 1892 und ist damit eine der weltweit ältesten Segelregatten. Die prachtvolle Viermastbark *Passat* liegt seit 1960 als Museumsschiff an der Trave und gehörte zu der legendären Flying-P-Linie der Hamburger Laeisz-Reederei (➤ 57).

Seite 159: Die Ostsee liegt vor der Tür: Sommerbetrieb am Travemünder Strand

Dort, wo sich am Ende der Promenade der Hotelturm des *Maritim* erhebt, beginnt der Strand. Aus 118 m Höhe blinken nachts die Leuchtfeuer (die höchsten in Deutschland) bis weit nach Mecklenburg hinein. Der Betonklotz stammt aus der Zeit, als man so etwas noch bauen durfte. Heutige Luxushotels sehen anders aus, z. B. wie das im historischen Kurhaus neu eröffnete Luxushotel *Arosa* mit seiner riesigen Wellnessabteilung und das *Columbia Hotel* mit gerühmter Küche, Casino und einem bunten Partykalender Sie können sich einen Standkorb mieten und den Tag am Wasser genießen. Denken Sie daran, dass hier (wie überall an der Ostsee) eine Kurtaxe fällig ist – auch wenn Sie nur am Strand entlangspazieren wollen. Thomas Mann kam als Kind oft mit seinen Eltern nach Travemünde und verlebte hier seine »unzweifelhaft glücklichsten Tage«.

Die original Lübecker Marzipantorte gibt es im Café *Niederegger*

Der Blick vom Wasser

»Butterfahrten« hießen die zollfreien Einkaufsfahrten früher. Auch heute noch starten in Travemünde Schiffe von der Anlegebrücke an der Promenade zu Kaffeefahrten aufs Meer, und manchmal kann

Schöner weißer Sand und nicht so viele Menschen: Timmendorfer Strand

man auch noch Zigaretten und Alkohol billiger einkaufen. Wichtiger jedoch ist der Blick vom Wasser aus. An- und Ablegeplätze finden Sie an der Vorderreihe. Karten gibt es an Bord. Eine nette Möglichkeit ist die Schiffstour bis Lübeck (90 Min. Fahrzeit). Dort bummeln Sie einmal durch die Altstadt (Unesco-Weltkulturerbe) und fahren dann direkt mit dem Zug nach Hamburg zurück.

Lange Tradition

Viele Badeorte an der Lübecker Bucht blicken auf eine lange Tradition zurück – auch wenn man es ihnen teilweise nicht mehr ansieht, da die Bausünden der Nachkriegszeit eine Betonwüste hinterlassen haben (z. B. in Scharbeutz und Grömitz). Eine löbliche Ausnahme ist **Niendorf** mit seinem beschaulichen Hafenbecken, an dessen Rand Sie ein Fischbrötchen kauen und Fischern beim Netzesäubern zuschauen können. 1855 wurde hier das erste »Logierhaus für Badegäste« eröffnet. Der Fachwerkbau steht noch heute in der Wohldstraße.

Schnieke, Schnieke

Timmendorf, oder, wie es vollständig heißt, **Timmendorfer Strand**, ist die Diva unter den Badeorten an der Lübecker Bucht. Hier ist alles ein bisschen schicker und ein bisschen teurer. Sie können interessante Milieustudien betreiben, wenn Sie sich an der Promenade ins *Café Wichtig* (richtiger Name *Engelseck*) setzen und den Leuten beim Herumprotzen zuschauen. Oder Sie gehen an den herrlichen Sandstrand. Der ist oft nicht so voll, da die Leute lieber herumspazieren, als den teuren Badeanzug zu benässen. Das Sea Life Timmendorfer Strand am Kurhaus lohnt den Besuch – allerdings nur, wenn es nicht zu voll ist (Achtung: wochentags Schulklassen).

DER TOTALE WAHNSINN

Kreischen, Toben, Jauchzen – wer sich dem **Hansa-Park** bei Sierksdorf nähert, hört gleich, worum es hier geht: Spaß, Spaß und nochmals Spaß. Mittlerweile kommt schon die zweite Generation mit ihren Kindern hierher. Loopings, Achterbahnen, Wasserzirkus und wer weiß, was noch, wartet auf todesmutige Benutzer: In 70 m Höhe sausen Sie durch die Luft und blicken (na ja nicht ganz) bis nach Schweden. Wenn Sie Zeit haben, bleiben Sie bis zum Abend. Die leuchtende »Hansaparkparade« ist wirklich sehenswert.

KLEINER FUSSMARSCH

Wenn Sie mit der Bahn aus Hamburg kommen, dann können Sie Ihren Ausflug mit einer Wanderung verbinden. Fahren Sie durch bis Timmendorfer Strand und wandern Sie über Niendorf und das über 20 m hohe Brodtener Ufer nach Travemünde. Der Blick von dort oben ist einmalig. Wenn Sie flott gehen, schaffen Sie das in 2 Stunden. Eine Pausenmöglichkeit ist das Restaurant/Café *Hermannshöhe.* Klettern Sie an den steilen Hängen nicht herum. Das ist nicht nur lebensgefährlich, sondern schädigt auch das sensible Kliff, das schon auf natürlichem Weg in jedem Jahr durch Sturmfluten um 80 cm schrumpft.

Ostsee-Holstein-Tourismus
Bahnhofsstr. 2, 23683 Scharbeutz 04503/888 50, Callcenterberatung 01805/70 07 08 (14 Cent/Min.) www.ostsee-schleswig-holstein.de

Café Niederegger
Vorderreihe 56, Travemünde
04502 / 20 31
tägl. ab ca. 10 Uhr. Zeiten variieren je nach Saison.

Sand-World
Priwall
Juli–Sept. teuer
www.sandworld.de

Travemünder Woche
Juni, Juli www.travemuender-woche.net

Das Sealife in Timmendorf ist nicht nur was für Kinder

Passat
Am Priwallhafen 16a, Travemünde
04502 / 52 87
Mai–Sept. tägl. 10–16.30 Uhr, Okt.–April nur Sa/So
preiswert www.ss-passat.de

Engelseck
Timmendorfer Platz 3, Travemünde 04503 / 20 58
tägl. ab 9 Uhr bis in den Abend. Zeiten variieren je nach Saison.

Sea Life Timmendorfer Strand
Kur Promenade 5, Timmendorfer Strand 04503 / 358 80
tägl. 10–18 Uhr, 17 Uhr letzter Einlass; im Sommer oft länger teuer
www.sealife-timmendorf.de

Hansa-Park
Am Fahrenkrog 1, Sierksdorf 04563 / 47 40
nur Ostern–Okt. tägl. 9–ca. 18 Uhr teuer www.hansa-park.de

Anfahrt: 100 km nordöstlich von Hamburg; mit der Bahn stündlich (unter der Woche öfter) ab Hauptbahnhof, Fahrzeit Hamburg-Travemünde: 60 Min. (einmal umsteigen in Lübeck), besonders günstig ist das Schleswig-Holstein-Ticket; mit dem Auto über die A 1, Lübeck, Fahrzeit bis Travemünde ca. 50 Min.

Vier- und Marschlande

Ca. 30–40 Autominuten von Hamburg entfernt liegt Deutschlands größtes geschlossenes Obst- und Gemüseanbaugebiet: die Vier- und Marschlande. Außerdem liegt hier auch Hamburgs große KZ-Gedenkstätte in Neuengamme.

»*Bi uns achtern Diek*«, sagen die Vier- und Marschländer über sich selbst, und das ist Plattdeutsch und heißt: »Bei uns hinterm Deich«. Eigentlich müsste es jedoch heißen: »Bei uns auf dem Deich«. Wer heute mit dem Auto oder mit dem Rad durch die so besonderen und eigenständigen Orte fährt, der blickt oft vom Deich hinab auf Gewächshäuser und Blumenfelder. Ein wenig wie in Holland kommt man sich vor: Mühlen und Kanäle prägen das Bild, Wasser ist das bestimmende Element.

13 163 ha groß sind die Vier- und Marschlande zwischen dem Geesthang im Norden und der Elbe im Süden. Über Jahrhunderte hinweg haben die Hochwasser der Elbe mit ihren vielen Seitenarmen die Region immer wieder überschwemmt und fruchtbar gemacht. Bis zum 12. Jh. gab es hier nur ein morastiges Sumpfgebiet und viele Inseln, doch um 1180 erbaute man die ersten Deiche.

Freie Bauern in freien Orten

Von Anfang an waren es freie Bauern, die hier siedelten, doch das gesamte Gebiet wechselte immer wieder den Besitzer. Mal waren es die Herzöge von Lauenburg, dann wieder die

Das Bergedorfer Schloss beherbergt heute ein nettes Museum zur Regionalgeschichte

Lübecker, die ihren Anspruch auf das immer fruchtbarer und damit wertvoller werdende Land geltend machten. Seit 1868 gehören die Vier- und Marschlande zu Hamburg. Die vier Kirchspiele **Neuengamme**, **Altengamme**, **Curslack** und **Kirchwerder** gaben den Vierlanden ihren Namen. Die Marschlande umfassen **Moorfleet**, **Billwerder**, **Spadenland**, **Tatenberg**, **Allermöhe**, **Reitbrook** und **Ochsenwerder**.

Bergedorf

Bergedorf ist ein guter Startpunkt für einen Ausflug ins Grüne und ist eigentlich eine eigene kleine Stadt, die eine lange, von Hamburg unabhängige Geschichte hat. Schon im 12. Jh. wird der Ort erstmals urkundlich erwähnt, um 1350 erbaute man das **Bergedorfer Schloss**, eine richtige kleine Wasserburg. Durch Zukauf kam Bergedorf 1867 in den Besitz von Hamburg, die Oberaufsicht über die neue Hamburger Stadt hatte ein hanseatischer Senator. Hübsch ist das im Schloss beheimatete **Museum für Bergedorf und die Vierlande**. Das Haus zeigt Wissenswertes aus der Region. Ein Tipp für alle Sternenfreunde ist die **Hamburger Sternwarte**, erbaut 1909. Der schöne Bau steht mittlerweile unter Denkmalschutz und gehört zum Fachbereich Physik der Universität Hamburg, die hier verschiedene Veranstaltungen organisiert. Führungen kann man über den Museumdienst Hamburg buchen (Tel. 428 13 10).

Die Obstbauern bauten sich prächtige Häuser, die heute oftmals noch bewirtschaftet werden

Von Bergedorf aus ist es nur noch ein Katzensprung bis ins Grüne. Die schmalen Straßen in den Vier- und Marschlanden eignen sich übrigens ideal für eine Radeltour. Dafür fahren Sie am besten mit der S-Bahn bis Bergedorf und von dort mit dem Rad bis nach Zollenspieker (➤ 167) und wieder zurück.

Rieck Haus

Das Rieck Haus ist eine **Außenstelle des Altonaer Museums** (➤ 128). Das wunderschöne alte Bauernhaus liegt kurz vor Curslack. Bis 1985 wurde der Hof, ein Prachtexemplar der für die Vierlande so typischen Hallenbauweise, noch bewirtschaftet. Christel Eggers, die Tochter des letzten Rieck Bauern, wohnt heute nebenan und führt die Gäste über den Hof. Es ist beeindruckend, wie eng zusammen man hier früher wohnte. In der riesigen Diele standen rechts und links Kühe und Pferde, direkt daneben schliefen in den winzigen Alkoven die Knechte. Auch in der Bauernstube gab es nur zwei Bettplätze: einen für die Eltern, einen für die fünf bis sieben Kinder. Das Haus hatte keinen Schornstein. Stattdessen zog der Rauch an der Decke entlang durch die Stube und den Stall nach draußen, räucherte dabei die Würste, vertrieb den Holzbock und das Ungeziefer und trocknete das Heu auf dem Boden. Und wenn Sie wissen wollen, woher Sprüche kommen wie »Geld auf die hohe Kante legen«, »ins Fettnäpfchen treten« oder »Leg mal einen Zahn zu!« – dann fragen Sie Christel Eggers.

KZ-Gedenkstätte Neuengamme

Das KZ Neuengamme gehörte zu den großen Konzentrationslagern in Deutschland. Über 100 000 Menschen hungerten und schufteten hier und in den über 80 Außenlagern – weil Adolf Hitler und sein oberster Baumeister Albert Speer Hamburg pompös umgestalten wollten. Gigantische Bauten sollten das Elbufer säumen (in Altona beispielsweise eine Volkshalle für über 50 000 Menschen), und für diese brauchte man Ziegel. Die wurden in Neuengamme unter menschenverachtenden Umständen produziert. Nach dem Krieg wurden die Baracken abgerissen und in die stehen gebliebenen Gebäude zogen jugendliche und erwachsene Straftäter. Ohne Gespür für die Schrecken des Ortes richtete Hamburg an dieser Stelle gleich zwei Gefängnisse ein. Erst Ende 2005 schloss auch die letzte Haftabteilung und die gesamte Gedenkstätte konnte endlich angemessen umgestaltet werden. In den historischen Gebäuden finden Sie fünf Ausstellungen, ein Studien-

KLEIN UND KÖSTLICH

»Stinte satt«! Wenn Sie dieses Schild irgendwo an der Elbe vor einem Restaurant sehen, dann halten Sie schnell an (so Sie Appetit haben). Denn der *Osmerus eperlanus*, der kleine lachsartige Fisch aus der Elbe, wird nur wenige Wochen im Jahr als Delikatesse angeboten. Zwischen Februar und April sammeln sich die Schwärme zum Ablaichen im flachen Kiesboden am Elbuferrand. Dann schlägt die Stunde der Angler: Vor Altengamme und der Staustufe von Geesthacht stehen sie zu Dutzenden und fangen an guten Tagen einige Hundert der 12–18 cm großen Fische. Jahrzehntelang war der Stint von der Speisekarte verschwunden, doch seit das Elbwasser wieder sauberer ist, füllt er die Netze in Massen – und begeistert die Feinschmecker. Man isst ihn ganz, ohne Kopf und Innereien, aber mit Gräten, in Roggenmehl gewendet und kross in Butter gebraten!

Ziegelreste markieren die Standorte der ehemaligen KZ-Baracken

zentrum und eine Bibliothek. Allein die Größe des Areals ist unglaublich beeindruckend – allerdings kaum ablaufbar, da die Ausstellungsmacher große Flächen des ehemaligen Lagers mit schwarzem Schotter bestreut haben. Pädagogisch mag das sinnvoll sein (ein schwieriger Gang), praktisch jedoch ist es ein verfehltes Konzept, Rollstuhlfahrer oder Eltern mit Kinderwagen haben es schwer. Mit festem Schuhwerk jedoch geht es gut und ist unbedingt empfehlenswert.

Auf dem Weg weiter in Richtung Elbe kommen Sie durch **Kirchwerder**. Im kleinen *Mühlenladen* können Sie nette Kleinigkeiten (Senf und Honig) einkaufen und im angeschlossenen Café einen Kuchen essen.

Zollenspieker

Man glaubt es kaum, doch auch das **Zollenspieker Fährhaus** gehört immer noch zu Hamburg. Am südlichsten Punkt Hamburgs hatten schon vor über 750 Jahren die Fährleute ein erstes Gasthaus errichtet. Heute gehört das große Haus mit dem Restaurant, der wunderbaren Terrasse (und neun schönen Hotelzimmern) zu den beliebtesten Ausflugszielen der Stadt. Wenn Sie mögen, setzten Sie mit der Autofähre auf das andere Elbufer über oder Sie fahren am Deich entlang, vorbei am Oortkatener See, zurück bis Hamburg.

197, südl. F1

Museum für Bergedorf und die Vierlande
Bergedorfer Schloßstr. 4 · 428 91 25 09
Di–Do 11–17 Uhr, Sa/So bis 18 Uhr, Nov.–März jeweils eine Stunde früher
Bergedorf · mittel · www.bergedorfmuseum.de

Sternwarte Hamburg
Gojenbergsweg 112 · 428 38 85 12
Bergedorf, dann Bus 135 · www.hs.uni-hamburg.de

Rieck Haus
Curslacker Deich 284 · 723 12 23
April–Sept. Di–So 10–17 Uhr, Okt.–März Di–So 10–16 Uhr
327 Rieckmuseum · preiswert · www.altonaer-museum.de

KZ-Gedenkstätte Neuengamme
Jean-Dolidier-Weg 75 · 428 13 15 00
Ausstellungen Mo–Fr 9.30–16, Sa/So April–Sept. 12–19, Okt.–März bis 17 Uhr
Bergedorf, dann Bus 227, 327 · frei
www.kz-gedenkstaette-neuengamme.de

Der Mühlenladen & Café
Kirchwerder Mühlendamm 75a · 73 50 73 95
Di–Do 13–19, Fr–So ab 11 Uhr

Zollenspieker Fährhaus
Zollenspieker Hauptdeich 143 · 793 13 30
Restaurant tägl. 11.30–22 Uhr · zollenspieker-faehrhaus.de

Anfahrt: 20–30 km südöstlich von Hamburg; S 2 oder S 21 Bergedorf, dann mit dem Fahrrad; mit dem Auto über die A 25 Ausfahrt Bergedorf

Lüneburger Heide

Die Lüneburger Heide ist das nach der Ostsee beliebteste Ausflugsziel der Hamburger. 234 km^2 ist der Naturschutzpark groß und reicht von den Harburger Bergen im Norden bis nach Celle im Süden – die größte zusammenhängende Heidefläche Europas. Dass hier im August und September die Heide blüht, ist kein Naturphänomen, sondern das Ergebnis jahrhundertelanger Bewirtschaftung durch den Menschen.

Das waren noch Zeiten! Als Rudolf Prack und Sonja Ziemann 1951 den Heimatfilm *Grün ist die Heide* drehten, lösten Sie einen Boom aus. »Zieprack« nannte man das Traumpaar des deutschen Films fortan, und nach dem Motto »jeder Backfisch ist ein Prackfisch« strömten Jung und Alt in die Heide, um dort zu wandeln, wo Förster Walter mit seiner Helga zwischen den Wacholdern geturtelt hatte. Die Wacholder im Film waren übrigens längst nicht alle echt. Da die Heidelandschaft im Krieg erheblich gelitten hatte, musste man »Kraut-Kulissen« heranschaffen.

SCHNUCKELIG

Heide ohne **Heidschnucken** – das geht nicht. Über 15 Herden, jede von ihnen einige Hundert Tiere stark, ziehen heute wieder durch die Natur, angeleitet von klugen Hunden und genügsamen Schäfern und Schäferinnen. Die Ahnen der schlankbeinigen Wollknäuel stammen aus Korsika und Sardinien und wurden wohl um das Jahr 1000 aufs Festland gebracht. Für den Erhalt der Heide sind die Tiere unentbehrlich. Sie »verbeißen«, so der Fachausdruck, alte Heidepflanzen und sorgen für junge, kräftige Triebe. Gleichzeitig vernichten sie heidegefährdende Baumschösslinge und zertreten mit ihren Klauen die Spinngewebe am Boden, die den Bienen gefährlich werden könnten: **Heidehonig** ist ein Exportschlager der gesamten Region. Last but not least: So ein Schnucken-Braten ist einfach köstlich!

Wo die grünen Tannen steh'n ...

Ganz frei von Heimatkitsch ist die Heide nie gewesen. Zu lila sind die Blütenteppiche im Herbst, zu niedlich die Heidschnucken, zu lebendig das Brauchtum der »Heidjer«. Fast jedes Dorf kürt jährlich seinen Schützenkönig. Gastwirte schwärmen vom hauseigenen Wacholderschnaps, den frischen Forellen und der Spezialität Buchweizentorte. Und immer noch präsent ist der Schriftsteller **Hermann Löns**, der, obwohl 1866 in Westpreußen geboren, bis heute als wichtigster Vertreter der Heideromantik gilt. In zahlreichen Geschichten setzte er der Region ein Denkmal und dichtete (er war nicht nur ein Natur-, sondern auch ein Frauenliebhaber) so schöne Zeilen wie diese: »Wo die grünen Tannen steh'n, ist so weich das grüne Moos, und da hat er mich geküßt, und ich saß auf seinem Schoß; ja grün ist die Heide ...« Dies und alles andere beeindruckte später vor allem die Nazis, die den 1914 bei Reims gefallenen Dichter für ihr ideologischen Zwecke vereinnahmten und seine Gebeine (bzw. das was man dafür hielt) 1934 in einer nationalistisch-pompösen Zeremonie nach Walsrode überführten. Dort steht heute sein Grabstein.

Und wer ist in diesem Jahr Schützenkönig oder -königin?

Ab in die Natur

Von Hamburg kommend, ist **Undeloh** ein erster Anlaufpunkt für eine Wanderung im Naturschutzgebiet. Sie können aber auch gut von Döhle, Sudermühlen und Egestorf aus starten. Das zentrale Gebiet rund um den **Wilseder Berg**, den mit 169 m höchsten »Gipfel« der norddeutschen Tiefebene, ist für Autofahrer gesperrt. Wenn Sie dorthin wollen, müssen Sie entweder laufen (von Undeloh direkt ca. 1 Std. Fußmarsch) oder Sie setzen sich in eine Pferdekutsche und lassen sich fahren. Die Kutschen stehen in fast allen Orten auf großen

Wer nicht laufen will, der lässt sich kutschieren

Die Weltelite der Vielseitigkeitsreiter kommt jedes Jahr im Juni in die Heide

Parkplätzen bereit. Plätze müssen nicht gebucht werden, es sei denn Sie kommen in einer großen Gruppe. Ihr Ziel ist dann immer der winzige Ort **Wilsede**. Nicht einmal 50 Menschen leben heute hier, verteilt auf ca. ein Dutzend Häuser. Ein nettes Heimatmuseum finden Sie im **Dat oole Huus**.

Von Menschenhand geschaffen

Wo heute die Heide blüht, standen einst riesige Wälder. Durch die Abholzung und Wiederaufforstung mit schnell wachsenden Nadelbäumen auf dem trockenen und sandigen Boden entstand die charakteristische Heidelandschaft. Als Anfang des 19. Jhs. immer mehr Menschen hierher zogen und große Teile zu Ackerflächen umwandelten, gründete sich 1909 der **Verein Naturschutzpark e.V.**, eine der weltweit ältesten Einrichtungen ihrer Art. Dem Verein gehört heute fast ein Drittel des gesamten Nordheidegebiets. Ohne seine Aktivitäten könnten Sie die hier so schön wachsende Besenheide (*Caluna vulgaris*), die Glockenheide (*Erica tetralix*) und den Wacholder nicht mehr sehen.

Das höchste Glück der Erde

Die Heide ist ein Paradies für Pferdefreunde. Kilometerlang sind die gut gepflegten Sandwege, in vielen Dörfern (vor allem in Döhle und Egestorf) gibt es Gasthäuser mit Pferdepensionsställen. Und einmal im Jahr trifft sich in **Luhmühlen** die Weltelite der Vielseitigkeitsreiter.

DAS LEIBLICHE WOHL

Lecker ist der Heidschnuckenbraten im Hotel-Restaurant *Heiderose* (Wilseder Str. 13, Undeloh, Tel. 04189 / 311, tägl. 7–22 Uhr, www.hotel-heiderose.de). Die geräucherte Forelle schmeckt besonders gut in *Witthöft's Gästehaus* (Wilsede 2, Bispingen, Tel. 04175 / 545, tägl. ab 11 Uhr bis Dämmerung. www.witthoeft-wilsede.de). Und eine Gourmetküche finden Sie im *Hotel-Reiterhof Sudermühlen* (Egestorf, Tel. 04715 / 84 80, tägl. ab 12 Uhr, www.hotel-sudermuehlen.de).

Dat oole Huus
✉ Wilsede ☎ 04175 / 80 29 33 🕓 Di–So 10–16 Uhr (nur im Sommer, besser vorher anrufen) ✋ frei

Verein Naturschutzpark e.V. (VNP)
✉ Niederhaverbeck 7, Bispingen ☎ 05198 / 98 70 30
? www.verein-naturschutzpark.de

Anfahrt: 60–70 km südlich von Hamburg; A 7 Ausfahrt Egestorf

Spaziergänge & Touren

1 ZU FUSS VON WEDEL BIS BLANKENESE

Wanderung

Blankenese – bei diesem Wort bekommen viele Hamburger verklärte Augen. Das Treppenviertel am Geesthang hat einen legendären Ruf. Sie entdecken das Nobelwohnviertel von seiner schönsten Seite aus: zu Fuß von Wedel kommend über das Falkensteiner Ufer – natürlich immer an der Elbe entlang.

In Willkommhöft werden Schiffe musikalisch begrüßt

LÄNGE: ca. 7 km **DAUER:** Von 2 Stunden bis zu Ganztagestouren
START: Schulauer Fährhaus, Willkommhöft, Wedel Ⓢ Wedel, dann Bus 189 **ZIEL:** Ⓢ Blankenese 194, westl. A1

1–2

Vom S-Bahnhof Wedel fährt der Bus 189 fast direkt bis zum **Schulauer Fährhaus**. Steigen Sie an der Station Elbstraße aus. Seit den 1950er-Jahren unterhält die Familie Behnke ihr großes Gasthaus und die Schiffsbegrüßungsanlage Willkommhöft. Ehemalige Kapitäne begrüßen vorbeifahrende Schiffe mit der entsprechenden Nationalhymne und einem Flaggengruß – »Flaggendippen« nennt man so etwas auf gut Seemännisch. Unten im Keller finden Sie ein Buddelschiffmuseum, etwas skurril, deshalb umso sehenswerter. Zu Fuß geht es nun los in Richtung Blankenese, immer an der Elbe entlang. Sie können entweder unten direkt am Wasser laufen, oder oben auf einem Wanderweg. Schön ist beides, auf beiden Wegen gibt es Treppen und man muss einmal ziemlich umständlich das große Heizkraftwerk umrunden. Das ist nicht besonders hübsch, aber nicht zu ändern. Bis zum Kraftwerk laufen Sie ca. 40 Min.

2–3

Wenn Sie auf Ihrer linken Seite ein braunes Holzschild mit dem Wegnamen passieren, gehen Sie schräg links einen Asphaltweg nach oben. Ein Schild verweist darauf, dass Sie ein Naturschutzgebiet betreten. Sie sind jetzt in der **Wittenberger Heide**, die im Herbst auf einer Freifläche links hinter den Bäumen herrlich blüht. Sie können die Heidefläche kurz umrunden, gehen dann aber wieder in Richtung Wasser und folgen dem Elbhöhenweg weiter in Richtung Wittenberger Leuchtturm, Blankenese.

Leuchttürme säumen den Weg an der Elbe, hier am Blankeneser Strandweg

Seite 171: Blick über Blankenese

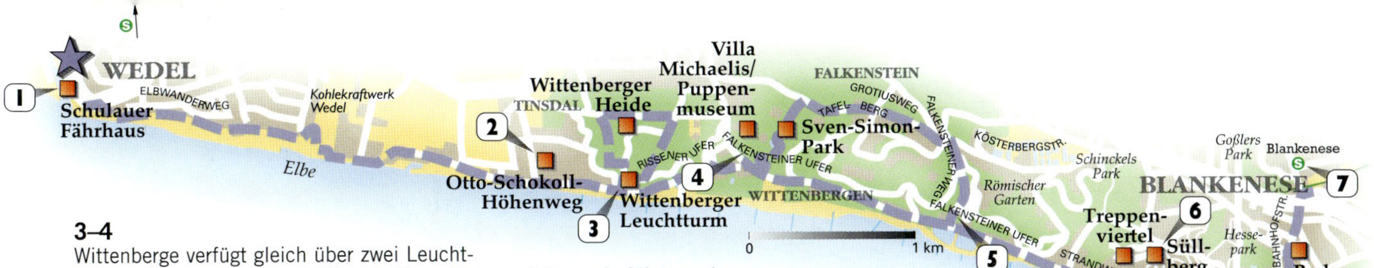

3–4

Wittenberge verfügt gleich über zwei Leuchttürme, oben und unten am Strand. Sie wollen ja nun auch mal ans Wasser, gehen als runter. Dort finden Sie die nette Ausflugsgaststätte ***Buchfink***, die zu einer Auftank-Pause lädt, denn bis jetzt sind sicher schon gut eine Stunde (oder auch länger) gelaufen). Bleiben Sie weiter unten am Wasser. Es folgt ein Campingplatz – im Sommer die reinste Idylle und ein richtiger toller Insidertipp (www.elbecamp.de).

4–5

Nun stoßen Sie aufs Falkensteiner Ufer. Sie können der Straße folgen, sie führt an der Elbe entlang, direkt bis nach Blankenese. Oder Sie gönnen sich noch ein paar Extratouren und erklimmen den Elbhöhenweg. Wenn Sie das wollen, folgen Sie den Holzschildern links den Berg hoch, in Richtung **Sven-Simon-Park** und **Puppenmuseum**. Von der Luftlinie her liegen oft nur wenige hundert

Klare Formen und Proportionen: die Villa Michaelis im Sven-Simon-Park

KLEINE PAUSE

Buchfink, Rissener Ufer 21, Tel. 81 16 23, April–Sept. tägl. ab 12 Uhr bis Abend, Okt.–März nur Sa/So

Zum Falkenstein, Kösterbergstr. 105, Tel. 86 13 42, tägl. ab 11 Uhr bis Abend

Seven Seas, Süllbergterrasse 12, Tel. 866 25 20, Restaurant Mi–So ab 18.30, So auch 12.30–14 Uhr, Biergarten tägl. ab ca. 11 Uhr

Sportlich ist im Treppenviertel nicht nur der Postbote …

Meter zwischen den Zielen, zu Fuß dauert das meist länger als gedacht. Lassen Sie sich nicht entmutigen! Die Ausblicke auf die Elbe, die immer wieder durch die Bäume blinkt, sind wunderbar – die Ausblicke auf die prachtvollen Villen auch.

Der **Sven-Simon-Park** erinnert an den toten Sohn des Verlegers Axel Cäsar Springer, der im Namen dieses Sohnes einen großen Teil seines Privatgeländes am Falkenstein der Stadt Hamburg vermacht hat. Nach ca. 10 Minuten zweigt scharf links eine steile Treppe ab. Oben angekommen, haben Sie nicht nur einen sensationellen Blick, sondern stehen vor einem der schönsten Landhäuser Hamburgs: der 1923 von Karl Schneider erbauten **Villa Michaelis**. Wie eine Burg thront sie über der Elbe. Unfassbar, dass diesem großartigen Beispiel aus der Zeit des Neuen Bauens 1970 der Abriss drohte. 1985 schloss die Sammlerin Elke Dröscher mit der Stadt Hamburg einen Vertrag, renovierte das Haus und zog mit ihrem **Puppenmuseum** ein: Über sechzig Puppenstuben sind zu sehen.

Seit 1986 steht das Gebäude unter Denkmalschutz. Ein schöner, aber etwas kompliziert zu findender Waldweg führt Sie über den Tafelberg und einige Treppen weiter in Richtung Blankenese bis zur Gaststätte ***Falkenstein***. Direkter geht es die Straße entlang, ca. 10 Min. den Grotiusweg hoch. Der Falkensteiner Weg führt wieder an die Elbe.

BLANKENESER SITTEN

Richtige »Blankeneser Jungs und Deerns« sind Mitglied beim **Knüll**, **Viereck**, **Osten** oder **Mühlenberg**. So heißen die Osterfeuer am Blankeneser Elbufer. Jedes Jahr gilt von neuem die Frage: Welche Gruppe hat das größte Feuer? Da werden Weihnachtsbäume gesammelt, man steht nachts Wache und klaut sich gegenseitig das Brennmaterial. Und zu Silvester laufen Kinder eines anständigen Blankenesers seit Generationen **»Rummelpott«**: Verkleidet geht es von Haus zu Haus, man macht Krach (früher mit einem mit einer Schweineblase überzogenen Blecheimer, dem »Rummelpott«) und sagt so sinnentleerte, plattdeutsche (und politisch unkorrekte) Sprüche auf wie diesen: *»Rummel Rummel rusch, de Neger sit in'n Busch, gif mi eenen Appelkoken oder eene Wursch. Is de Wursch to kleen, gif mi twee för een. Een Hus wider wohnt de Snider, en Huus achter wohnt de Schlachter. Een Huus achteran wohnt de lütje Wiehnachtsmann«*. Im Gegenzug für die Performance gibt es Süßigkeiten oder Geld.

5–6

Ob nun mit Abstecher über das Puppenmuseum oder ohne – irgendwann erreichen Sie den Blankeneser Strandweg. Links liegt das **Treppenviertel**, rechts der Strand – wo sind Sie hier gelandet? Das Blankeneser Treppenviertel ist einmalig. Steil rauf und runter geht es hier, vorbei an Kapitänshäusern und modernen Villen, protzigen Eigentumswohnanlagen und entzückenden Fachwerkhäusern. Ein Weg führt über Rutsch, Elbterrasse und Schnudts Treppe bis auf den **Süllberg**. Dort oben erwartet Sie Sternekoch Karl-Heinz Hauser in seinem international hoch gelobten Restaurant ***Seven Seas***. Auch vom Biergarten (günstiger und legerer) haben Sie einen tollen Blick. Die Wegfindung im Treppenviertel ist schwierig. Wenn Sie sich verlaufen (das tut hier jeder irgendwann), dann gehen Sie einfach bergab. Zwangsläufig landen Sie am Wasser.

6–7

Vom Strandweg aus, an dem sich ein Restaurant an das andere reiht, können Sie den Schnellbus 48 (die so genannte »Bergziege«) bis zum **S-Bahnhof Blankenese** nehmen. Ansonsten führt der Weg über Treppen nach oben bis zur Bahnhofsstraße und von dort in 10 Minuten zum Bahnhof (ausgeschildert).

»Gehst du ins Dorf?«, fragt man hier, wenn jemand zum Einkaufen geht. Und tatsächlich ist die Atmosphäre in Blankenese noch dörflich, wenn auch auf gehobenem Niveau. Teurer als hier kann man in Hamburg kaum wohnen. Wenn Sie noch Zeit (und Kraft) haben, machen Sie einen Spaziergang durch die Parks: Im **Hessepark**, **Goßlers Park** und **Baurs Park** stehen wunderbare Herrenhäuser. Ganz fitte Läufer schaffen sogar den Weg an der Elbe entlang bis nach Teufelsbrück (ca. 2 Std. länger) – oder marschieren auf dem Elbwanderweg über Övelgeönne, Fischmarkt und die Landungsbrücken bis in die Stadt. Solange die Elbe an Ihrer rechten Seite liegt, kann nichts schief gehen.

Vom Biergarten des Restaurants *Seven Seas* aus genießt man einen sensationellen Ausblick

SCHULAUER FÄHRHAUS/BUDDELSCHIFFMUSEUM
Wedel · 04103 / 920 00 · tägl. ab 9 Uhr; Buddelschiffmuseum Mitte März–Mitte Okt. tägl. 10–18.30 Uhr, Mitte Okt.–Mitte März Sa/So
Buddelschiffmuseum: preiswert
www.schulauer-fährhaus.de

PUPPENMUSEUM
Grotiussweg 79 · 81 05 82 · Di–So 11–17 Uhr
Bus 286 Falkenstein · mittel
www.elke-droescher.de

2 HAGENBECKS TIERPARK

Spaziergang

LÄNGE: max. 6 km **DAUER:** 2–5 Stunden
START/ZIEL: Hagenbecks Tierpark
194, nördl. C5

Hamburger gehen nicht in den »Zoo« und auch nicht in den »Tierpark«. Hamburger gehen zu Hagenbeck. Das war schon immer so, und das bleibt auch so. Weil Hamburg ohne Hagenbeck einfach nicht vorstellbar ist. Und es soll Hamburger geben, die jeden Tag hierher kommen – die Jahreskarte macht es möglich!

1–2

Von der U-Bahn-Station Hagenbecks Tierpark sind es nur wenige Minuten bis zum **Haupteingang**. Dort bekommen Sie einen Plan, dem Sie alles Wissenswerte entnehmen können. Gleich hinter dem Haupteingang liegt das **Elefantengehege**. In der Wildnis sind die Tiere ständig beschäftigt, denn ein Elefant braucht täglich 3–4 Ztr. Futter. Hier lernen die Elefanten auch mit dem Tierpfleger. Schauen Sie dem Unterricht zu. Gerne nehmen die gutmütigen Dickhäuter auch einen Geldschein in ihren Rüssel und geben ihn an den Pfleger weiter. Seit 1992 wurden in der Hagenbeckschen Herde Asiatischer Elefanten sieben gesunde Junge geboren. Ein toller Zuchterfolg für die durch Ausrottung bedrohte Rasse.

2–3

Gleich folgt der zweite Höhepunkt: das weltweit einmalige **Orang-Utan-Haus**. Es entstand in Abstimmung mit den Affenforschern der Orang-Utan Survival Foundation auf Borneo. Die durchsichtige Kuppel besteht aus einer UV-Licht durchlässigen Folie, hat einen Durchmesser von 32 m, ist 16 m hoch und lässt sich bei schönem Wetter zur Hälfte öffnen. Die Besucher sind nur durch Gräben und Wasserflächen von den Tieren getrennt.

Der Künstler Stephan Balkenhol schuf die Holzgiraffe mit Reiter am neuen Haupteingang

Das Füttern der Elefanten ist ausdrücklich erlaubt – aber bitte nur Obst und Gemüse. Kekse, Spaghetti und altes Brot sind nichts für Tiere.

TROPEN-AQUARIUM
Pünktlich zum 100. Geburtstag des Tierparks schenkte sich Hagenbeck 2007 ein großartiges und riesiges Tropen-Aquarium mit Haibecken, Dschungelgebiet, Schlangen, Krokodilen, Skorpionen und Tausenden von Fischen. Es liegt direkt am Haupteingang. Der Eintritt ist auch ohne Tierparkbesuch möglich (tägl. 9–18 Uhr).

KLEINE PAUSE

Überall auf dem Gelände gibt es Imbissmöglichkeiten und Restaurants. Sie können aber auch ein Picknick mitbringen und sich einfach auf einer der vielen Bänke ausruhen. Praktisch ist die Pause am **Spielplatz**. Sie ruhen sich aus, die Kinder toben.

3–4

So wie heute das Orang-Utan-Haus eine Sensation ist, waren es zu früheren Zeiten die gitterlosen **Freigehege für Tiger und Löwen**. Tierparkgründer Carl Hagenbeck, 1844 als Sohn eines Fischgroßhändlers geboren, ließ sich die Bautechnik 1896 patentieren. In Versuchen mit zahmen Wildkatzen hatte er die Sprungweite der Tiere ermittelt und wusste daher, wie breit die Gräben sein mussten.

Das große Jugendstiltor war einst der Haupteingang

4–5

2011 soll das neue spektakuläre Eismeer fertig werden: Tauchende Eisbären werden zu sehen sein. Über 1850 Tiere leben im Park und sie verfressen enorme Mengen Futter. Die Kosten des in der sechsten Generation geführten Tierparks belaufen sich auf täglich 32 000 Euro – ohne regelmäßige staatliche Zuschüsse für den laufenden Betrieb!

5–6

Durch das **Jugendstiltor** wandelte im Jahr der Eröffnung, 1907, halb Hamburg und bestaunte sowohl die Tiere als auch das Gehege.

HAGENBECKS TIERPARK

194, nördl. C5 · Lokstedter Grenzstr. 2 · 530 03 30 · tägl. März–Juni, Sept., Okt. 9–18, Juli/Aug. bis 19, Nov.–Feb. 9–16.30 Uhr · Hagenbecks Tierpark · teuer · www.hagenbeck.de

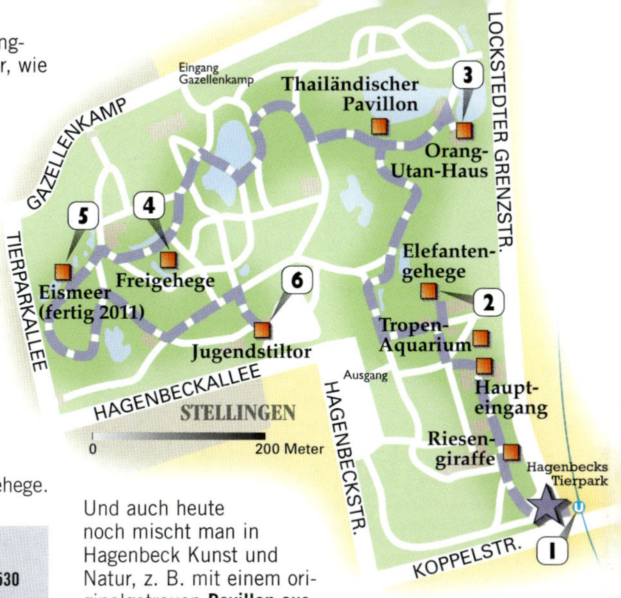

Und auch heute noch mischt man in Hagenbeck Kunst und Natur, z. B. mit einem originalgetreuen **Pavillon aus Thailand** oder durch die **markante Riesengiraffe** am Haupteingang, an der Sie schon gleich zu Anfang des Wegs vorbeigekommen sind.

3 DURCH DEN DUVENSTEDTER BROOK

Fahrradtour

Der Duvenstedter Brook ist Hamburgs größtes Naturschutzgebiet und liegt im Norden der Stadt. Sie können Reiher und Kraniche beobachten, 400 verschiedene Pflanzenarten entdecken und Hirsch, Fuchs und Hase Gute Nacht sagen. Nehmen Sie ein Fernglas mit!

LÄNGE: ca. 15 km **DAUER:** 3 Stunden
START/ZIEL: Ohlstedt 193, nördl. F5

Bei Kopfsteinpflaster auf den Fußweg auszuweichen, ist erlaubt – und bequemer

1–2

Mit der U-Bahn-Linie 1 erreichen Sie Ohlstedt. Hier, am Oberlauf der Alster, liegen die Walddörfer, das feine Pendant zu den Elbvororten an der Elbe. **U-Bahn-Station** wie das gegenüberliegende **Gemeindehaus** entstanden in den 1920er-Jahren nach Plänen von Fritz Schumacher und symbolisierten Hamburgs Herrschaftsanspruch an der Grenze zum damals noch preußischen Nachbarn Schleswig-Holstein. Reiche Hamburger sollten hier ihre Häuser bauen. Eine leckere Eisdiele lädt zur ersten Rast. Sie fahren links unter der Unterführung durch und folgen der Straße Timms Hege.

2–3

Sie folgen der Straße einige 100 Meter und biegen dann rechts in die Straße Kupferredder ab. Gegenüber der **Schule am Walde** (1930 von Fritz Schumacher gebaut) geht es links in den **Wohldorfer Wald**. Auf den festen Sandwegen

WOMIT?
Fahrradverleih (➤ 36). Räder können in den U- und S-Bahnen kostenlos mitgenommen werden (Sa/So ganztägig, Mo–Fr nicht vor 9 und nicht zwischen 16–18 Uhr).

können Sie gut radeln. Nach ca. 200 m kommen Sie an eine Wegkreuzung. Sie halten sich schräg links und passieren einen Kinderspielplatz. Nach einigen 100 Metern kommen Sie wieder an eine Kreuzung. Hier stand einst ein Bahnhof der privaten Kleinbahn, die bis Rahlstedt führte. Ein Schild erinnert daran. Fahren Sie rechts ab in den Mühlenredder.

3–4
Sie folgen dem Weg, rechts neben dem Kopfsteinpflaster verläuft ein fester Sandweg. Bleiben Sie auf dem **Mühlenredder**, wenn Sie den Wald verlassen. Am Mühlenteich vorbei, fahren Sie bis zur Straße Herrenhausallee, in die Sie rechts abbiegen. Ein schönes Restaurants lädt zur Pause – die Sie aber auch noch verschieben können: Sie kommen später wieder hier vorbei.

4–5
Auf der Burginsel steht das 1712–14 erbaute **Wohldorfer Herrenhaus**. Schon im 14. Jh. regierten Hamburgs »Waldherren« von hier aus die Walddörfer von Wohldorf bis Farmsen. Seit 1996 ist das Haus in Privatbesitz. Sie folgen der Herrenhausallee bis links der Weberstieg abzweigt. Ein Stückchen weiter die Straße entlang, erblicken Sie noch zehn identische **Landarbeiterhäuser**. Sie entstanden 1937 ganz im Stil der herrschenden Blut-und-Boden-Ideologie. Hamburgs NS-Reichsstatthalter Karl Kaufmann hatte den Duvenstedter Brook 1939 zum Naturschutzgebiet erklärt, dann aber dort private Jagden veranstaltet.

Im Nabu-Informationshaus gibt es seit Neuestem GPS-gesteuerte Geräte für den Waldspaziergang

5–6
Das **Nabu-Informationshaus** am Ende des Weberstiegs informiert Sie ganz wunderbar über Flora und Fauna. Sie können sich Karten und Bücher kaufen oder sich über Führungen und Veranstaltungen informieren. Gleich rechts hinter dem Haus biegen Sie in den **Duvenstedter Brook** ab. Bleiben Sie auf den Wegen, radeln Sie ruhig und genießen Sie die herrliche Natur, die sich Ihnen jetzt bietet.

Reiher oder Hirsch? Das Fernglas nicht vergessen!

6–7

Die Wege im Brook sind gut mit dem Fahrrad befahrbar. Sie passieren markierte Aussichtspunkte. Überall flattern Vögel und Schmetterlinge über den moorigen Wiesen und Teichen, Frösche quaken. Das eindrucksvollste Erlebnis bietet der Herbst: dunkel röhrende Hirsche, die Sie frühmorgens und in der Dämmerung von speziellen Sichtpunkten aus in ihren Brunftkämpfen verfolgen können. Einige Wege im Brook sind während der Brunftzeit gesperrt. An der **Revierförsterei** geht es links ab, dann noch mal nach ca. 200 m. Mit Glück erblicken Sie vom nächsten Aussichtspunkt Reiher- oder Kranichkolonien. Leider sind die reisefreudigen Vögel in den letzten Jahren nicht mehr regelmäßig gekommen. Biegen Sie nun rechts ab, bis Sie eine Autostraße erreichen, der Sie nach links folgen.

NABU-INFORMATIONSZENTRUM
✉ Duvenstedter Triftweg 140 ☎ 607 24 66
🕒 April–Okt. Di–Fr 14–17, Sa 12–18, So 10–18 Uhr; Feb./März Sa 12–16, So 10–16 Uhr ✋ frei
? www.nabu-hamburg.de

7–8

In **Pfingsthorst** bietet sich, vor allem für mitradelnde Kinder, ein Abstecher zum Ponyhof Waldesruh (mit Gasstätte) an. Von dort geht es wieder zurück zum Wiemerskamper Weg, dem Sie bis zum Dorfende und dann noch ca. 3 km weiter folgen. Auf einem kleinen Stück ist die Straße gepflastert, dann weichen Sie mit dem Rad auf den Fußweg aus. Links haben Sie immer wieder herrliche Blicke auf den Brook, in den Sie an verschiedenen Stellen auch abbiegen können. Am Ende erreichen Sie wieder das Nabu-Informationshaus. Den Weg von hier über Mühlenteich und Mühlenredder zum Zielpunkt **Ohlstedter Bahnhof** kennen Sie ja schon.

KLEINE PAUSE

Die Mühle (Mühlenredder 38, Tel. 607 66 50, Mi–Mo 12–22 Uhr, www.die-muehle-hamburg.de), traditionsreiches Haus, seit über 100 Jahren im Familienbesitz.

Alte Rader Schule (Rader Weg 209, 22889 Tangstedt/Rade Tel. 607 11 68, Mo–Fr ab 15 Uhr, Sa/So ab 12 Uhr, www.alte-rader-schule.de), wunderbarer Biergarten, im Winter offener Kamin in der alten Schulstube. Leckere Hausmannskost und herzliche Gastgeber.

Ponyhof und Gaststätte Waldesruh (Forstweg 2, Bargfeld-Stegen, Tel. 04532 / 22 192, Sa, So ab 11, http://waldesruh-sh.npage.de Wochentags ab 15 Uhr), einfacher Bier- und Kaffeegarten mit vielen, vielen Ponys …

Praktisches

REISEVORBEREITUNGEN

WICHTIGE PAPIERE

● Erforderlich
○ Empfohlen
▲ Nicht erforderlich

	Deutschland	Österreich	Schweiz
Pass/Personalausweis	●	●	●
Visum	▲	▲	▲
Weiter- oder Rückflugticket	▲	▲	▲
Impfungen (Tetanus und Polio)	▲	▲	▲
Krankenversicherung	●	●	●
Reiseversicherung (➤ 186)	○	○	○
Führerschein (national)	●	●	●
Kfz-Haftpflichtversicherung	●	●	●
Fahrzeugschein	●	●	●

REISEZEIT

Hauptsaison — Nebensaison

JAN	FEB	MÄRZ	APRIL	MAI	JUNI	JULI	AUG	SEPT	OKT	NOV	DEZ
Nebensaison	Nebensaison	Nebensaison	Nebensaison	Hauptsaison	Hauptsaison	Hauptsaison	Hauptsaison	Hauptsaison	Nebensaison	Nebensaison	Nebensaison
2°C	3°C	8°C	13°C	18°C	22°C	23°C	23°C	19°C	13°C	7°C	4°C
Bedeckt	Bedeckt	Wechselhaft	Wechselhaft	Sonnig	Sonnig	Sonnig	Sonnig	Wechselhaft	Wechselhaft	Bedeckt	Bedeckt

Sonnig · Bedeckt · Regnerisch · Wechselhaft

Die angegebenen **Temperaturen** entsprechen den durchschnittlichen Tagestemperaturen des jeweiligen Monats. Die **schönste Reisezeit** ist von Mai bis September. Entgegen der landläufigen Meinung ist Hamburg nicht die regenreichste Stadt Deutschlands. In Hamburg fällt durchschnittlich genauso viel Regen wie in Köln oder Berlin. Im Sommer zeigt sich die Hansestadt von ihrer besten Seite und die Fülle von Veranstaltungen ist groß. Aber auch im Herbst und Winter hat die Stadt mit ihrem immensen Kulturangebot Konjunktur. Der Kälte entgeht man in Museen und Restaurants. Besonders um den Jahreswechsel herum erfreut sich Hamburg deshalb eines anschwellenden Besucherstroms. Und natürlich sind auch die Osterfeiertage eine beliebte Reisezeit für Hamburg.

INFORMATION VORAB

Websites
- www.hamburg.de
- www.hamburg-tourismus.de
- www.mopo.de
- wwww.abendblatt.de
- www.prinz.de

Deutschland
Hamburg Tourismus
GmbH
Steinstr. 7
20095 Hamburg
☎ 040 / 30 05 10 00

Österreich
Deutsche Zentrale
für Tourismus
Schubertring 12
1010 Wien
☎ 01 / 513 27 92

ANREISE

Mit dem Flugzeug: Hamburg wird von 65 Airlines aus über 130 Städten in 40 Ländern angeflogen. Es landen nahezu alle Fluglinien am **Flughafen Hamburg** in Fuhlsbüttel.

Preise: Innerdeutsche Flüge sind verhältnismäßig teuer, während aus dem europäischen Ausland von verschiedenen Fluggesellschaften immer wieder günstigere Flüge angeboten werden. Fragen Sie bei Ihrer Fluggesellschaft oder im Reisebüro nach, oder nutzen Sie die Angebote aus dem Internet.

Mit dem Zug: Hamburg ist aus allen Richtungen mit IC, EC, ICE und Interregio-Zügen erreichbar. Zentralbahnhof ist der **Hauptbahnhof** Kirchenallee/Glockengießerwall in der Innenstadt. Endstation ist oft der Sackbahnhof **Altona**. Dort findet auch die Autozug-Verladung statt. Weitere Stationen in Hamburg sind im Süden Hamburg-**Harburg**, im Zentrum Hamburg-**Dammtor**.

Mit dem Auto: Autobahnen führen von Hannover und Flensburg (A 7), von Westen aus Bremen (A 1), von Osten aus Richtung Berlin (A 24) und aus Richtung Heide (A 23) nach Hamburg. Diverse Ausfahrten münden in verschiedene Stadtteile Hamburgs.

ZEIT

Hamburg befindet sich in der Zentraleuropäischen Zeitzone. Es gilt Mitteleuropäische Zeit (MEZ), die eine Stunde vor Greenwich-Zeit (GMT) liegt. Zwischen Ende März und Ende Oktober werden die Uhren um eine Stunde auf Mitteleuropäische Sommerzeit (MESZ) vorgestellt.

WÄHRUNG UND GELDWECHSEL

Währung: Seit dem 1. Januar 2002 ist die Währung wie in vielen europäischen Staaten der **Euro**. Die offizielle Abkürzung für den Euro ist EUR. Euro-Banknoten gibt es in den folgenden Nennwerten: 5, 10, 20, 50, 100, 200 und 500 Euro; Münzen in Nennwerten zu: 1, 2 und 5 für den Euro-Cent, 10, 20 und 50 für den goldfarbenen Euro-Cent. Zusätzlich gibt es eine 1-Euro- und 2-Euro-Münze.
Einen **Devisenrechner** zur Umrechnung verschiedener Währungen finden Sie im Internet: www.bankenverband.de

Geldwechsel: Im Umfeld von Bahnhöfen und Flughäfen gibt es Wechselstuben. **Reiseschecks** können Sie bei allen Banken einlösen, die mit vielen Filialen überall in der Stadt zu finden sind. Außerhalb der Öffnungszeiten finden Sie viele **Geldautomaten**.

Kreditkarten werden mittlerweile in fast allen Hotels, Restaurants und Geschäften akzeptiert.

Schweiz
Deutsches Verkehrsbüro
Talstr. 62
8001 Zürich
☎ 01 / 213 22 00

DAS WICHTIGSTE VOR ORT

FEIERTAGE

1. Januar	Neujahr
März/April	Karfreitag, Ostermontag
1. Mai	Tag der Arbeit
Mai/Juni	Christi Himmelfahrt, Pfingstsonntag, -montag
3. Oktober	Tag der deutschen Einheit
24. Dezember	Heiliger Abend
25., 26. Dezember	Weihnachten
31. Dezember	Silvester

ELEKTRIZITÄT

Die Spannung beträgt 220 Volt. Reisende aus dem außereuropäischen Ausland sollten einen Adapter verwenden.

ÖFFNUNGSZEITEN

○ Geschäfte
● Büros
● Museen/Denkmäler
● Postämter
● Apotheken
● Banken

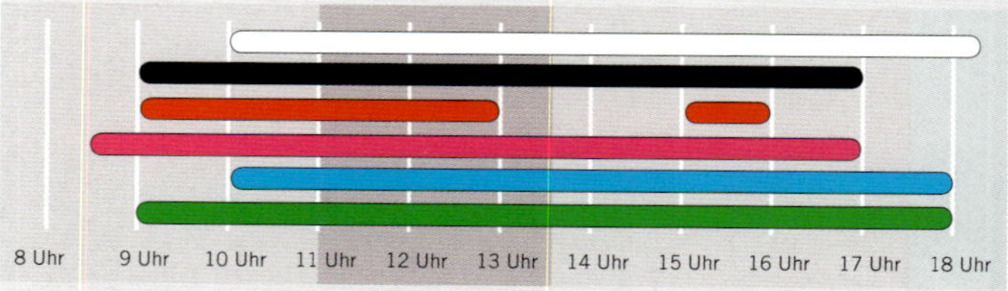

☐ tagsüber ☐ mittags ☐ abends

Geschäfte: Aufgrund neuer Gesetze variieren die Ladenöffnungszeiten in Hamburg. Meistens gilt für die Geschäfte in der City: Mo–Mi und Fr/Sa 10–20, Do oft bis 21 Uhr. Läden, die touristischen Bedarf führen, öffnen oft auch sonntags.
Banken: Banken und Sparkassen sind meist von Montag bis Freitag von 9 bis 13 Uhr und von 14.30 bis 16 Uhr geöffnet. Donnerstags schließen sie erst um 18 Uhr, und einige haben sogar durchgehend geöffnet.
Museen: Die meisten Museen öffnen von Dienstag bis Sonntag von 10–18 Uhr, einige schließen aber auch schon um 17 Uhr. Donnerstags haben manche bis 21 Uhr geöffnet.

TRINKGELD

Meist werden Restaurant-, Getränke- und Taxirechnungen großzügig aufgerundet. Mit 5 % macht man nichts falsch.

Hotelportiers	3–5 Euro	Stadtführer	nach Ermessen
Zimmermädchen	3–5 Euro	Toiletten	50 Cent

ZEITUNTERSCHIED

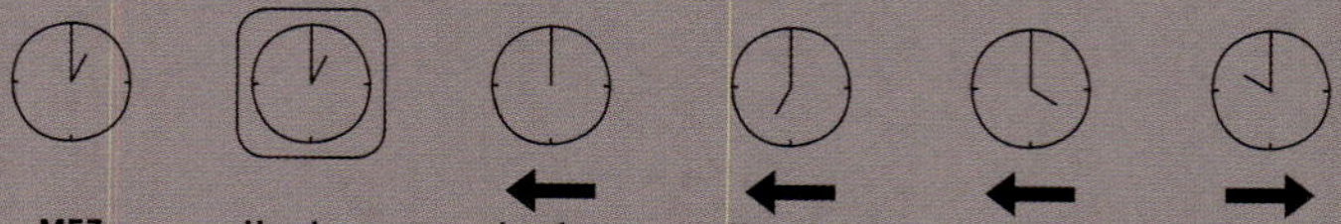

MEZ	Hamburg	London	New York	Los Angeles	Sydney
13 Uhr	13 Uhr	12 Uhr	7 Uhr	4 Uhr	22 Uhr

IN KONTAKT BLEIBEN

Post Postämter gibt es in jedem Stadtbezirk. Am Hauptbahnhof können Sie Pakete auch im Schreibwaren-Geschäft Stilke aufgeben. Briefkästen, die häufig geleert werden, sind mit einem roten Punkt gekennzeichnet.

Telefonieren Es gibt in Hamburg noch zwei verschiedene Telefonzellen, alte gelbe geschlossene Telefonhäuschen und grau-rosa offene Telefone. Fast alle sind nur noch mit Telefonkarten zu bedienen. Karten für die öffentlichen Telefone gibt es in Postämtern, Schreibwarengeschäften und Zeitungsläden. Bei Auslandsgesprächen wählt man nach der Ländervorwahl die Rufnummer ohne die Null der Vorwahl.

Internationale Vorwahlen:

Österreich	**00 43**
Schweiz	**00 41**

Mobiltelefon Aufgrund des europäischen Roaming-Tarifs ist Telefonieren auch ins europäische Ausland nicht mehr sehr teuer. Informieren Sie sich am besten vorab bei Ihrem Mobilfunkvertragspartner über Kosten und Bedingungen. Mobilfunkanbieter in Deutschland sind u.a. E-Plus, O_2, Vodafone und T-Mobile. Im gesamten Stadtgebiet haben Sie einwandfreie Verbindungen.

Wi-Fi und Internet Noch hat Hamburg kein kostenloses flächendeckendes WLAN-Netzwerk. Sie können jedoch in vielen Cafés gratis im Internet surfen. Auch Hotels, Hostels und Pensionen bieten oft einen kostenlosen Internetzugang. Weitere Hinweise zu kostenlosen WLAN-Cafés finden Sie unter www.hamburg-magazin.de (Stichwort WLAN-Café eingeben).

SICHERHEIT

Hamburg ist für Touristen eine relativ sichere Stadt. Im Gebiet um den Hauptbahnhof herrscht eine hohe Polizeipräsenz, genau wie in St. Pauli auf der Reeperbahn.

- Bleiben Sie gegenüber Prostituierten diskret. Diskriminierende Äußerungen sind hier unangemessen.
- Autofahrer müssen nicht vor jugendlichen Punks erschrecken, die vor allem an der Kreuzung Max-Brauer-Allee/Stresemannstraße und in der Holstenstraße an den Ampeln stehen und für etwas Kleingeld oder Zigaretten die Scheiben putzen wollen.
- Achten Sie auf Ihre Wertsachen, besonders auf dem Fischmarkt sind im Gedränge viele Taschendiebe unterwegs.
- Lassen Sie sich auf der Reeperbahn lieber nicht auf Diskussionen ein. Stark alkoholisierte Menschen verlieren nun mal leider leicht ihre Nerven.

Polizei:
☎ 110 von jedem Telefon

☎ NOTRUF 110
POLIZEI 110
FEUERWEHR (AUCH KRANKENWAGEN) 112
GIFTINFORMATIONSZENTRUM-NORD (05 51) 192 40

GESUNDHEIT

Krankenversicherung: Falls in Hamburg ein Arzt aufgesucht werden muss, empfiehlt sich zumindest für Besucher, die aus nicht der EU zugehörigen Ländern kommen, eine spezielle Reisekrankenversicherung. **Arzt:** Anschriften von Ärzten aller Fachrichtungen finden Sie in den Gelben Seiten der Telefonbücher. Den ärztlichen Bereitschaftsdienst erreicht man unter Tel. 33 11 55.

Zahnarzt: Den zahnärztlichen Notdienst erreicht man unter Tel. 428 03-32 60 (Universitäts-Krankenhaus Eppendorf, 19–1 Uhr) oder Tel. 192 46 oder Tel. 01 15 00.

Wetter: In Hamburg regnet es leider häufig. Denken Sie auf jeden Fall an eine Regenjacke und einen Regenschirm in Ihrem Gepäck.

Medikamente: Die Apotheken verkaufen rezeptfreie und rezeptpflichtige Medikamente. Außerhalb der üblichen Ladenöffnungszeiten existiert ein Apothekennotdienst (in jeder Apotheke auf einem von außen sichtbaren Anschlag genannt).

Trinkwasser: Das Leitungswasser in Hamburg hat eine hervorragende Qualität. Sie können es bedenkenlos trinken.

ERMÄSSIGUNGEN

Kinder und Jugendliche unter 18 Jahren haben freien Eintritt zu allen Museen der Stadt. Unter 4-Jährige genießen auch in anderen Sehenswürdigkeiten kostenlosen Eintritt, wie z. B. bei Hagenbeck. Hinzu kommen viele verschiedene weitere Möglichkeiten der Ermäßigung in fast allen Kultureinrichtungen der Stadt, sei es zu bestimmten Uhrzeiten, sei es für Arbeitslose, Rentner, Familien oder Gruppen, am besten rufen Sie vorher in den Einrichtungen an und fragen. Theater sind an Wochenenden meist teurer als unter der Woche. In Kinos gibt es mittlerweile mehrmals pro Woche vergünstigten Eintritt (unterschiedliche Tage). Für Touristen lohnt sich unter Umständen der Kauf der Hamburg Card bzw. Metropol Card (► 35).

EINRICHTUNGEN FÜR BEHINDERTE

Rollstuhlfahrern ist es zu empfehlen, sich in Hamburg mit dem Bus fortzubewegen. Leider gibt es in viel zu wenig U- und S-Bahnhöfen einen Aufzug. Die wenigen behindertengerechten unter ihnen sind auf den Streckenplänen mit einem Rollstuhl-Symbol gekennzeichnet.

KINDER

Kindern bietet Hamburg viel, hinzu kommen in fast allen Museen spezielle Kinderführungen, Kindertheater und viele Kinos mit qualitativ guten Kinderprogrammen. Hinweise dazu gibt's gesondert in den Tages- und Monatszeitungen oder unter www.hamburg.kinder-stadt.de.

TOILETTEN

Öffentliche Toiletten sind selten, die Sehenswürdigkeiten haben meist saubere Toiletten. In einem Café wird oft erwartet, dass Sie etwas verzehren oder etwas bezahlen.

FUNDBÜRO

Zentrales Fundbüro: Bahrenfelder Str. 254–260, Tel. 428 11 35 01, Mo 9–16, Di/Mi bis 13, Do bis 13/14–18, Fr bis 12 Uhr.

BOTSCHAFTEN UND KONSULATE

Österreichische Botschaft Berlin
☎ 030 / 20 28 70

Österreichisches Generalkonsulat Hamburg
☎ 41 32 95 00

Schweizer Botschaft Berlin
☎ 030 / 390 40 00

Schweizer Generalkonsulat Hamburg
☎ 3 09 78 20

FEBRUAR

Reisen-Hamburg: Über 1000 Aussteller aus mehr als 80 Ländern präsentieren auf dem Hamburger Messegelände Reiseziele weltweit.

MÄRZ

Hamburger Frühlingsdom: Auf dem Heiligengeistfeld geht es bis in den April hinein auf Karussells und Achterbahnen rund.

APRIL

Hamburg-Marathon: Knapp 20 000 Läufer wagen sich jedes Jahr an die 42 km lange Strecke quer durch Hamburg.
Kabarett-Festival: Hamburgs Kleinkunstbühnen veranstalten ein Festival mit satirischen Höhepunkten.
Vattenfall-Lesetage: Die ganze Stadt ist im Lesefieber. Über 100 Autorenlesungen, vom Kinderbuch bis zum internationalen Bestseller.

MAI

Hafengeburtstag: Jedes Jahr im Mai feiert der Hamburger Hafen seinen Geburtstag, ein riesiges Straßenfest mit Schlepper-Ballett, Großsegler-Parade und viel Brimborium auf der Elbe und an den Landungsbrücken.
Tennisturnier am Rothenbaum: Die Spitze der Weltrangliste trifft sich am Rothenbaum.
Deutsches Spring- und Dressurderby: Die Elite des Springsports reitet in Klein Flottbek auf dem schwierigsten Parcours der Welt um das Blaue Band.
Lange Nacht der Museen: Hamburgs Museen schließen ihre Türen nicht vor 2 Uhr nachts.
Sommernächte in Hagenbecks Tierpark: Die Sommernächte sind mal tropisch, mal asiatisch, mal romantisch, aber immer ein Erlebnis (Mai bis August an ca. acht Wochenenden samstagabends).
Beginn der Outdoor-Saison: Bis in den September hinein finden auf der Freilichtbühne im Stadtpark Rock-, Pop- und andere Konzerte statt.
Japanisches Kirschblütenfest: Seit 1968 bedankt sich die Japanische Gemeinde pünktlich zur Kirschblüte mit einem Feuerwerk an der Außenalster bei allen Hamburgern für ihre Gastfreundschaft.
Elbjazz Festival: Jazz im Hafen. Eine tolle Idee. 2010 zum ersten Mal soll das internationale Festival zur Institution werden.

JUNI

Hamburger Harleys Days: Ein Wochenende lang dreht sich in Hamburg alles um Motorräder. Krönender Abschluss: die Parade mit über 4000 Harleys.
Laut und Luise: ein Kinderfest in Planten un Blomen, meist an einem Sonnabend im Juni
Schleswig-Holstein-Musik-Festival: Eigentlich findet das SHMF im Nachbarbundesland statt – doch viele Aufführungsorte liegen auf dem Hamburger Stadtgebiet.
Galoppderby Horner Rennbahn: Ja wo laufen sie denn, die schnellsten Pferde der Welt? Natürlich in Horn.
Sommer auf den Magellan-Terrassen (bis August): Jeden Sonntag gibt es Kultur für alle in der Hafencity: Lesungen, Straßentheater, Tango.
Altonale: Kunst, Literatur, Musik, Flohmarkt – das beliebte Straßenfest in Altona freut sich jährlich über rund 500 000 Besucher.

JULI

Sommerdom: Diese Veranstaltung entspricht dem Frühlingsdom im März/April und dauert bis in den August hinein.
Fleetinselfestival: Kunst, Kultur, Kulinarisches auf der Fleetinsel
Hamburger Jedermann: Die Speicherstadt wird bis Ende August zur spektakulären Theaterbühne.
Freiluftkino: Im Millerntor Stadion und auf dem Rathausmarkt werden Leinwände aufgestellt, um Filme unter freiem Himmel zu zeigen.
Holsten Cityman: schwerer Triathlon für Profis und Jedermänner, bei welchem die Schwimmdisziplin in der Binnenalster ausgetragen wird

AUGUST

Fantasy Filmfest: Die besten neuen Gänsehaut-Streifen kommen gebündelt in verschiedene Kinos.
Vattenfall Cyclassics: hochkarätiges Weltcup-Radrennen mit Amateuren und Profis wie Jan Ullrich
Christopher Street Day: Schwule und Lesben gehen symbolisch auf die Straße, kämpfen für ihre Rechte und feiern eine ausgelassene Party.

SEPTEMBER

Nacht der Kirchen: Fast schon ein Volksfest. Hamburgs Kirchen werden gestürmt.
Harbour Front Literaturfestival: Ein Fest der Buchliebhaber in tollen Locations rund um die Elbe und den Hafen (www.harbourfront-hamburg.com).
Alstervergnügen: Rund um die Binnenalster veranstaltet Hamburg einen großen Budenzauber.
Filmfest Hamburg: ein Pflichttermin für Cineasten

OKTOBER

Hanseboot: Internationale Bootsausstellung auf Hamburgs Messegelände
Lesbisch-schwule Filmtage: Die Kurz- und Langfilme setzen sich alle mit Homosexualität auseinander – egal ob Action, Drama oder Komödie. Die besten werden ausgezeichnet.

NOVEMBER

Markt der Völker: Kunsthandwerk aus aller Welt im Völkerkundemuseum, dazu Musik, Theater und andere Aufführungen
Tag der Kunstmeile: Zwischen Kunsthalle und Deichtorhalle öffnen Galerien, Kunstverein und Akademie der Künste mit speziellen Angeboten.
Winterdom: Von Ende November bis Anfang Dezember findet die dem Frühlings- und Sommerdom entsprechende Winterveranstaltung statt.

DEZEMBER

Weihnachtsmärkte: Die schönsten Hamburger Weihnachtsmärkte sind auf dem Rathausmarkt und rund um die St.-Petri-Kirche zu finden.
Silvester-Feuerwerk: alle Jahre an den Landungsbrücken

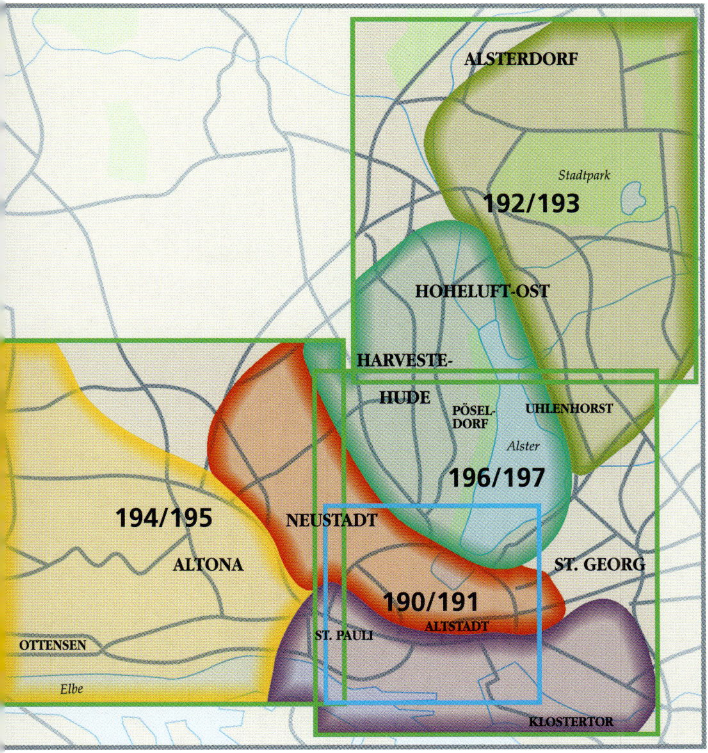

.apiteleinteilung: siehe Übersichtskarte
uf der Umschlaginnenseite

Legende

Hauptstraße	Park
Nebenstraße	Wichtiges Gebäude
Tunnel	Sehenswürdigkeit (im Text)
Fußweg	S-Bahn-Station
Bahnlinie	U-Bahn-Station
S-Bahn-Linie	Fähre
U-Bahn-Linie	

192–197 0 750 Meter

190/191 0 300 Meter

Cityplan

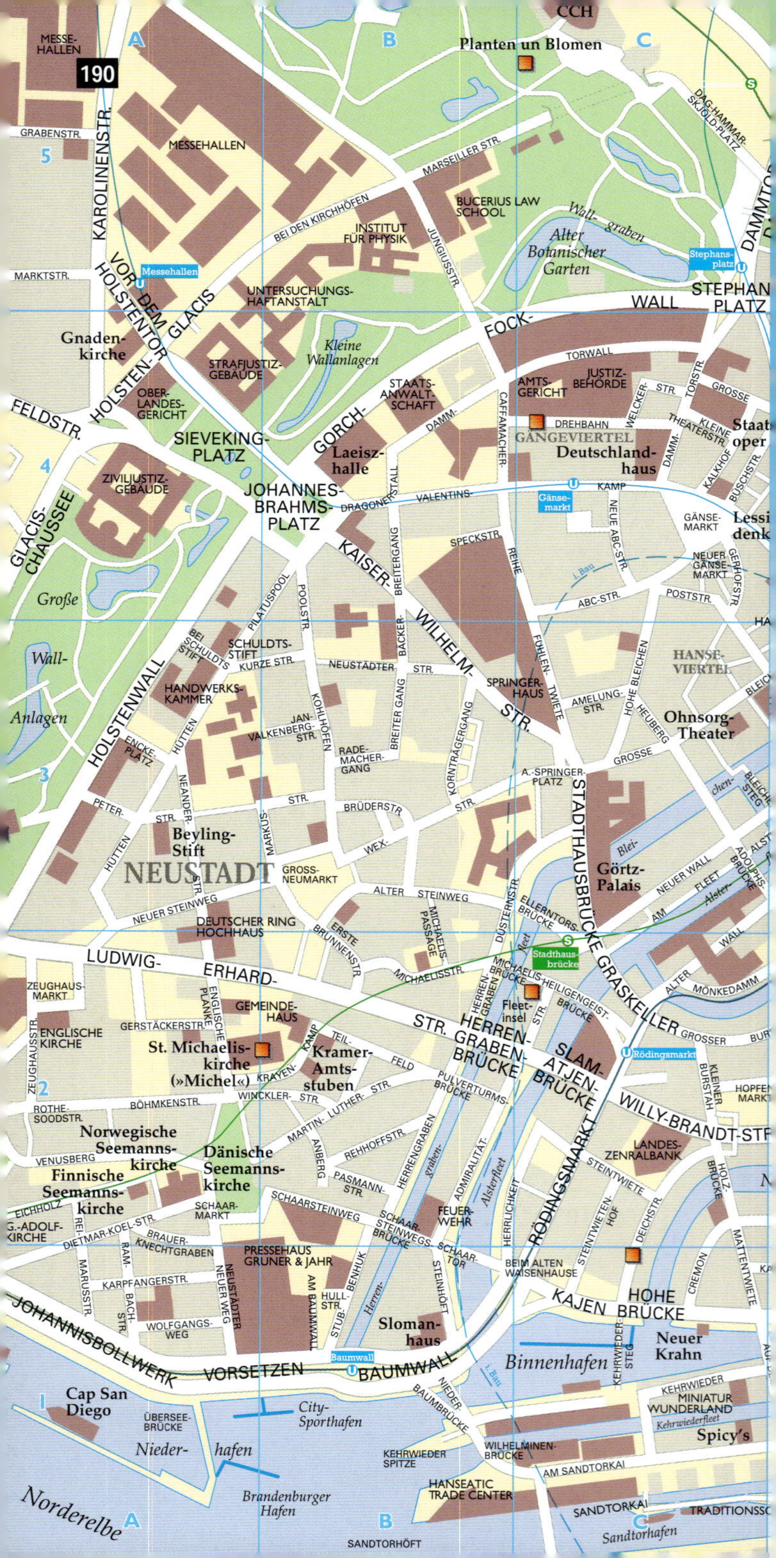
A
B
C
CCH
Planten un Blomen
MESSE-HALLEN
MESSEHALLEN
GRABENSTR.
KAROLINENSTR.
MARKTSTR.
Messehallen
VOR DEM HOLSTENTOR
BEI DEN KIRCHHÖFEN
INSTITUT FÜR PHYSIK
MARSEILLER STR.
BUCERIUS LAW SCHOOL
JUNGIUSSTR.
Wall-graben
Alter Botanischer Garten
DAG-HAMMAR-SKJÖLD-PLATZ
DAMMTOR
Stephans-platz
STEPHANS-PLATZ
WALL
FOCK-
UNTERSUCHUNGS-HAFTANSTALT
GLACIS
Gnaden-kirche
HOLSTEN-
Kleine Wallanlagen
STRAFJUSTIZ-GEBÄUDE
OBER-LANDES-GERICHT
STAATS-ANWALT-SCHAFT
TORWALL
JUSTIZ-BEHÖRDE
AMTS-GERICHT
DAMM-
GORCH-
FELDSTR.
SIEVEKING-PLATZ
Laeisz-halle
CAFFAMACHER-
DREHBAHN
GÄNGEVIERTEL
Deutschland-haus
WELCKER-
STR.
TORSTR.
GROSSE THEATERSTR.
KLEINE THEATERSTR.
Staats-oper
DAMM-
KALKHOF
BUSCHSTR.
ZIVILJUSTIZ-GEBÄUDE
JOHANNES-BRAHMS-PLATZ
DRAGONERSTALL
VALENTINS-
KAMP
Gänse-markt
GÄNSE-MARKT
Lessi denk
GLACIS-CHAUSSEE
KAISER-
BREITERGANG
SPECKSTR.
REIHE
NEUE ABC-STR.
NEUER GÄNSE-MARKT
GERHOFSTR.
Große
PILATUSPOOL
POOLSTR.
ABC-STR.
POSTSTR.
Wall-
SCHULDTS-STIFT
BEI SCHULDTS STIFT
KURZE STR.
NEUSTÄDTER
STR.
BÄCKER-
WILHELM-
SPRINGER-HAUS
FUHLEN-TWIETE
HOHE BLEICHEN
HANSE-VIERTEL
HANDWERKS-KAMMER
Anlagen
KOHLHÖFEN
JAN-VALKENBERG-STR.
BREITER GANG
KORNTRÄGERGANG
STR.
AMELUNG-STR.
HEUBERG
Ohnsorg-Theater
HOLSTENWALL
ENCKE-PLATZ
HÜTTEN
RADE-MACHER-GANG
A.-SPRINGER-PLATZ
GROSSE
NEANDER-
STR.
PETER-
STR.
BRÜDERSTR.
STR.
STADTHAUSBRÜCKE
BLEICHEN-STEG
Beyling-Stift
MARKUS-
WEX-
HÜTTEN
NEUSTADT
GROSS-NEUMARKT
Görtz-Palais
ALTER STEINWEG
NEUER WALL
ADOLPHS-BRÜCKE
NEUER STEINWEG
DEUTSCHER RING HOCHHAUS
ERSTE BRUNNENSTR.
MICHAELIS-PASSAGE
DÜSTERNSTR.
ELLERNTORS-BRÜCKE
AM
Alster
Stadthaus-brücke
LUDWIG-
ERHARD-
MICHAELISSTR.
MICHAELIS-BRÜCKE
HERREN-GRABEN
HEILIGENGEIST-BRÜCKE
Fleet-insel
GRASKELLER
ALTER WALL
MÖNKEDAMM
ZEUGHAUS-MARKT
ENGLISCHE PLANKE
GEMEINDE-HAUS
ENGLISCHE KIRCHE
GERSTÄCKERSTR.
ZEUGHAUSSTR.
St. Michaelis-kirche (»Michel«)
KAMP
TEIL-
FELD
Kramer-Amts-stuben
STR.
HERREN-GRABEN-BRÜCKE
SLAM-ATJEN-BRÜCKE
Rödingsmarkt
GROSSER BUR
KLEINER BURSTAH
HOPFEN MARKT
KRAYEN-
ROTHE-SOODSTR.
BÖHMKENSTR.
WINCKLER-
STR.
PULVERTURMS-BRÜCKE
WILLY-BRANDT-STR
Norwegische Seemanns-kirche
MARTIN-LUTHER-STR.
ANBERG
REHHOFFSTR.
HERRENGRABEN
ADMIRALITÄT-
RÖDINGSMARKT
LANDES-ZENTRALBANK
VENUSBERG
Dänische Seemanns-kirche
STEINTWIETE
HOLZ-BRÜCKE
Finnische Seemanns-kirche
PASMANN-STR.
Alsterfleet
HERRLICHKEIT
EICHHOLZ
G.-ADOLF-KIRCHE
SCHAAR-MARKT
SCHAARSTEINWEG
SCHAAR-STEINWEGS-BRÜCKE
FEUER-WEHR
STEINTWIETEN-HOF
DEICHSTR.
DIETMAR-KOEL-STR.
BRAUER-KNECHTGRABEN
SCHAAR-TOR
CREMON
MATTENTWIETE
MARIUSSTR.
RAM-BACH-STR.
PRESSEHAUS GRUNER & JAHR
NEUSTÄDTER NEUER WEG
BEIM ALTEN WAISENHAUSE
KARPFANGERSTR.
AM BAUMWALL
HULL-STR.
BENHUK
STEINHÖFT
KAJEN
HOHE BRÜCKE
WOLFGANGS-WEG
STUB.
Sloman-haus
Neuer Krahn
JOHANNISBOLLWERK
VORSETZEN
Baumwall
BAUMWALL
Binnenhafen
KEHRWIEDER-STEG
Cap San Diego
ÜBERSEE-BRÜCKE
City-Sporthafen
NIEDER-BAUMBRÜCKE
KEHRWIEDER
MINIATUR WUNDERLAND
Kehrwiederfleet
Spicy's
Nieder-
hafen
KEHRWIEDER SPITZE
WILHELMINEN-BRÜCKE
AM SANDTORKAI
Brandenburger Hafen
HANSEATIC TRADE CENTER
SANDTORKAI
TRADITIONSSC
Norderelbe
SANDTORHÖFT
Sandtorhafen

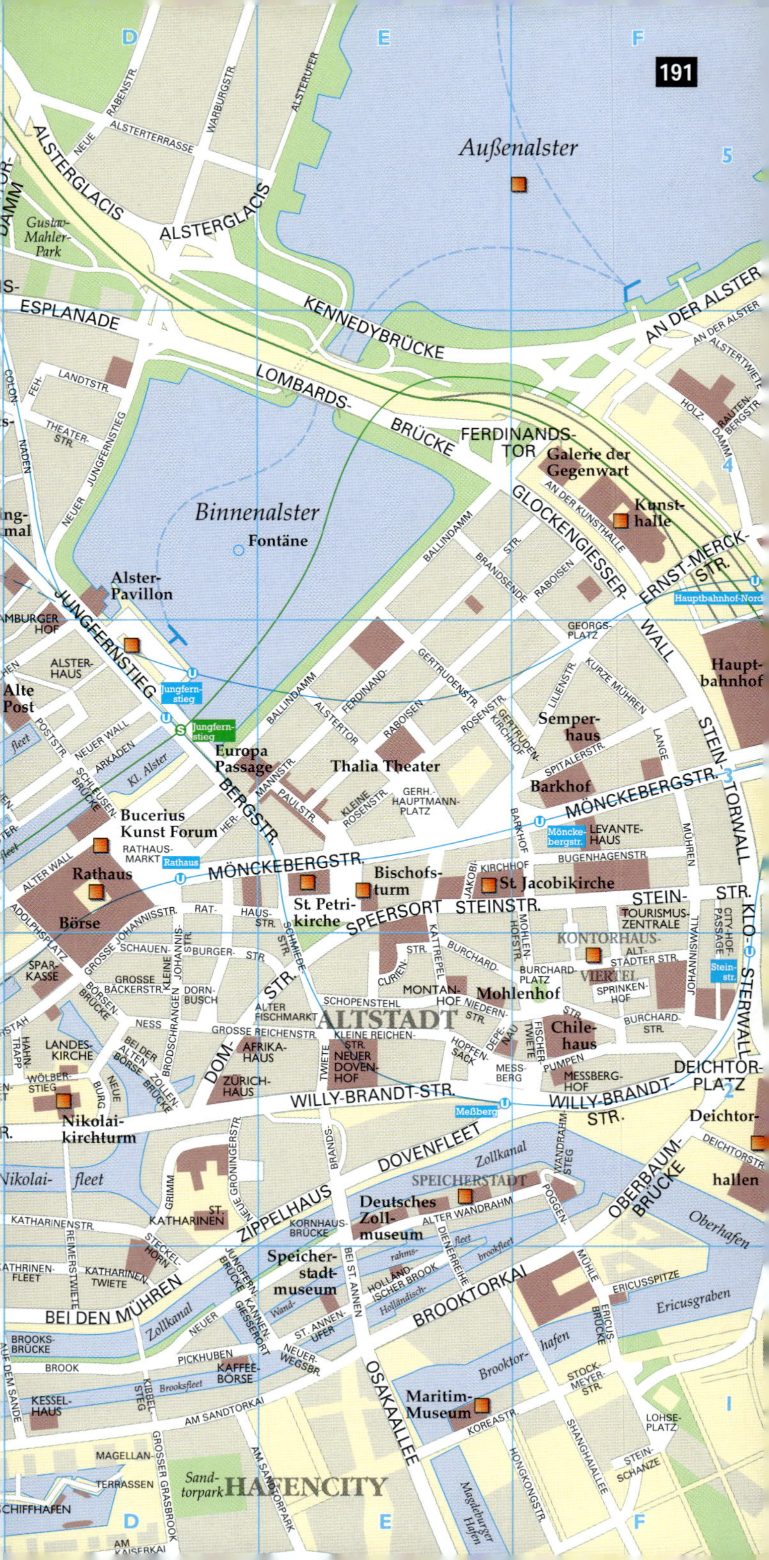
D
E
F
5
4
3
2
1
Außenalster
RABENSTR.
NEUE
ALSTERTERRASSE
WARBURGSTR.
ALSTERUFER
ALSTERGLACIS
ALSTERGLACIS
Gustav-Mahler-Park
DAMM
ESPLANADE
KENNEDYBRÜCKE
AN DER ALSTER
AN DER ALSTER
ALSTERTWIETE
LANDTSTR.
LOMBARDSBRÜCKE
FERDINANDSTOR
Galerie der Gegenwart
Kunsthalle
HOLZDAMM
RAUTENBERGSTR.
COLONNADEN
FEHLANDSTR.
THEATERSTR.
NEUER JUNGFERNSTIEG
Binnenalster
Fontäne
Alster-Pavillon
BALLINDAMM
BRANDSENDE
STR.
RABOISEN
GLOCKENGIESSERWALL
AN DER KUNSTHALLE
ERNST-MERCK-STR.
Hauptbahnhof-Nord
HAMBURGER HOF
JUNGFERNSTIEG
ALSTERHAUS
Alte Post
Jungfernstieg
Jungfernstieg
GEORGSPLATZ
Hauptbahnhof
BALLINDAMM
ALSTERTOR
FERDINANDSTR.
GERTRUDENSTR.
LILIENSTR.
KURZE MÜHREN
STEINTORWALL
POSTSTR.
NEUER WALL
ARKADEN
fleet
Kl. Alster
Europa Passage
MANNSTR.
RABOISEN
ROSENSTR.
GERTRUDENKIRCHHOF
Semperhaus
LANGE
SCHLEUSENBRÜCKE
BERGSTR.
PAULSTR.
Thalia Theater
SPITALERSTR.
Barkhof
KLEINE ROSENSTR.
GERH.-HAUPTMANN-PLATZ
MÖNCKEBERGSTR.
Bucerius Kunst Forum
HERMANNSTR.
BARKHOF
Mönckebergstr.
LEVANTEHAUS
MÜHREN
RATHAUSMARKT
Rathaus
ALTER WALL
BUGENHAGENSTR.
Rathaus
MÖNCKEBERGSTR.
Bischofsturm
JAKOBIKIRCHHOF
St. Jacobikirche
ADOLPHSPLATZ
Börse
GROSSE JOHANNISSTR.
RATHAUSSTR.
HAUSSTR.
St. Petrikirche
SPEERSORT
STEINSTR.
STEINSTR.
TOURISMUSZENTRALE
CITY-HOF-PASSAGE
KLOSTERWALL
SCHAUENBURGERSTR.
KLEINE JOHANNISSTR.
SCHMIEDESTR.
KATTREPEL
MOHLENHOFSTR.
KONTORHAUSVIERTEL
JOHANNISWALL
SPARKASSE
GROSSE BÄCKERSTR.
DORNBUSCH
DOMSTR.
CURIENSTR.
BURCHARDSTR.
ALTSTÄDTER STR.
Steinstr.
BÖRSENBRÜCKE
MONTANHOF
Mohlenhof
BURCHARDPLATZ
SPRINKENHOF
NESS
ALTER FISCHMARKT
SCHOPENSTEHL
ALTSTADT
NIEDERNSTR.
STR.
BURCHARDSTR.
HAHNTRAPP
LANDESKIRCHE
BEI DER ALTEN BÖRSE
BRODSCHRANGEN
GROSSE REICHENSTR.
KLEINE REICHENSTR.
DEICHSTR.
AFRIKAHAUS
TWIETE
NEUER DOVENHOF
HOPFENSACK
DEBENAU
FISCHERTWIETE
Chilehaus
WÖLBERSTIEG
BURG
NEUE
ZOLLENBRÜCKE
ZÜRICHHAUS
MESSBERG
PUMPEN
MESSBERGHOF
DEICHTORPLATZ
Nikolaikirchturm
WILLY-BRANDT-STR.
Meßberg
WILLY-BRANDT-STR.
Deichtorhallen
DEICHTORSTR.
Nikolaifleet
BRANDSTWIETE
DOVENFLEET
Zollkanal
WANDRAHMSTEG
OBERBAUMBRÜCKE
SPEICHERSTADT
GRIMM
NEUE GRÖNINGERSTR.
ST. KATHARINEN
ZIPPELHAUS
Deutsches Zollmuseum
ALTER WANDRAHM
POGGENMÜHLE
Oberhafen
KATHARINENSTR.
REIMERSTWIETE
STECKELHÖRN
KORNHAUSBRÜCKE
DIENERREIHE
fleet
KATHARINENFLEET
KATHARINENTWIETE
JUNGFERNBRÜCKE
Speicherstadtmuseum
BEI ST. ANNEN
HOLLÄNDISCHER BROOK
Holländisch-
brookfleet
ERICUSSPITZE
BEI DEN MÜHREN
Wand-
KANNENGIESSERORT
ST. ANNENUFER
BROOKTORKAI
ERICUSBRÜCKE
Ericusgraben
Zollkanal
NEUER
BROOKSBRÜCKE
AUF DEM SANDE
PICKHUBEN
NEUERWEGSBR.
Brooktorhafen
BROOK
KAFFEEBÖRSE
OSAKAALLEE
STOCKMEYERSTR.
Brooksfleet
KIBBELSTEG
KESSELHAUS
AM SANDTORKAI
Maritim-Museum
KOREASTR.
LOHSEPLATZ
MAGELLAN-TERRASSEN
GROSSER GRASBROOK
AM SANDTORPARK
SHANGHAIALLEE
HONGKONGSTR.
STEINSCHANZE
Sandtorpark
HAFENCITY
Magdeburger Hafen
SCHIFFHAFEN
AM KAISERKAI

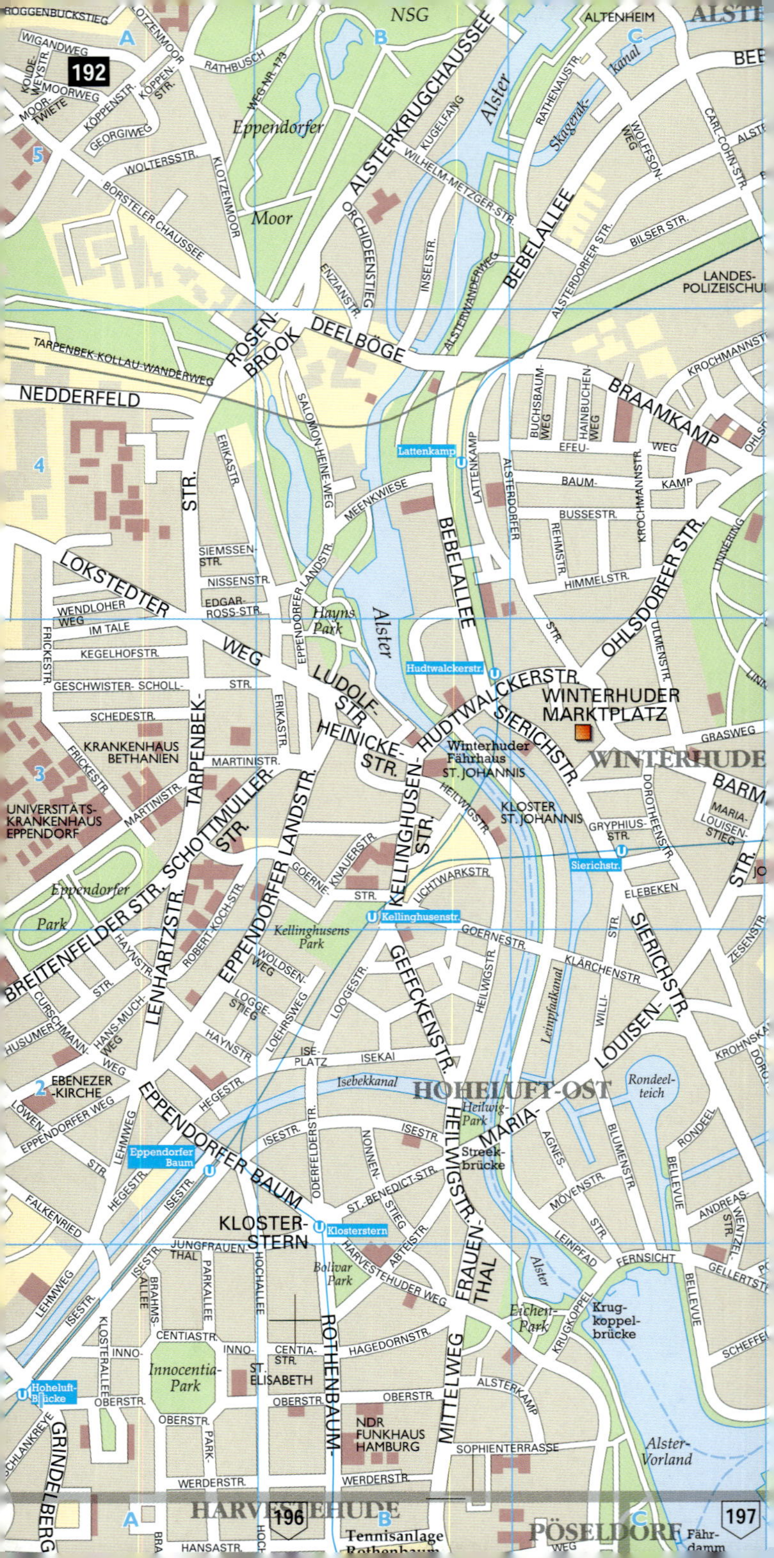

ROGGENBUCKSTIEG
A
B
C
NSG
ALTENHEIM
ALSTE
192
WIGANDWEG
KOLDE-WEYSTR.
MOORWEG
MOOR-TWIETE
KÖPPENSTR.
KÖPPEN-STR.
GEORGIWEG
WOLTERSSTR.
BORSTELER CHAUSSEE
RATHBUSCH
WEG NR. 173
Eppendorfer
Moor
KLOTZENMOOR
ALSTERKRUGCHAUSSEE
KUGELFANG
WILHELM-METZGER-STR.
Alster
RATHENAUSTR.
Skagerak-kanal
WOLFFSON-WEG
CARL-COHN-STR.
BILSER STR.
BEBELALLEE
ALSTERDORFER STR.
LANDES-POLIZEISCHU
ORCHIDEENSTIEG
ENZIANSTR.
INSELSTR.
ALSTERWANDERWEG
5
4
3
2
ROSEN-BROOK
DEELBÖGE
TARPENBEK-KOLLAU-WANDERWEG
NEDDERFELD
SALOMON-HEINE-WEG
ERIKASTR.
STR.
Lattenkamp
LATTENKAMP
BUCHSBAUM-WEG
HAINBUCHEN-WEG
BRAAMKAMP
KROCHMANNSTR.
EFEU-
WEG
BAUM-
KAMP
ALSTERDORFER
BUSSESTR.
REHMSTR.
HIMMELSTR.
OHLSDORFER STR.
LINNERING
MEENKWIESE
BEBELALLEE
SIEMSSEN-STR.
NISSENSTR.
EDGAR-ROSS-STR.
EPPENDORFER LANDSTR.
Hayns Park
Alster
LOKSTEDTER WEG
WENDLOHER WEG
IM TALE
FRICKESTR.
KEGELHOFSTR.
GESCHWISTER-SCHOLL-STR.
SCHEDESTR.
KRANKENHAUS BETHANIEN
MARTINISTR.
ERIKASTR.
LUDOLF-STR.
HEINICKE-STR.
Hudtwalckerstr.
HUDTWALCKERSTR.
WINTERHUDER MARKTPLATZ
ULMENSTR.
GRASWEG
WINTERHUDE
BARM
SIERICHSTR.
Winterhuder Fährhaus
ST. JOHANNIS
HEILWIGSTR.
KLOSTER ST. JOHANNIS
GRYPHIUS-STR.
DOROTHEENSTR.
MARIA-LOUISEN-STIEG
Sierichstr.
UNIVERSITÄTS-KRANKENHAUS EPPENDORF
TARPENBEK-STR.
SCHOTTMÜLLER-STR.
EPPENDORFER LANDSTR.
KELLINGHUSEN-STR.
GOERNE-STR.
KNAUERSTR.
LICHTWARKSTR.
Kellinghusenstr.
ELEBEKEN
Eppendorfer Park
BREITENFELDER STR.
LENHARTZSTR.
ROBERT-KOCH-STR.
Kellinghusens Park
GEFFCKENSTR.
GOERNESTR.
KLÄRCHENSTR.
ZESENSTR.
HAYNSTR.
CURSCHMANN-STR.
HANS-MUCH-WEG
WOLDSEN-WEG
LOGGE-STIEG
LOEHRSWEG
LOOGESTR.
HEILWIGSTR.
Leinpfadkanal
WILLI-STR.
LOUISEN-
HUSUMER
EBENEZER-KIRCHE
HEGESTR.
ISE-PLATZ
ISEKAI
Isebekkanal
HOHELUFT-OST
Heilwig-Park
MARIA-
Rondeel-teich
KROHNSKAMP
LÖWEN-
EPPENDORFER WEG
LEHMWEG
EPPENDORFER BAUM
ISESTR.
ODERFELDERSTR.
NONNEN-STIEG
ISESTR.
Streek-brücke
AGNES-STR.
BLUMENSTR.
RONDEEL
BELLEVUE
Eppendorfer Baum
FALKENRIED
ISESTR.
ST. BENEDICT-STR.
MÖVENSTR.
ANDREAS-WENTZEL-STR.
KLOSTER-STERN
Klosterstern
HEILWIGSTR.
ABTEISTR.
LEINPFAD
FERNSICHT
GELLERTSTR
JUNGFRAUEN-THAL
HOCHALLEE
PARKALLEE
BRAHMS-ALLEE
Bolivar Park
HARVESTEHUDER WEG
FRAUEN-THAL
Alster
Eichen-Park
KRUGKOPPEL
Krug-koppel-brücke
BELLEVUE
SCHEFFEL
LEHMWEG
ISESTR.
KLOSTERALLEE
CENTIASTR.
INNO-
Innocentia-Park
CENTIA-STR.
ST. ELISABETH
ROTHENBAUM-
HAGEDORNSTR.
MITTELWEG
ALSTERKAMP
Hoheluft-Brücke
OBERSTR.
OBERSTR.
OBERSTR.
OBERSTR.
SCHLANKREYE
GRINDELBERG
PARK-
NDR FUNKHAUS HAMBURG
SOPHIENTERRASSE
Alster-Vorland
WERDERSTR.
WERDERSTR.
HARVESTEHUDE
196
197
PÖSELDORF
Fähr-damm
Tennisanlage Rothenbaum
HANSASTR.
WEG

193
CITY
NORD
Stadtpark
Planetarium
SPIELPLATZ + CAFÉ
CAFÉ
Große Festwiese
LANDHAUS WALTER BIERGARTEN
Stadtparksee
SCHWIMM-BAD
JARRESTADT
KAMPNAGEL-FABRIK
POLIZEI-PRÄSIDIUM
POLIZEI-KASERNE
HANDELS-SCHULE
FACH-HOCHSCHULE
FACHHOCH SCHULE
HEILAND-KIRCHE
KLOSTER ST. JOHANNI
IRANISCHE MOSCHEE
Mühlen-kamp
Langer Zug
Goldbekkanal
Osterbekkanal
Stichkanal
Barmbeker
Sengelmannstr. City Nord
Alsterdorf
Rübenkamp City Nord
Alte Wöhr
Borgweg
Saarlandstr.
JAHNRING
ÜBERSEERING
HINDENBURGSTR.
SAARLANDSTR.
SENGELMANNSTR.
HEBEBRANDSTR.
WIESENDAMM
BARMBEKER STR.
BORGWEG
SÜDRING
HERDERSTR.
SIERICHSTR.
SCHLEIDENSTR.
ADOLPH-SCHÖNFELDER-STR.
HERBERT-
WINTER-
197
D
E
F
2
3
4
5

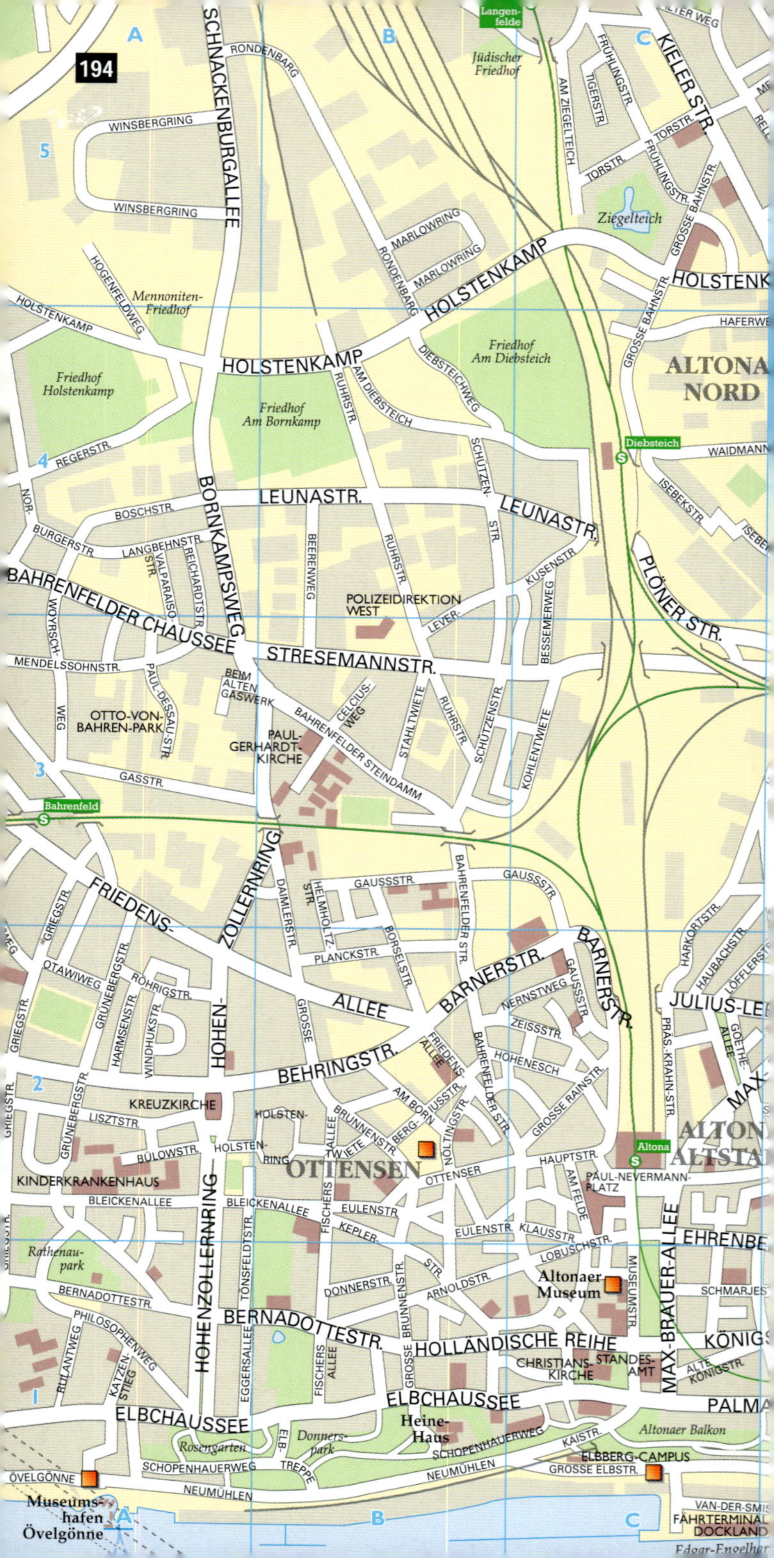
A
B
C
5
4
3
2
1
Langen-
felde
Jüdischer
Friedhof
RONDENBARG
WINSBERGRING
WINSBERGRING
SCHNACKENBURGALLEE
KIELER STR.
FRÜHLINGSSTR.
TIGERSTR.
AM ZIEGELTEICH
TORSTR.
TORSTR.
FRÜHLINGSSTR.
GROSSE BAHNSTR.
Ziegelteich
MARLOWRING
MARLOWRING
RONDENBARG
HOLSTENKAMP
HOLSTENKAMP
HOLSTENKAMP
HOLSTENKAMP
HOGENFELDWEG
Mennoniten-
Friedhof
Friedhof
Am Diebsteich
DIEBSTEICHWEG
AM DIEBSTEICH
RUHRSTR.
HAFERWE
ALTONA
NORD
Friedhof
Holstenkamp
Friedhof
Am Bornkamp
REGERSTR.
Diebsteich
WAIDMANN
LEUNASTR.
LEUNASTR.
SCHÜTZEN-
STR.
BOSCHSTR.
BORNKAMPSWEG
NOR-
BURGERSTR.
LANGBEHNSTR.
VALPARAISO-
STR.
REICHARDTSTR.
BEERENWEG
RUHRSTR.
ISEBEKSTR.
KUSENSTR.
PLÖNER STR.
BAHRENFELDER CHAUSSEE
POLIZEIDIREKTION
WEST
LEVER-
BESSEMERWEG
WOYRSCH-
WEG
STRESEMANNSTR.
MENDELSSOHNSTR.
PAUL-DESSAU-STR.
BEIM
ALTEN
GASWERK
CELCIUS-
WEG
STAHLTWIETE
RUHRSTR.
SCHÜTZENSTR.
KOHLENTWIETE
OTTO-VON-
BAHREN-PARK
PAUL-
GERHARDT-
KIRCHE
BAHRENFELDER STEINDAMM
GASSTR.
Bahrenfeld
ZOLLERNRING
DAIMLERSTR.
HELMHOLTZ-
STR.
GAUSSSTR.
GAUSSSTR.
BAHRENFELDER STR.
FRIEDENS-
ALLEE
GRIEGSTR.
OTAWIWEG
GRÜNEBERGSTR.
RÖHRIGSTR.
HARMSENSTR.
WINDHUKSTR.
HOHEN-
PLANCKSTR.
BORSELSTR.
BARNERSTR.
BARNERSTR.
NERNSTWEG
GAUSSSTR.
ZEISSSTR.
HARKORTSTR.
HAUBACHSTR.
LÖFFLERSTR.
JULIUS-LE
GOETHE-
ALLEE
PRÄS.-KRAHN-STR.
GROSSE
BEHRINGSTR.
FRIEDENS-
ALLEE
HOHENESCH
BAHRENFELDER STR.
GROSSE RAINSTR.
MAX-
KREUZKIRCHE
LISZTSTR.
GRÜNEBERGSTR.
HOLSTEN-
HOLSTEN-
RING
BÜLOWSTR.
ALLEE
BRUNNENSTR.
TWIETE
AM BORN
BERG-
USSTR.
NÖLTINGSTR.
Altona
ALTON
ALTSTA
KINDERKRANKENHAUS
OTTENSEN
OTTENSER
HAUPTSTR.
PAUL-NEVERMANN-
PLATZ
AM FELDE
BLEICKENALLEE
BLEICKENALLEE
HOHENZOLLERNRING
TONSFELDTSTR.
FISCHERS
EULENSTR.
KEPLER-
EULENSTR.
KLAUSSTR.
EHRENBE
Rathenau-
park
LOBUSCHSTR.
Altonaer
Museum
MUSEUMSTR.
MAX-BRAUER-ALLEE
SCHMARJES
BERNADOTTESTR.
DONNERSTR.
ARNOLDSTR.
STR.
PHILOSOPHENWEG
BERNADOTTESTR.
GROSSE BRUNNENSTR.
HOLLÄNDISCHE REIHE
KÖNIGS
RULANTWEG
KATZEN-
STIEG
EGGERSALLEE
FISCHERS
ALLEE
CHRISTIANS-
KIRCHE
STANDES-
AMT
ALTE
KÖNIGSTR.
GROSSE
ELBCHAUSSEE
ELBCHAUSSEE
PALMA
Heine-
Haus
Altonaer Balkon
Rosengarten
ELB-
TREPPE
Donners-
park
SCHOPENHAUERWEG
KAISTR.
ELBBERG-CAMPUS
ÖVELGÖNNE
SCHOPENHAUERWEG
NEUMÜHLEN
GROSSE ELBSTR.
NEUMÜHLEN
Museums-
hafen
Övelgönne
VAN-DER-SMIS
FÄHRTERMINAL
DOCKLAND
Edgar-Engelhar

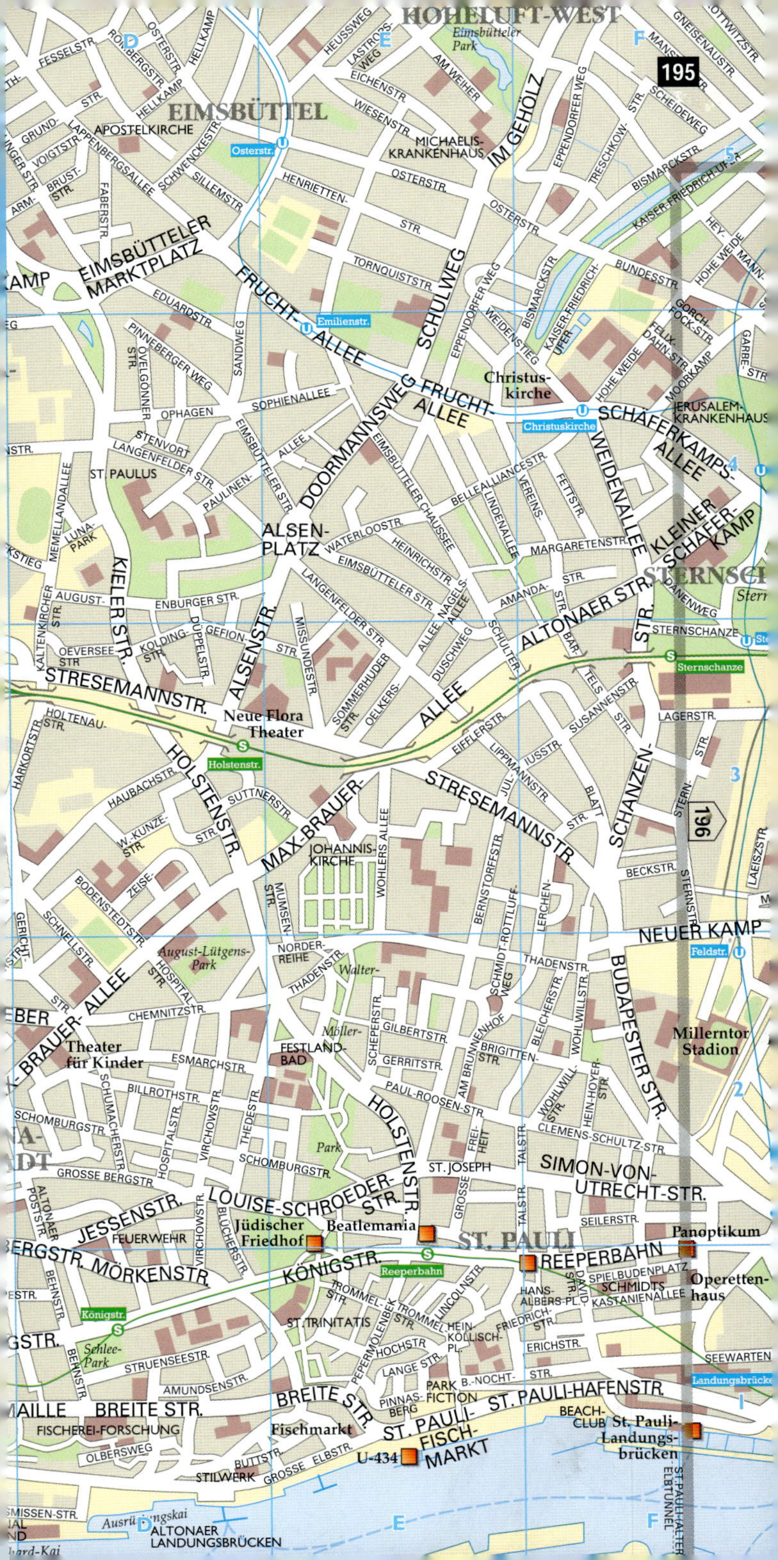
195
HOHELUFT-WEST
Eimsbütteler Park
EIMSBÜTTEL
APOSTELKIRCHE
Osterstr.
MICHAELIS-KRANKENHAUS
IM GEHÖLZ
EIMSBÜTTELER MARKTPLATZ
FRUCHT-ALLEE
Emilienstr.
SCHULWEG
Christus-kirche
Christuskirche
SCHÄFERKAMPS-ALLEE
JERUSALEM-KRANKENHAUS
DOORMANNSWEG
ST. PAULUS
LUNA-PARK
ALSEN-PLATZ
WEIDENALLEE
KLEINER SCHÄFER-KAMP
STERNSCHANZE
Sternschanze
STRESEMANNSTR.
Neue Flora Theater
Holstenstr.
HOLSTENSTR.
MAX-BRAUER-ALLEE
JOHANNIS-KIRCHE
SCHANZEN-STR.
196
NEUER KAMP
Feldstr.
August-Lütgens-Park
BUDAPESTER STR.
Millerntor Stadion
Theater für Kinder
FESTLAND-BAD
Park
ST. JOSEPH
SIMON-VON-UTRECHT-STR.
LOUISE-SCHROEDER-STR.
JESSENSTR.
FEUERWEHR
Jüdischer Friedhof
Beatlemania
ST. PAULI
Panoptikum
REEPERBAHN
Reeperbahn
Operetten-haus
SCHMIDTS
MÖRKENSTR.
KÖNIGSTR.
Königstr.
Schlee-Park
ST. TRINITATIS
PARK FICTION
BREITE STR.
Landungsbrücke
FISCHEREI-FORSCHUNG
Fischmarkt
ST. PAULI-FISCH-MARKT
ST. PAULI-HAFENSTR.
BEACH-CLUB
St. Pauli-Landungs-brücken
U-434
ELBTUNNEL
ALTONAER LANDUNGSBRÜCKEN

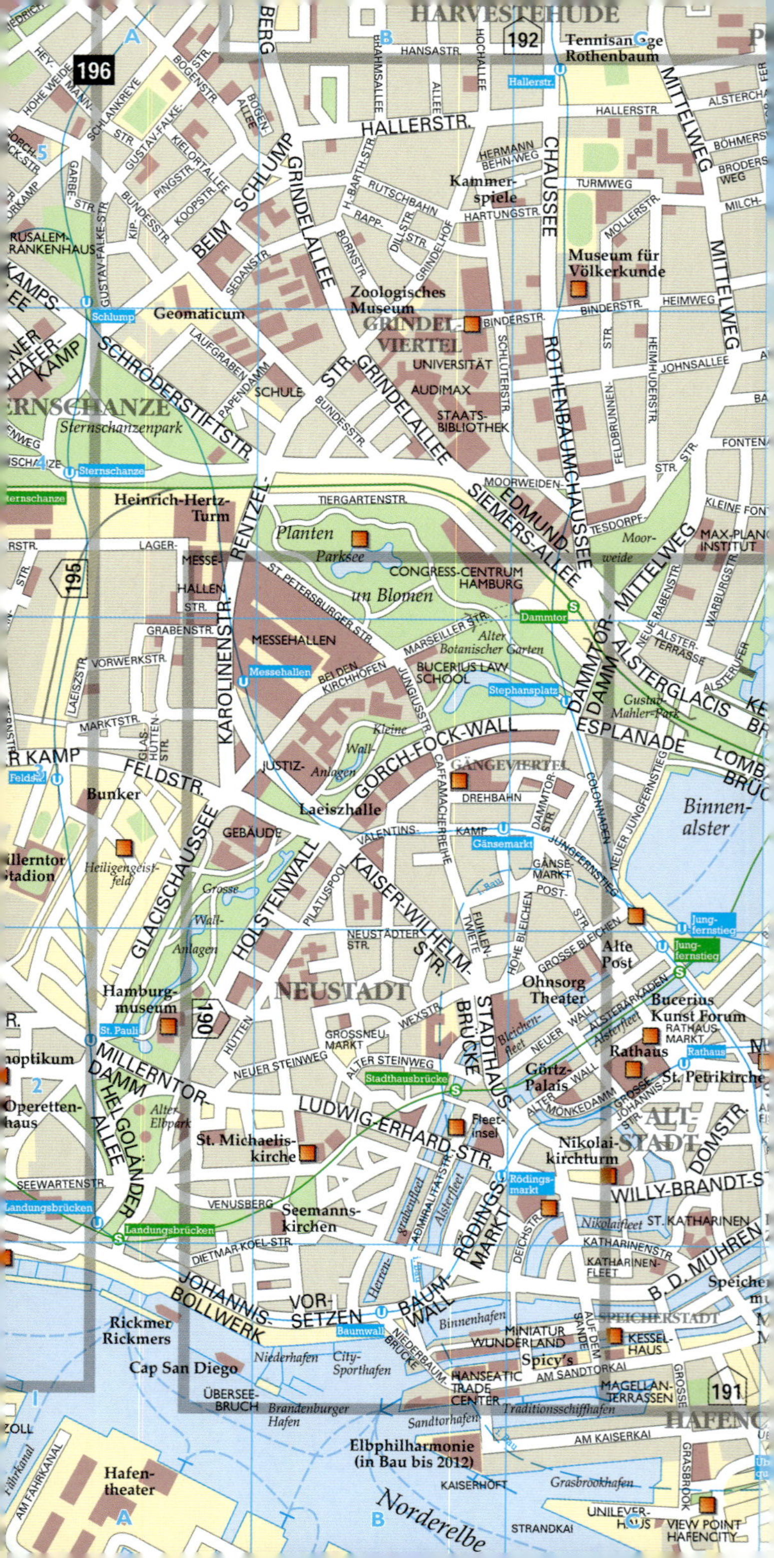
HARVESTEHUDE
192
195
190
191
Tennisanlage Rothenbaum
HANSASTR.
Hallerstr.
HALLERSTR.
MITTELWEG
CHAUSSEE
ROTHENBAUMCHAUSSEE
GRINDELALLEE
BEIM SCHLUMP
SCHLUMP
BOGENALLEE
BRAHMSALLEE
HOCHALLEE
HERMANN BEHN-WEG
TURMWEG
Kammerspiele
HARTUNGSTR.
RUTSCHBAHN
Museum für Völkerkunde
Zoologisches Museum
GRINDEL-VIERTEL
UNIVERSITÄT
AUDIMAX
STAATS-BIBLIOTHEK
BINDERSTR.
HEIMWEG
JOHNSALLEE
Schlump
Geomaticum
SCHRÖDERSTIFTSTR.
STERNSCHANZE
Sternschanzenpark
Sternschanze
SCHULE
BUNDESSTR.
Heinrich-Hertz-Turm
TIERGARTENSTR.
Planten un Blomen
Parksee
CONGRESS-CENTRUM HAMBURG
EDMUND-SIEMERS-ALLEE
MOORWEIDEN-
Moorweide
MAX-PLANCK-INSTITUT
Dammtor
DAMMTOR-DAMM
Alter Botanischer Garten
MARSEILLER STR.
ST. PETERSBURGER STR.
MESSEHALLEN
Messehallen
BUCERIUS LAW SCHOOL
Stephansplatz
ALSTERGLACIS
Gustav-Mahler-Park
ESPLANADE
LOMBARDSBRÜCKE
Binnenalster
RENTZELSTR.
KAROLINENSTR.
LAGERSTR.
GRABENSTR.
VORWERKSTR.
MARKTSTR.
FELDSTR.
Feldstr.
Bunker
Heiligengeistfeld
Millerntor Stadion
JUSTIZ-
Kleine Wallanlagen
GORCH-FOCK-WALL
GÄNGEVIERTEL
DREHBAHN
Laeiszhalle
GEBÄUDE
VALENTINSKAMP
Gänsemarkt
JUNGFERNSTIEG
Jungfernstieg
GLACISCHAUSSEE
HOLSTENWALL
KAISER-WILHELM-STR.
Grosse Wallanlagen
NEUSTÄDTER STR.
POSTSTR.
GROSSE BLEICHEN
Alte Post
NEUSTADT
Ohnsorg Theater
Bucerius Kunst Forum
RATHAUSMARKT
Rathaus
St. Petrikirche
Hamburgmuseum
St. Pauli
GROSSNEUMARKT
NEUER STEINWEG
ALTER STEINWEG
Stadthausbrücke
STADTHAUSBRÜCKE
Görtz-Palais
MILLERNTORDAMM
HELGOLÄNDER ALLEE
Alter Elbpark
Operettenhaus
LUDWIG-ERHARD-STR.
Fleetinsel
ALTSTADT
DOMSTR.
St. Michaeliskirche
Nikolaikirchturm
WILLY-BRANDT-STR.
Rödingsmarkt
RÖDINGSMARKT
SEEWARTENSTR.
Landungsbrücken
VENUSBERG
Seemannskirchen
DIETMAR-KOEL-STR.
ST. KATHARINEN
KATHARINENSTR.
KATHARINENFLEET
B. D. MUHREN
Speicherstadt
JOHANNISBOLLWERK
VORSETZEN
BAUMWALL
Baumwall
Binnenhafen
MINIATUR WUNDERLAND
Spicy's
KESSELHAUS
Rickmer Rickmers
Cap San Diego
Niederhafen
City-Sporthafen
NIEDERBAUMBRÜCKE
HANSEATIC TRADE CENTER
AM SANDTORKAI
MAGELLAN-TERRASSEN
ÜBERSEEBRÜCH
Brandenburger Hafen
Traditionsschiffhafen
Sandtorhafen
HAFENCITY
AM KAISERKAI
Elbphilharmonie (in Bau bis 2012)
KAISERHÖFT
Grasbrookhafen
Hafentheater
Norderelbe
STRANDKAI
UNILEVER-HAUS
VIEW POINT HAFENCITY
GRASBROOK

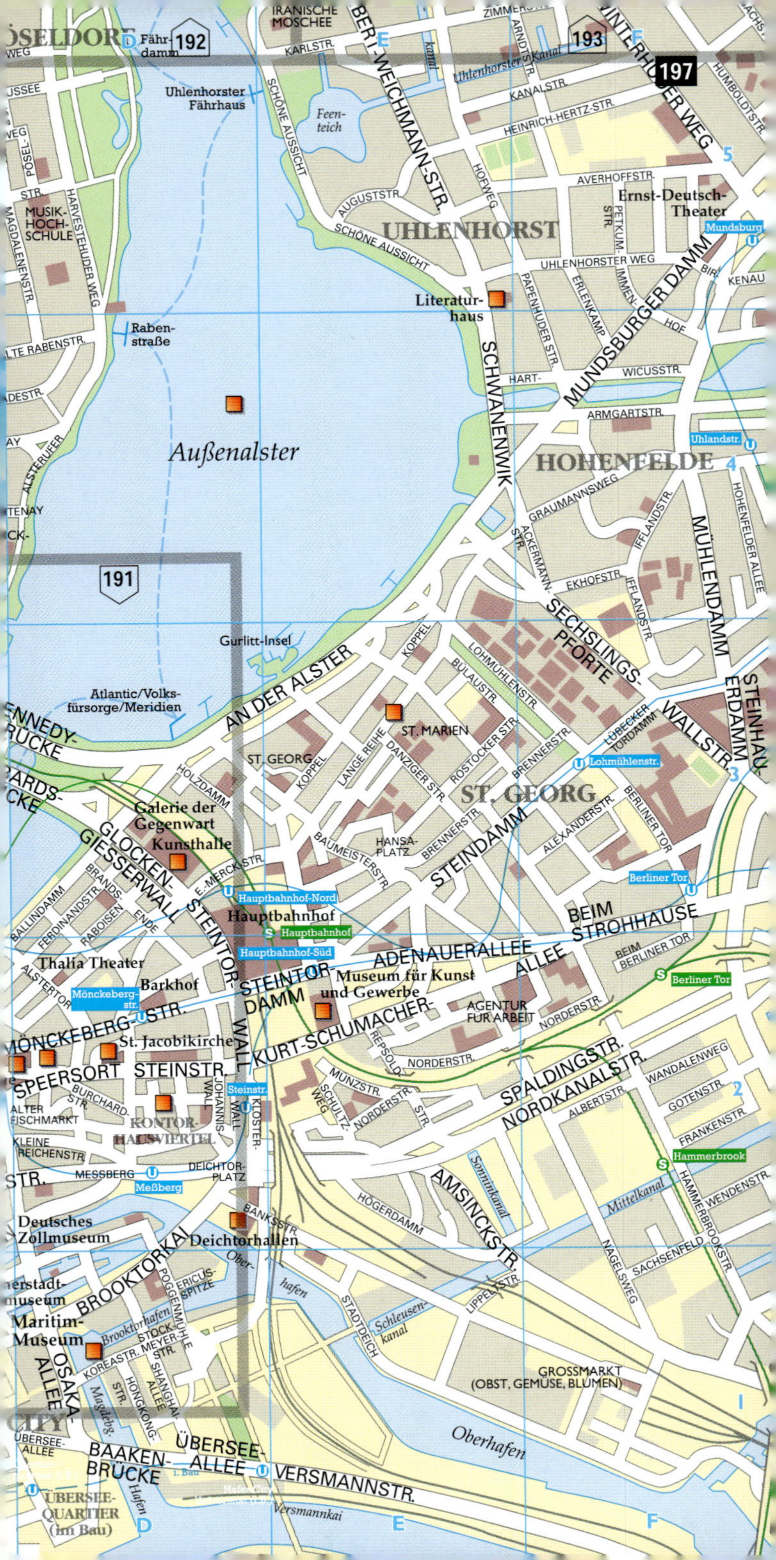
197
192
193
191
ÜSSELDORF
Fähr-
damm
IRANISCHE
MOSCHEE
KARLSTR.
BERLIN-WEICHMANN-STR.
ZIMMERSTR.
ARNDTSTR.
Uhlenhorster Kanal
KANALSTR.
HEINRICH-HERTZ-STR.
HUMBOLDTSTR.
WINTERHUDER WEG
Uhlenhorster
Fährhaus
SCHÖNE AUSSICHT
Feen-
teich
HOFWEG
AUGUSTSTR.
AVERHOFFSTR.
Ernst-Deutsch-
Theater
Mundsburg
UHLENHORST
STR.
PETKUM-
MUSIK-
HOCH-
SCHULE
MAGDALENENSTR.
HARVESTEHUDER WEG
UHLENHORSTER WEG
BIR.
KENAU
Literatur-
haus
PAPENHUDER STR.
ERLENKAMP
IMMEN-
HOF
MUNDSBURGER DAMM
Raben-
straße
ALTE RABENSTR.
SCHWANENWIK
HART-
WICUSSTR.
ARMGARTSTR.
ALSTERUFER
Außenalster
Uhlandstr.
HOHENFELDE
GRAUMANNSWEG
IFFLANDSTR.
MÜHLENDAMM
HOHENFELDER ALLEE
ACKERMANN-
STR.
EKHOFSTR.
SECHSLINGS-
PFORTE
Gurlitt-Insel
KOPPEL
LOHMÜHLENSTR.
BULAUSTR.
STEINHAUERDAMM
Atlantic/Volks-
fürsorge/Meridien
AN DER ALSTER
ST. MARIEN
LÜBECKER
TORDAMM
WALLSTR.
KENNEDY-
BRÜCKE
ST. GEORG
LANGE REIHE
DANZIGER STR.
ROSTOCKER STR.
BRENNERSTR.
Lohmühlenstr.
LOMBARDS-
BRÜCKE
HOLZDAMM
ST. GEORG
ALEXANDERSTR.
BERLINER TOR
Galerie der
Gegenwart
Kunsthalle
GLOCKEN-
GIESSERWALL
BAUMEISTERSTR.
HANSA-
PLATZ
BRENNERSTR.
STEINDAMM
E.-MERCK-STR.
Hauptbahnhof-Nord
Berliner Tor
BALLINDAMM
FERDINANDSTR.
BRANDS-
RABOISEN
ENDE
Hauptbahnhof
Hauptbahnhof
BEIM
STROHHAUSE
Hauptbahnhof-Süd
ADENAUERALLEE
BEIM
BERLINER TOR
Thalia Theater
STEINTOR-
STEINTOR-
DAMM
Museum für Kunst
und Gewerbe
ALLEE
Berliner Tor
ALSTERTOR
Mönckeberg-
str.
Barkhof
WALL
KURT-SCHUMACHER-
AGENTUR
FÜR ARBEIT
NORDERSTR.
MÖNCKEBERG-STR.
St. Jacobikirche
REPSOLD
NORDERSTR.
SPALDINGSTR.
WANDALENWEG
SPEERSORT
STEINSTR.
JOHANNIS-
WALL
MUNZSTR.
SCHULTZ-
WEG
NORDERSTR.
NORDKANALSTR.
GOTENSTR.
BURCHARD-
STR.
Steinstr.
KLOSTER-
WALL
STR.
ALBERTSTR.
ALTER
FISCHMARKT
KONTOR-
HAUSVIERTEL
FRANKENSTR.
KLEINE
REICHENSTR.
Hammerbrook
MESSBERG
Meßberg
DEICHTOR-
PLATZ
AMSINCKSTR.
Sonninkanal
WENDENSTR.
Mittelkanal
HÖGERDAMM
HAMMERBROOKSTR.
Deutsches
Zollmuseum
BANKSSTR.
Deichtorhallen
NAGELSWEG
SACHSENFELD
Ober-
hafen
BROOKTORKAI
POGGENMÜHLE
ERICUS-
SPITZE
STADTDEICH
LIPPELTSTR.
Schleusen-
kanal
Innerstadt-
museum
Maritim-
Museum
Brooktorhafen
STOCK-
MEYER-
STR.
KOREASTR.
OSAKA-
ALLEE
HONGKONG-
STR.
SHANGHAI-
ALLEE
Magdeb.
GROSSMARKT
(OBST, GEMÜSE, BLUMEN)
CITY
ÜBERSEE-
ALLEE
ÜBERSEE-
ALLEE
BAAKEN-
BRÜCKE
Oberhafen
VERSMANNSTR.
Versmannkai
ÜBERSEE-
QUARTIER
(im Bau)
Hafen
D
E
F
1
2
3
4
5

Abbildungsnachweis

Der Verlag bedankt sich bei folgenden Fotografen und Agenturen für die freundliche Unterstützung bei der Realisierung dieses Buches:

Abkürzungen: (o) oben; (u) unten; (l) links; (r) rechts; (m) Mitte

Umschlag: (o) Dirk Renckhoff, (u) White Star (Pasdzior)

AKG Images, Berlin: 14 *Der große Brand von Hamburg 1842, Kreidelithographie*, 16 *Luftkrieg/Ruinenfelder um 1945, Luftaufnahme*, 92 *„Die Einbringung des Seeräubers Klaus Störtebeker" Sommer 1401 nach der Gefangennahme vor Helgoland, Freibeuter, Führer der Vitalienbrüder, Holzstich, koloriert nach Zeichnung 1877 von Carl Gehrts*; Bucerius Kunst Forum: U. Perrey: 61; Deutsche Telekom: 185ro; Werner Dieterich, Stuttgart: 2 l, 5, 13u, 50, 74r, 81, 90u, 108, 114; dpa, Frankfurt (v. Bruchhausen): 185r; Günter Franz, Bremen: 9o; Ralf Freyer, Freiburg: 6/7u, 33ul, 45ul, 48o, 55, 57u, 72o, 87ur, 96/97; HB Verlag, Ostfildern (Kluyver): 159ul, 168, 169o, 170, (Schröder): 10, 11, 17m, 20, 28l, 28r, 29r, 29l, 45ur, 48u, 51or, 53, 59, 62o, 62u, 69ur, 76/77, 77o, 82o, 94, 95, 100/101, 104o, 109, 113ur, 116u, 117o, 117u, 120o, 120/121, 127, 131, 135, 148, 164, 165or, 180, 181; Laif Images, Köln (Frommann): 79, (Multhaupt): 27r, 32, (Schwelle): 87, 87, (Zuder): 27l; Mauritius Images/imagebroker (Schmies) 26; Dirk Renckhoff, Hamburg: 2ll, 2lll, 2lV, 3l, 3ll, 3lll, 3lV, 5ul, 7o, 8, 9m, 12l, 10ul, 13o, 15l, 15r, 17o, 17u, 19l, 21, 22/23, 24, 25, 30, 31, 33, 33ur, 45, 46, 47, 49u, 51ol, 52, 54, 56, 57o, 58o, 60, 69, 72u, 73o, 73u, 74l, 75o, 78o, 78u, 80, 87ul, 90o, 91o, 91u, 93, 98, 102, 103o, 103u, 105, 106, 106, 113, 113ul, 115, 116o, 117m, 118, 119o, 119u, 121o, 122, 123, 124, 125, 126, 128/129, 129, 130, 132, 133o, 133u, 134, 136, 145, 145ul, 146ur, 147, 149o, 149u, 150, 151, 152, 153u, 153o, 154, 155o, 155u, 156, 159, 159ur, 161o, 161u, 162o, 162u, 163, 166, 169u, 171, 171ol, 171ul, 173mu, 174l, 174 , 175l, 176ul, 176or, 177l, 178, 179, 181ol, 185l; Otto Stadler, Geisenhausen: 5ur, 9u, 12l, 19r, 49o, 73m, 77u, 82u, 146; White Star, Hamburg (Pasdzior): 89, 98/99; Michael Zegers, Frankfurt: 13m, 69ul, 70, 181or

Der Verlag hat keine Mühen gescheut die Copyright-Inhaber zu ermitteln, dennoch möchte sich der Verlag für mögliche Fehler entschuldigen. Hinweise und Korrekturen sind jederzeit willkommen.

NATIONAL GEOGRAPHIC

Leserbefragung

Ihre Ratschläge, Urteile und Empfehlungen sind für uns sehr wichtig. Wir bemühen uns, unsere Reiseführer ständig zu verbessern. Wenn Sie sich ein paar Minuten Zeit nehmen, diesen kleinen Fragebogen auszufüllen, könnten Sie uns sehr dabei helfen.

Wenn Sie diese Seite nicht herausreißen möchten, können Sie uns auch eine Kopie schicken, oder Sie notieren Ihre Hinweise einfach auf einem separaten Blatt.

Bitte senden Sie Ihre Antwort an:
NATIONAL GEOGRAPHIC SPIRALLO-REISEFÜHRER, MAIRDUMONT GmbH & Co. KG,
Postfach 31 51, D-73751 Ostfildern
E-Mail: spirallo@nationalgeographic.de

Über dieses Buch ...

NATIONAL GEOGRAPHIC SPIRALLO-REISEFÜHRER **HAMBURG**

Wo haben Sie das Buch gekauft? ____________________

Wann? Monat / Jahr

Warum haben Sie sich für einen Titel dieser Reihe entschieden? ____________________

Wie fanden Sie das Buch ?

Hervorragend ☐ Genau richtig ☐ Weitgehend gelungen ☐ Enttäuschend ☐

Können Sie uns Gründe angeben?

Bitte umblättern ...

Hat Ihnen etwas an diesem Führer ganz besonders gut gefallen?

Was hätten wir besser machen können?

Persönliche Angaben

Name

Adresse

Zu welcher Altersgruppe gehören Sie?
Unter 25 ☐ 25–34 ☐ 35–44 ☐ 45–54 ☐ 55–64 ☐ Über 65 ☐

Wie oft im Jahr fahren Sie in Urlaub?
Seltener als einmal ☐ Einmal ☐ Zweimal ☐ Dreimal oder öfter ☐

Wie sind Sie verreist?
Allein ☐ Mit Partner ☐ Mit Freunden ☐ Mit Familie ☐

Wie alt sind Ihre Kinder? _____

Über Ihre Reise …

Wann haben Sie die Reise gebucht? Monat / Jahr

Wann sind Sie verreist? Monat / Jahr

Wie lange waren Sie verreist?

War es eine Urlaubsreise oder ein beruflicher Aufenthalt?

Haben Sie noch weitere Reiseführer gekauft? ☐ Ja ☐ Nein

Wenn ja, welche?

Herzlichen Dank dafür, dass Sie sich die Zeit genommen haben, diesen Fragebogen auszufüllen.